Friedemann Schrenk
Timothy G. Bromage
Adams Eltern

Friedemann Schrenk
Timothy G. Bromage

Adams Eltern

Expeditionen in die Welt
der Frühmenschen

Aufgezeichnet von
Stephanie Müller

Verlag C. H. Beck

Mit 130 Abbildungen, davon 95 in Farbe

Die Deutsche Bibliothek – CIP-Einheitsaufnahme

Schrenk, Friedemann:
Adams Eltern : Expeditionen in die Welt der Frühmenschen /
Friedemann Schrenk ; Timothy G. Bromage. Aufgezeichnet von
Stephanie Müller. – München : Beck, 2002
ISBN 3 406 48615 0

© Verlag C. H. Beck oHG, München 2002
Druck und Bindung: Spiegel Buch, Ulm
Gedruckt auf säurefreiem, alterungsbeständigem Papier
(hergestellt aus chlorfrei gebleichtem Zellstoff)
Printed in Germany
ISBN 3 406 48615 0

www.beck.de

Inhaltsverzeichnis

Vorwort

20 Jahre Forschungsarbeit in Afrika. 20 Jahre Abenteuer, Hoffnungen und Enttäuschungen, vor allem aber 20 Jahre Spaß und letztlich auch Erfolg auf der Suche nach einer Lösung im Rätsel Menschwerdung: das ist unser Resümee nach mehr als einem Jahrzehnt *Hominid Corridor Research Project* (HCRP) im Malawi-Rift.

Eigentlich gibt es nichts Spektakuläres über unsere Arbeit zu berichten, denn die anfängliche Idee hinter unserem Projekt war einfach. Wir wollten die Lücke zwischen den bekannten Hominidenfundorten des östlichen und des südlichen Afrikas schließen und das ganze Unternehmen mit einem eigenen Hominidenfund besiegeln. Nichts leichter als das, dachten wir. Noch nicht mal promoviert, hatten wir noch all den Enthusiasmus, der für solch ein Unterfangen notwendig war. Uns vorgemacht hatten es schon einige der ganz Großen in der Geschichte der Anthropologie: Phillip Tobias, Raymond Dart oder die Leakeys. Sie alle hatten das geschafft, was wir uns als wissenschaftliche Greenhorns vorgenommen hatten.

Ob es geklappt hat? Na, klar! Sonst könnten wir Ihnen unsere Geschichte jetzt nicht als Buch präsentieren. Wie es geklappt hat und welche Menschen uns den ersten Hominidenfund des Projektes ermöglicht haben, sollen Sie im Laufe unserer Geschichte erfahren, die wir für Sie aufgeschrieben haben.

Den Erfolg unseres Projektes haben wir vor allen Dingen einigen Menschen zu verdanken, die wir gerne an dieser Stelle dem Leser vorstellen möchten. Da sind zum einen die Bewohner von Karonga, der nördlichsten kleinen Stadt in Malawi. In ihrer Gastfreundschaft haben Menschen wie Steven Kayuni, Isaac Chawinga, Kapote Mwakasungula (†), Timothy Mwale, Oliver Mwenifumbo und Andrew Charman ihre Heimat mit uns geteilt und uns in ihre Gemeinschaft aufgenommen. Dann ist da unser lokales HCRP-Team unter Leitung von Harrison Simfukwe – 20 malawische Grabungshelfer, denen kein Berg zu steil, kein Wetter zu heiß und kein Weg zu weit war, Fossilien zu finden. Dann natürlich das *Department of Antiquities* mit den Direktoren Gadi Mgomezulu, heute Staatssekretär für Kultur, Yusuf Juwayeyi, heute UNO-Botschafter Malawis in New York, Willard Michala und Elizabeth Gomani. Alle haben uns die Grabungsarbeit in Malawi nicht nur erleichtert, sondern letztendlich auch ermöglicht, denn ohne die Einwilligung der malawischen Regierung wäre unser Projekt in der Weise nie zustande gekommen, wie es für eine erfolgreiche Arbeit nötig war.

Im weißhäutigen HCRP-Team sind es vor allem die Studenten und Kollegen, denen unser Dank gilt – Christian Betzler, heute an der *University of Cambridge* tätig, und Uwe Ring von der Universität Mainz legten die Basis für die geologische Interpretation des Fundgebietes. Nicht zu vergessen aber ist auch das jahrelange Engagement unserer drei Musketiere: Oliver Sandrock, Ottmar Kullmer und Rainer Abel. Ihrem Einsatz in Malawi und in Deutschland ist ein ganzes Kapitel in diesem Buch gewidmet, und Sie können jetzt schon neugierig auf das sein, was die drei geleistet haben.

Erwähnen möchten wir hier auch zwei Kollegen, die uns – nicht nur wissenschaftlich – Vorbild sind und denen unser Projekt vieles, wenn nicht überhaupt sogar seine Entstehung zu verdanken hat: Phillip Tobias aus Johannesburg, Südafrika und Desmond J. Clark, Berkeley, U.S.A.

Nicht zuletzt möchten wir natürlich unseren Geldgebern danken. Hervorheben möchten wir hier die *National Geographic Society*, die uns den Start unserer Geländearbeit ermöglichte, die *Deutsche Forschungsgemeinschaft*, die unser interdisziplinäres Projekt über viele Jahre hinweg förderte, die *Leakey Foundation*, die *Wenner Gren Foundation* sowie die *Volkswagenstiftung*, die uns jetzt eine innerafrikanische Kooperation mit kenianischen Kolleginnen und Kollegen ermöglicht. Diese innerafrikanische Kooperation wird letztendlich auch durch die Unterstützung unseres ‚jüngsten Kindes‘, der vergleichenden Knochenbiologie, durch die *Frankfurter Zoologische Gesellschaft* ermöglicht.

Neben den großen Stiftungen und Institutionen sind es auch immer wieder Privatpersonen, die sich durch ihr Interesse für unsere Projekte stark machen und nach Geldern Ausschau halten, wie beispielsweise Erika Datz, Bad Homburg, Günter Klatt, Husum, und Jon Adams, Johannesburg. Auch die Mitglieder der *Uraha Foundation Germany* haben in vielfältiger Weise dazu beigetragen, die Arbeit in Afrika erfolgreich gestalten zu können.

Die nötige Plattform für die Präsentation unserer Forschungsergebnisse bietet uns last but not least die Presse. Ohne die schreibende Zunft und ihre filmenden und fotografierenden Kollegen wie Martin Meister, Andreas Sentker, Jeanne Rubner, Hans Riebsamen, Werner Siefer, Thomas Ernsting, Reinhard Schall, Manfred Baur, Pia Zimmermann, Jörg Ewe, Ingolf Baur und Tillmann Scholl wären unsere Resultate für die Mehrheit der Menschheit ein Buch mit sieben Siegeln geblieben. Um dieses Buch lesbar zu machen, haben wir mit Stephanie Müller unserem Museumsprojekt in Karonga kurzerhand die PR-Fachfrau entzogen. So weit, so gut, doch wie sollten Texte und Bilder von Karonga nach New York, Frankfurt und zu unserem Münchner Lektor Stefan von der Lahr gelangen? Weder Post noch Buschtrommeln schienen uns ein adäquates Mittel, um den Kommunikationsfluß über drei Kontinente hinweg aufrechtzuerhalten. Hubert Einetters Satelliten- und Vera Webers Flugconnections halfen uns, dieses kleine, aber knifflige Detailproblem bei der Entstehung dieses Buches zu lösen.

Bevor Sie nun mit dem Lesen beginnen, möchten wir uns außerdem bei allen Menschen bedanken, die uns während unserer Forschungsarbeit zu Hause und im Gelände jahrelang unterstützt und uns den Rücken freigehalten haben: unseren Familien, den Mitarbeiterinnen und Mitarbeitern der unterschiedlichen Forschungseinrichtungen, an denen wir tätig waren oder sind, und natürlich unseren erfolgreichen Geländeteams.

Ihnen allen unser herzlichster Dank.

Karonga, im August 2001
Friedemann Schrenk und Timothy G. Bromage

1. Fossilienträume, Wissenschaftsgeschichte und eine Freundschaft

Einen Tag in einem Grabungscamp zu beschreiben sollte eigentlich keine schwere Aufgabe für ein Team sein, das den Campalltag seit fast 15 Jahren in- und auswendig kennt. Man wird geweckt, steht auf, frühstückt, packt seine Siebensachen, begrüßt das einheimische Grabungsteam und fährt, wenn es der Zustand des Landrovers zuläßt, in die Chiwondo-Beds. Man sucht Fossilien, dokumentiert diese, fährt ins Camp zurück, ißt, duscht, repariert Reifen, kauft ein, verarztet Patienten. Man ißt wieder, setzt sich ans Feuer und läßt den Tag bei einem Schluck Whiskey ausklingen, bevor man sich für einige Stunden Schlaf unters Moskitonetz aufs Feldbett schwingt, um wieder geweckt zu werden und wieder aufzustehen, zu frühstücken und so weiter und so fort. Alltag eben.

Und doch unterscheidet sich der Campalltag in so vielem von unserem „zivilisierten" Alltag. Das Leben in Afrika ist langsamer. Der Alltag ist bunter, freundlicher und facettenreicher als unser zivilisierter Alltag. Der Alltag in Malawi ist das, was ein deutscher Alltag ziemlich selten ist – abwechslungsreich. Ein Nachmittag mit Samson und Charter auf dem Markt in Karonga kann mindestens ebenso abenteuerlich und spannend sein wie ein zweistündiger Marsch durch den afrikanischen Busch mit drei platten Reifen unseres Landrovers auf dem Rücken. So kompliziert die Dinge im ersten Moment dem zivilisierten Europäer erscheinen, so unkompliziert lösen sich Probleme auf afrikanische Weise wieder. Die drei platten Reifen sind nach zweistündigem Marsch, dreistündiger Reparatur und erneutem zweistündigen Rückmarsch wieder montiert. Und trotz Maul- und Klauenseuche, Newcastle-Disease, Pest und Cholera finden Charter und Samson auf dem Markt immer etwas, was sie ihren *Wazungu* – so nennen die Malawier uns Weißhäutige – am Abend kredenzen können.

Gelassenheit, das ist es, was man hier lernt. Und das ist es, was Timothy Bromage und ich in den letzten 15 Jahren in Malawi gelernt habe: Ruhe zu bewahren, abzuwarten und den Dingen ihren Lauf zu lassen. In Deutschland werde ich zumeist mit dem von mir häufig zitierten Satz „Es ist immer so, wie's ist" aufgezogen. Aber so ist es eben in Malawi – so, wie es ist. Ein Problem ist in Malawi nur dann ein Problem, wenn man es sich macht. Man kann sich beispielsweise darüber aufregen, wenn man Michael, den ortsansässigen Mechaniker, nicht in seiner Hütte antrifft. Man kann es aber genausogut bleiben lassen. Denn früher oder später erfährt Michael, daß man ihn sucht, und findet sich wieder an seinem Arbeitsplatz ein. Ob er dann freilich das passende Werkzeug parat hat, um unsere wieder einmal verbogenen Felgen geradezubiegen, ist wieder eine andere Frage. Fakt ist jedoch, daß er da ist und uns bei jeder Reparatur hilfreich zur Seite steht. Natürlich nicht einfach so, sondern gegen *Kwacha*. Das ist die malawische Währung. Quatscha – so spricht man das Wort aus – heißt in Chichewa „Sonnenuntergang". Und vor Sonnenuntergang sind dann auch die meisten Probleme gelöst, denn gerade Autos lassen sich ohne Licht nur schwer reparieren – wieder eine Eigenheit, die den Campalltag von einem Alltag in der ersten Welt unterscheidet. Nicht der Uhrzeiger, sondern der Sonnenstand bestimmt in Malawi das Leben. Der malawische Alltag richtet sich nach der Natur. Und der Mensch tut es auch.

Es war 1982, als Tim und ich uns zum erstenmal auf den Weg ins ferne und fremde Malawi machten. Tim und ich kannten uns damals seit beinahe zwei Jahren. Es war quasi „Liebe auf den ersten Blick": Tim saß im Büro einer Kollegin, Judy Maguire, von der noch zu berichten sein wird, im *Bernard Price Institute for Palaeontological Research* in Johannesburg – ein typischer Amerikaner. An vieles kann ich mich nicht erinnern, aber an diese erste Begegnung mit Tim, wie er dasaß mit seinen kurzen Hosen, der Sonnenbrille auf der Nase und einem Kaugummi im Mundwinkel, kann ich mich noch sehr gut und werde ich mich immer sehr gerne erinnern. Tim war einfach ziemlich wenig „deutsch", eben ziemlich relaxed, vielleicht war es das, was ihn mir auf Anhieb sympathisch machte. Bevor ich Tim jedoch weiter aus meiner Sicht beschreibe, soll er sich erst mal selbst bei Ihnen vorstellen.

Timothy G. Bromage

An einem grauen Januartag im Jahre 1954 erblickte ich das Licht der Welt. Von meiner Jugend gibt es nichts Spektakuläres zu berichten. Ich war kein Easy Rider, kein James Dean und auch kein Blumenkind. Von einem Menschen, der die meiste Zeit seines Lebens in den Bergen gewohnt hatte, kann man meines Erachtens auch nicht viel Revolutionäres erwarten. Wenn es nach mir ginge, würde ich deshalb auch am liebsten an dieser Stelle mit meinen Aufzeichnungen abbrechen, denn so richtig interessant wurde mein Leben für mich wirklich erst mit der Wissenschaft. Aus ebendiesem Grund überspringe ich also einfach mal unseren Umzug in das sonnige Kalifornien und beginne mit meiner Geschichte ab dem zehnten Lebensjahr.

Abb. 1: Der Mann mit Hut, das bin ich – Timothy Bromage –, und der Herr daneben ist Friedemann Schrenk. Uns beide verbindet unsere Liebe zu Afrika und unsere Leidenschaft für jahrmillionenalte Fossilien.

Von den Bergen ins Tal zu ziehen war an sich keine besonders große Umstellung für einen Jungen meines Alters. Für mich neu war allerdings die Tatsache, daß es vor Ort eine Universität gab mit Studenten, einem richtigen Campus und einem großen Angebot an Vorlesungen und Vorträgen, die auch für die normale, nichtstudentische Bevölkerung Südkaliforniens gedacht waren. In den Bergen hatte es so etwas nicht gegeben – um am kulturellen Leben teilnehmen zu können, war eine Autofahrt in eine meist weiter entfernte Stadt nötig. Doch das ist ein anderes Thema. 1964 kam ich also zum ersten Mal in den Genuß, einer dieser nun nicht mehr weit entfernt stattfindenden Vorlesungen zu lauschen. Es war ein Vortrag des damals schon weltbekannten Anthropologen Louis Leakey. Als Lehrbeauftragter der *Irvine University* hielten er und seine Frau Mary Leakey sich des öfteren in meiner neuen Heimatstadt auf. An alle weiteren Umstände, wie und warum sich die beiden nun genau zehn Jahre nach meiner Geburt an ebendiesem Ort befanden, kann ich mich allerdings nicht mehr erinnern.

Aus irgendeinem Grund müssen meine Eltern damals gedacht haben, daß dieser Vortrag mich interessieren könnte. Aus heutiger Sicht betrachtet, war es wohl ein „special arrangement", denn mein Bruder, der niemals Steine gesammelt hatte, mußte zu Hause bleiben. Sie werden sich jetzt sicherlich fragen, welche Steine und was haben Steine mit einem Vortrag von Louis Leakey zu tun? Die Steine hatte ich bisher vergessen zu erwähnen, aber sie spielen, wie eben auch dieser Vortrag, eine große Rolle in meinem Leben: Als Kind hatte ich die Angewohnheit, Steine zu sammeln und diese meiner Mutter als *Stone tools* (Steinwerkzeuge) in der Küche zu präsentieren. Natürlich deklarierte sie nach meist unendlich langen Debatten meine angeblichen Werkzeuge als ganz normale Steine. Eine Tatsache, die mich jedoch am nächsten Tag nicht davon abhalten konnte, erneut in den Wald zu gehen, um *Stone tools* zu suchen. Anyway, dies mußte wohl der Grund dafür gewesen sein, warum meine Eltern mich im zarten Alter von zehn Jahren in ein Auto packten und zum Baseballstadion fuhren, wo der Vortrag stattfinden sollte. Meine Eltern nahmen meinen Forscherdrang, was *Stone tools* anbelangte, wohl sehr ernst, denn immerhin war dieses Stadion eine Autostunde entfernt, und das Ticket kostete mehr als 10 Dollar – damals war das noch ein kleines Vermögen. Aus ebendiesem kleinen Vermögen finanzierte sich jedoch der Mann, auf dessen wissenschaftliche Fährte ich mich 30 Jahre später selbst begeben sollte, seine Forschungsvorhaben. Damals hatten nämlich die Leakeys und ihre Grabungshelfer ihre Campzelte an der heute weltbekannten Hominidenfundstätte Olduvai Gorge aufgeschlagen, und dort hatte 1959 Mary Leakey den *Zinjanthropus* entdeckt – einen Frühmenschen, von dem Sie gleich mehr erfahren werden.

Im Stadion saß ich zwischen meinen Eltern in einer der hintersten Reihen in der linken Hälfte des Stadions. Ich kann mich deshalb noch so genau an meine Sitzposition erinnern, da ich die ganze Zeit meinen Kopf verdrehen mußte, um an einer Leinwand verfolgen zu können, über was Leakey, der auf dem Rasengrün in der Mitte des Stadions stand, überhaupt redete. Obwohl mir bereits nach einer Viertelstunde der Nacken weh tat, war ich dennoch fasziniert von dem, was Leakey mit unzähligen Dias präsentierte. Im Gegensatz zu mir unterbreitete er nämlich dem staunenden Publikum echte Steinwerkzeuge. Dia um Dia zeigte er – vor allen Dingen mir, wie ich damals dachte – Schlag- und Schneidewerkzeuge unserer Vorfahren. Ich weiß nicht mehr, wie lange sein Vortrag dauerte, ich erinnere mich nur noch an die bei mir nach einer Stunde einsetzende Langeweile. Ich hatte einfach genug von seinen Ausführungen und war überzeugt davon, daß meine Mit-Zuhörer ebenso fühlten. Doch die Menschen um mich herum konnten nicht genug bekommen und hingen an den Lippen Leakeys. Fast andächtig lauschten sie den Worten des Anthropologen und starrten gebannt auf jedes einzelne projizierte Steinwerkzeug.

Der gesellschaftliche Zusammenhang und die Bedeutung dieser Funde blieben mir als zehnjährigem Hobbysteinsammler damals natürlich völlig verschlossen: Einige Jahre zuvor, um genauer zu sein 1959, fanden Louis und Mary Leakey die ersten Hinweise auf Vor- und Frühmenschen im ostafrikanischen Olduvai Gorge. *Zinjanthropus*, einer der ältesten jemals gefundenen Vertreter der

Menschheit, war zwar für die Fachwelt eine Sensation, die Öffentlichkeit reagierte jedoch eher mißtrauisch auf die Neuigkeit, die Wiege der Menschheit stehe in Afrika. Deshalb war von Anthropologen wie den Leakeys Überzeugungsarbeit gefordert, wenn es darum ging, den als Affenfund deklarierten *Zinjanthropus* in die Ahnenreihe der Menschheit zu heben. Dem Ehepaar zu Hilfe kam ein erneuter Fund eines Hominiden, nämlich des *Homo habilis*, des „geschickten Menschen", im Jahre 1964 sowie das Auftauchen unzähliger Steinwerkzeuge. Mit ihnen konnte man anschaulich erklären, warum es sich bei den entdeckten Skeletten um frühe Menschen handeln mußte. Nur Menschen benutzten und benutzen Werkzeuge, entwickeln ihre eigene Kultur und Sprache. Heute sind Steinwerkzeuge in der Öffentlichkeit „anerkannte" Hilfsmittel des frühen Menschen. Abbildungen von Steinwerkzeugen befinden sich mittlerweile in jedem Schulbuch. Was Leakey also damals in dem Stadion unternahm, war der Versuch, der Öffentlichkeit etwas zu präsentieren, was es damals noch nicht gab – Beweise frühmenschlicher Kultur.

Fast 30 Jahre später befand ich mich dann selbst auf den Spuren Louis Leakeys. Zusammen mit Friedemann besuchten wir die inzwischen verwitwete Mary Leakey in ihrem Haus in Olduvai Gorge. Gedanken wurden ausgetauscht, viele Geschichten erzählt, und irgendwie kamen wir drei auf das Thema, was uns zu dem machte, was wir bis heute sind: Menschen, die sich mit der Menschheitsgeschichte beschäftigen. Marys Geschichte ist schnell erzählt – sie stammte aus einer der ältesten und berühmtesten Anthropologenfamilien und konnte sich nur schwer dem Bann entziehen, der auch ihre Vorfahren schon gefesselt hatte. Bei Friedemann lag die ganze Sache schon anders, aber er erzählt gleich selbst ein wenig darüber. Nun kam also die Reihe an mich, und mir fiel natürlich sofort mein Hobby ein, das Steinesammeln. Ich erzählte also die Geschichte meiner leidgeplagten Mutter, die mir tagtäglich erklären mußte, daß meine Steinwerkzeuge keine waren, und plötzlich erinnerte ich mich wieder an Louis Leakey, wie er mit seinen Dias auf dem großen grünen Rasen des Baseballstadions in Irvine stand. In genau dieser Sekunde erkannte ich, daß alles, was ich bisher in meinem Leben getan hatte, auf eine bestimmte Weise miteinander verbunden war. Vielleicht klingt es sehr pathetisch, aber ich erkannte zum ersten Mal in meinem Leben, daß es einen Sinn gab. An jenem Abend erinnerte ich mich genau an meine Kindheit. Schon immer war ich fasziniert von alten Sachen, von Dingen, die – wie wir Menschen auch – eine lange Geschichte haben. Vielleicht schaffen Kinder unbewußt sogar eine Art von Vorherbestimmung ihres Werdegangs, eine Art eigenes Schicksal; bei mir war das zumindest so.

Mein weiterer Lebensweg seit dem Vortrag Louis Leakeys im Basketballstadion verlief auf alle Fälle so, wie ich es mir wohl in meinem präpubertären Dickschädel ausgedacht hatte. Ich wollte auf keinen Fall etwas Konventionelles mit einer historischen Wissenschaft anfangen. Also legte ich mir während meiner Studienzeit meinen eigenen maßgeschneiderten Stundenplan zu, der ein bißchen von allem enthielt, was so angeboten wurde: Geologie, Paläontologie, Biologie, Ökologie, Anthropologie und Genetik waren Inhalte meines persönlichen Curriculums. Viele verschiedene Bereiche der Lebensgeschichte miteinander zu verbinden – das war es wohl, was mich dazu antrieb, ein solches Lernpensum auf mich zu nehmen. Ich studierte quasi das, was Leben ist und war, und das machte mir Spaß.

Mein Lehrplan hatte zur Folge, daß ich zwar von jedem etwas wußte, aber nie alles. Ich war ein Generalist und kein Spezialist, und das sollte mir in naher Zukunft einen großen Vorteil einbringen. Damals wußte ich jedoch noch nicht, was aus mir werden sollte. Nach meinem Abschluß an der *California State University*, übrigens ein ganz wundervolles College, bewarb ich mich in Toronto. „Warum plötzlich Kanada?" werden Sie sich jetzt fragen. In Toronto gab es die einmalige Möglichkeit, im englischsprachigen Raum Humangenetik und Verhaltenswissenschaft zu studieren und alles andere miteinander zu verbinden – es war die Interdisziplinarität, von der ich schon immer träumte. Ich war so fasziniert von den Studien, die man dort machen konnte, von den Professoren und dem ganzen Umfeld, daß ich beschloß zu promovieren. Wenn ich oben gesagt habe, daß ich mich damals zwar für alles interessierte, aber in nichts wirklich spezialisiert war, so stimmte das zu diesem späteren Zeitpunkt bereits nicht mehr; ich belegte zu dieser Zeit Kurse in Zahnmedizin. Die Materie war mir zwar irgendwie fremd, doch fand ich es immer wieder spannend zu sehen, wie andere Disziplinen mit dem Untersuchungsgegenstand Mensch umgingen. Bei den Zahnärzten schien mir eine gewisse Ignoranz vorzuherrschen – Ignoranz gegenüber den anderen Wissenschaften, die sich ebenfalls mit dem Subjekt Mensch auseinandersetzten. Beispielsweise interessierte sich diese Zunft kaum für die Entwicklung des menschlichen Gesichtes. Gerade im Feld der Kieferorthopädie schien es mir jedoch völlig unverständlich, wie die Tatsache, daß und wie ein Gesicht wächst, keine Beachtung fand: Zahnspangen wurden angefertigt, Weißheitszähne vorsorglich entfernt, aber niemand machte sich Gedanken darüber, inwieweit der korrigierende Eingriff bei einem Kind oder jungen Erwachsenen noch Bestand haben würde. Natürlich wußten sie, daß ein Gesicht wächst, aber wie und warum die Knochen so wuchsen, wie sie wuchsen, daß interessierte noch nicht mal den Dekan des Fachbereichs. Ich muß zugeben, daß mich dieses Verhalten gegenüber dem Forschungsgegenstand Mensch zutiefst abschreckte.

Ich jedenfalls wollte herausfinden, nach welchen Kriterien ein Gesicht wächst. Genau dieses Thema wurde der Forschungsgegenstand meiner Doktorarbeit auf die Universität von Toronto. Spezialisiert hatte ich mich auf die Untersuchung von fossilen „Gesichtern": Die Schädelfunde unserer Vorfahren forderten meine gesamten Studienkenntnisse. Anthropologie, Geologie, Biologie und Morphologie (die Lehre von der Gestalt) konnte ich nun endlich in meiner Dissertation zusammenführen und in komplexer Weise anwenden. Aus wissenschaftlicher Sicht unterschied sich mein Untersuchungsthema von allen am Lehrstuhl eingereichten Themen durch die starken Zweifel, die meine Fachkollegen gegenüber seiner Realisierbarkeit hegten. Die Biologie von fossilen Knochen und Zähnen war bisher nur von ihrer Oberflächenstruktur aus betrachtet worden. Noch nie zuvor war es einem

Wissenschaftler in den Sinn gekommen, Informationen zum Knochenwachstum aus fossilen Knochen zu gewinnen. Schließlich fand ich aber doch einen Menschen, der mich in meinem Vorhaben unterstützen wollte und an mich glaubte: Alan Boyd aus London, die Autorität auf dem Gebiet der Mikroskopie von Knochen und Zähnen. Ich war sehr erleichtert. Meine Tutorin in Toronto, Becky Sigmon, hatte mir Alan empfohlen, da sie merkte, daß sie mich auf anderen Wegen doch nicht von meiner utopischen Idee würde abbringen können.

Drei Monate später lebte ich in London und promovierte fleißig im Schatten des großen Boyd vor mich hin. Mein Material hatte ich schon lange zusammen: Kurz vor meiner Begegnung mit Alan Boyd in London war ich nach Afrika gereist, um dort weltberühmte Funde aus der illustren Hominidenfamilie, darunter „Lucy", das damals bereits weltberühmte Skelett aus Äthiopien, und das Taung-Baby, den ersten Vormenschenfund aus Afrika, mikroskopieren zu können. So sammelte ich also vor mich hin, immer mit dem Bewußtsein, daß das, was ich da tat, noch nie zuvor jemand gemacht hatte. Daß gerade aus diesem Grund viele Anthropologen mich nicht verstanden, war aus meiner Sicht damals nur allzu verständlich. Fast fünf Jahre lang arbeitete ich nur aus meiner eigenen Motivation heraus. Ich wußte, daß es richtig war, was ich tat. Beispielsweise entwickelte ich sehr erfolgreich verschiedene Methoden, um das Individualalter von Hominiden schätzen zu können. Meine Thesen wurden 1985 in dem Wissenschaftsmagazin *Nature* veröffentlicht – ein Triumph für mich und gleichzeitig die Bestätigung, daß auch die Fachwelt von meinen neuen Theorien Kenntnis nehmen mußte. Hierzu muß man wissen, was ich heute nur ungern zugebe, daß ich nämlich in den ersten Jahren meiner Forschungsarbeit persönlich beleidigt war, wenn jemand meine Arbeit nicht verstand. Einer der „Mißachter" meiner Thesen war der bedeutende Anatom Raymond Dart. „Sein" Taung-Baby hatte ich auf das Alter von drei Jahren geschätzt. Während einer der unzähligen Anthropologentagungen saß er in der ersten Reihe, während ich meinen Vortrag hielt. Ich merkte genau, wie er mich mit seinem Blick fixierte, ließ mich aber nicht beirren und behauptete erneut, daß das Taung-Baby drei Jahre alt gewesen sein mußte, als es vor zwei Millionen Jahren starb. Bei diesem Meeting – ich kann mich wirklich nicht mehr erinnern, welches es letztlich war – geschah dann das Unglaubliche: Phillip Tobias würdigte meine Arbeit. Er, der bekannteste Paläoanthropologe Südafrikas, hielt meine Vermutungen für wahrscheinlich. Ich saß wie vom Donner gerührt auf meinem Stuhl. Mir wurde abwechselnd heiß und kalt. Ich war verwirrt und erfreut zugleich. Es war einer der schönsten Augenblicke in meinem Leben. Anerkennung. Das war es, wonach ich die ganze Zeit gesucht hatte. Ich wußte, ich konnte wissenschaftlich überleben, denn ich hatte Fürsprecher.

Die restlichen drei Tage dieser Fachtagung verbrachte ich wie auf Wolken. Ich schwebte förmlich auf die Menschen zu. Trotz meines Erfolges hatte ich jedoch immer noch Angst, auf eine Person zuzugehen: Raymond Dart. Der Johannesburger Anatomieprofessor hatte 1925 den Schädel des seines Erachtens nach sechs Jahre alten Taung-Babys erstmals der Fachwelt präsentiert. Von ihm stammen die ersten Altersschätzungen, seine Vermutungen waren in allen Lehrbüchern abgedruckt, und er war es, der als erster, dank des Taung-Fundes, die Gattung *Australopithecus* (Südaffe) für Afrika beschrieb. Ich hatte bis zum letzten Tag des Symposiums gewartet, ehe ich wagte, ihm unter die Augen zu treten, dann schüttelte ich ihm die Hand und war unendlich unsicher, nicht nur in meiner Wortwahl: Ich sagte ihm, daß ich derjenige sei, der sein Taung-Baby auf das Alter von drei Jahren geschätzt hatte – er lachte lauthals los, und ich weiß eigentlich bis heute nicht, ob er mich auslachte oder er einfach nur erfreut war, mich zu sehen. Immerhin verletzte mich sein Lachen. Doch gleichzeitig spürte ich eine gewisse Art von Stolz – Stolz, es endlich gepackt zu haben. Ich hatte gelernt, daß es einfach fünf bis zehn Jahre dauern mußte, bis eine Theorie, und sei sie noch so plausibel, von der wissenschaftlichen Gemeinschaft anerkannt wird.

Inzwischen ist das alles Geschichte, gelebte Vergangenheit. Bereits vor mehr als 15 Jahren schloß ich mit dem Forschungsthema meiner Dissertation ab und habe seitdem auch nicht mehr daran gearbeitet. Anders als Friedemann ist es mir nicht möglich, an den Dingen festzuhalten. Ich muß neue Herausforderungen suchen, die Dinge zum Laufen bringen, um sie dann wieder, mit dem guten Gefühl, etwas getan zu haben, abzugeben. Vielleicht ist das auch ein Grund, warum Friedemann für mich mehr ist als nur ein Kollege – er ergänzt einen Teil meiner Persönlichkeit. Ich brauche ihn, um bestimmte Dinge zu erkennen. Ich denke, es geht ihm ähnlich wie mir. Wir sind beide aufeinander angewiesen, was den Ausgleich unserer defizitären Forscherpersönlichkeiten anbelangt – und doch sind wir uns ähnlich. Auch wenn der Lebensweg von *Frieda*, so der Spitzname, den ich ihm gegeben habe, chaotisch erscheinen mag, so gehört er gleichwohl zu den beharrlichsten Menschen, die ich kenne. Er gibt niemals auf, sucht immer wieder Wege, die ihn zu seinem Ziel führen könnten. Er ist es auch, der unser gemeinsames Projekt, HCRP, noch immer fortführt.

Daß sich zwei so unterschiedliche junge Menschen, wie wir es damals waren, überhaupt begegnen konnten, war reine Glückssache. Ich bin allerdings der Ansicht, daß man selbst derjenige ist, der sein Glück schmiedet – und ich bin ein wahrhaftiger Verfechter dieser Binsenweisheit. Man muß einfach nur zur richtigen Zeit am richtigen Ort sein, und schon klappt es mit dem Glück: Bei uns war es Südafrika. Ich war damals in meiner Recherchephase und sammelte wie ein Besessener das Datenmaterial, das ich zum Abschluß meiner Doktorarbeit benötigte. Trotz meines Studieneifers unterschied ich mich jedoch von all den anderen amerikanischen Studenten, die ebenfalls reisend ihre Daten sammelten. Die meisten von ihnen arbeiteten sehr schnell und verschwanden schon nach weniger als einem Monat wieder. Glücklicherweise waren weder Friedemann noch ich so veranlagt. Wir wollten auch das Land, in dem wir für einige Monate zu Gast waren, kennenlernen. Wir wollten Kontakte knüpfen. Kontakte, die für uns weniger in wissenschaftlicher Hinsicht notwendig als viel mehr in persönlicher Hinsicht wichtig waren – wichtig für unsere eigene, persönliche Entwicklung. Wenn ich beispielsweise eine Reise plante nach Pretoria ins *Transvaal Museum*, so rechnete ich mir natürlich im Vorfeld aus, wieviel Zeit ich für die Begutachtung der Fossilien brauchen würde. Mindestens genausoviel Zeit plante ich jedoch dafür ein, mir die Stadt anzuschauen. Ich wollte nie nur al- *21* lein die Institution kennenlernen, sondern immer auch das Umfeld. So kam es auch, daß sich Friedemann und ich viel eher für die Fundstellen als für die Museen, in denen die Fossilien ausgestellt waren, interessierten. Wir wollten, auch wenn sich das sehr naiv anhört, das Leben der Fossilien kennenlernen: Wo hatten sie gelegen, bevor man sie fand? Was hatten sie als Lebewesen dort getan, wie waren sie eingebettet? Fragen, die wir uns beide nur im Gelände beantworten konnten. Aus den geplanten drei Wochen Südafrika wurden deshalb bald drei Monate. Ich begann das Leben und meine Studien dort zu genießen – etwas, das Friedemann schon lange vor mir konnte. Er ist der Genießer von uns beiden. Er kostet jede Situation aus. Er lebt im Hier und Jetzt, wie man so schön sagt, und ich beneide ihn um diese Fähigkeit.

Kennengelernt haben wir beide uns indirekt über einen für uns beide immens wichtigen Menschen und Wissenschaftler: Phillip Tobias erzählte mir während meines geplanten dreiwöchigen Besuchs in Capetown fast beiläufig von einem „funny German" – einem verrückten Deutschen, der, wie auch ich, Fossilien für seine Diplomarbeit studierte und nach Makapansgat aufbrechen wollte. Makapansgat ist das Mekka für jeden, der auch nur im entferntesten Sinne etwas mit Anthropologie zu tun hat. Bereits 1945 hatte dort James Kitching die Überreste von Australopithecinen – sogenannten Südaffen – gefunden. Was Friedemann an den Funden von Makapansgat – zum Beispiel am *Australopithecus prometheus* – interessierte, war die Taphonomie, also der Prozeß der Fossilwerdung, die Geschichte, wie ein Skelett verfällt und eingebettet wird in die umschließende Materie. Daß er also die Verwandlung eines toten Lebewesens in ein Fossil erforschte, war für mich natürlich hochinteressant, da ich ja genau das Gegenteil untersuchen wollte: Während ich mich auf den Aufbau von Knochen spezialisiert hatte, war Friedemann Experte auf dem Gebiet des Knochenabbaus. Die Ergänzung unserer beiden Forschungsinteressen war damit perfekt.

Perfekt war auch die Verquickung unserer Charaktere. Von dem Moment an, da mir Friedemann vorgestellt wurde, war er mir sympathisch. Seinem Lockenkopf entsprangen wirre Ideen

Abb. 2: Die Hominidenfundstelle Makapansgat im Norden Südafrikas: Zugegebenermaßen ist eine Höhle ein ungewöhnlicher Ort für die Begegnung zweier junger Studenten. Von hier nahmen unsere Theorien in Sachen eigener Feld-, Wald- und Wiesenforschung ihren Ausgang.

über den Auf- und Abbau von Knochen. Er philosophierte sofort über eine Zusammenarbeit und entwarf Pläne von gemeinsamen Grabungen und Forschungsvorhaben. So voreilig er auch mit seinen Hypothesen war, er traf immer den Kern. Für mich war es das erste Mal, daß ich auf einen Studenten traf, der, wie ich auch, mikroskopisch genau ein Problem analysierte und erst dann seine Schlußfolgerungen zog. Das Besondere an seiner Vorgehensweise war jedoch der Weg der Erkenntnis: Solange er sich einer Forschungsaufgabe stellte, hielt er sich jeden nur erdenklichen Weg offen. Damit will ich sagen, daß er sich niemals seine Sicht der Dinge durch ein vorgefaßtes Urteil verbaute. Alles konnte passieren, und alles hatte eine Erklärung. Vielleicht war das auch die Erklärung dafür, das Friedemann einer der ersten Menschen überhaupt war, der verstand, was ich in meiner Doktorarbeit beweisen wollte. Die Mikroanatomie des Knochens – das war es, was uns beide damals miteinander verband, und damit war der Grundstein für unsere Freundschaft gelegt. Doch jetzt soll Friedemann mal wieder zum Zuge kommen und seine Geschichte erzählen. *23*

Friedemann Schrenk

Als richtiger Schwabe wurde ich im Juli 1956 in der Landeshauptstadt Stuttgart geboren. Noch bezeichnender für meine schwäbische Vergangenheit als mein Geburtsort ist jedoch die Tatsache, daß ich just in der Woche geboren wurde, die man als Kehrwoche bezeichnet. Ein schwäbischer Brauch, das Leben um einen herum noch sauberer zu machen, als es ohnehin schon ist. Die Kehrwoche verfolgte mich die ganze Kindheit hindurch, vielleicht war sie sogar wesensbestimmend für mich. Ich beschloß schon sehr früh, natürlich ganz im geheimen, weit weg zu gehen. Weit weg von der Schwäbischen Alb, ja vielleicht sogar weit weg von Deutschland und Europa. Daß mein Fernweh im Laufe der Zeit tatsächlich geheilt wurde, darf ich an dieser Stelle schon mal vorwegnehmen. Ob Kindergarten, Schulzeit oder ein Familientreffen: Menschenansammlungen und soziale Konglomerate wie diese waren mir, ausgestattet mit einem gewissen Hang zum Einzelgängertum, sehr suspekt. Natürlich konnte ich nicht einfach so „aussteigen", schon gar nicht auf der Ostalb, weitab von jeder Zivilisation – und schon gar nicht in jugendlichem Alter, also mußte ich mich mit der Situation arrangieren. Die Ammoniten der Schwäbischen Alb kamen mir da zu Hilfe. Diese versteinerten Meerestiere der Urzeit redeten nicht auf mich ein, ließen mich im Zweifelsfall in Ruhe und verlangten keine Aufmerksamkeit, außer jener, sie eben zu suchen, zu finden, sie zu bergen und sie anzuschauen. Im kalkigen Jura fühlte ich mich wohl – ganz in meinem Element; warum, wußte ich damals allerdings noch nicht. Ich fand es einfach nur interessant, alte, fossilisierte Lebewesen aus meiner direkten Umgebung zu sammeln und sie gegebenenfalls zu Weihnachten zu verschenken, was auch das karge Taschengeld schonte. Allerdings erfreute sich kaum ein beschenkter Verwandter an den Schätzen aus dem Erdreich der unmittelbaren Nachbarschaft.

Ich ging also zur Schule, eher nach als vor dem Klingelzeichen, und fand Ammoniten viel interessanter als Hausaufgaben, was mir nur verhaltenen Applaus von Lehrern und Eltern eintrug. Als Sohn des Schuldirektors konnte ich mir dieses Verhalten, so dachte ich zumindest, leisten. Freilich litt diese Theorie bei der Umsetzung an einer Schwäche: Gerade weil ich der Sohn des Schuldirektors war, standen ich und meine Fehltritte natürlich im Zentrum des öffentlichen Interesses. Doch damit konnte ich leben. Ich versuchte, die sich daraus ergebenden Komplikationen durch folgsame Bemühungen beim Erlernen des Geigespielens zu kompensieren, was nicht zuletzt den Vorteil hatte, daß mangelnde Virtuosität beim Üben die Zahl der Zuhörer reduzierte. Es war ein wunderbares Mittel, mir Menschen vom Leibe zu halten. Mein Lieblingsstück, Mozarts Kleine Nachtmusik, fidelte ich hingegen so oft und ausgiebig, bis der gleiche Effekt eintrat. So erreichte ich die Volljährigkeit und verkündete zu Hause, keinen Tag länger in Schwaben zu bleiben. Der Trennungsschmerz auf seiten meiner Familie wurde durch die Aussicht gelindert, vom Fideln künftig verschont und nicht länger mit Ammoniten beschenkt zu werden.

Meine außerschulische Karriere startete ich dann bei den Radarflugmeldern einer amerikanischen Radarstation in Nordhessen, weit weg von meiner schwäbischen Heimat. Das wichtigste Ergebnis dieser Zeit ist die Freundschaft mit Thomas Seehaus, mit dem ich nach erfolgreich beendeter Verteidigungsarbeit Billard spielte. Er entschied sich fürs Biologiestudium und ich mich nach einigem Hin und Her für die Geologie – die Hauptsache aber war, daß wir gemeinsam in Darmstadt studierten. Studienfachwahl und der leidenschaftliche Drang zu stetem Wohnsitzwechsel gerieten mir zum Ausleben aller antischwäbischen Instinkte, so daß ich bis heute der nomadischen Leitkultur zuneige, die mir weit sympathischer scheint als die in Deutschland handelsübliche.

Daß ich in der Welt der Ammoniten und allen anderen alten Lebewesen zu Hause war und ich mit Geologie erst mal das richtige Studienfach gewählt hatte, zeigte sich bereits nach der ersten Semesterwoche. Ich experimentierte mit den Wissenschaften des Lebens: Biologie, Paläontologie und Zoologie, dann mal wieder etwas Geologie. Mein Grundstudium war perfekt. Nicht ganz so perfekt war es allerdings um mein Wissen in der wahren Wissenschaft des Lebens bestellt – der Chemie. Bis heute weiß ich nur ungefähr, was ein Mol ist. Doch zu meinem Glück gab und gibt es ja jede Menge Bücher, die Fragen wie diese beantworten. Und das ist schon sehr erfreulich, wenn man wie ich eigentlich nur das begreift, was man sehen, fühlen und irgendwie anfassen kann. Fossile Überreste von Tieren und Menschen sind solche greif- und damit begreifbaren Tatsachen.

Paläobiologie – die Lehre vom Leben der Frühzeit – nennt sich die Wissenschaft, die ich heute an der Universität in Frankfurt am Main lehre. Und damit hat sich für mich in dem, was mich seit Kindertagen interessierte, und dem, was ich bisher beruflich in meinem Leben getan habe, der Kreis geschlossen. Doch zurück zu meinen Anfängen: Als Student gab es damals an deutschen Hochschulen keine Möglichkeit, Paläontologie als biologische und nicht als geologische Disziplin zu belegen. Ein Grund für mich, direkt nach dem Vordiplom das hessische Darmstadt gegen das südafrikanische Johannesburg einzutauschen. Natürlich ging ich nicht von heute auf morgen. Den Traum, dorthin zu gehen, wo die großen Anthropologen der damaligen Zeit lehrten, hegte ich insgeheim schon lange.

Nach dem Vordiplom bewarb ich mich um ein Stipendium in Südafrika im Fach *Mining Geology* – also Geologie, die man für die Ausbeutung von Bodenschätzen braucht, begab mich dann allerdings nach Ankunft in Johannesburg sofort an das Paläontologische Institut und zerrte Kisten um Kisten an Fossilien aus den Regalen. Mit einigen anderen Studenten bewohnte ich in der alten Minenarbeitersiedlung von Johannesburg, *Crown Mines*, ein kleines Häuschen, das heute Teil des dortigen Goldbergbau-Museums ist. Mit dabei hatte ich das Abschiedsgeschenk meines ehemaligen Billard-Sparringspartner und Mitbewohners Thomas Seehaus. „African Genesis" – Adam kam aus Afrika – von Robert Ardrey. Der gut 400 Seiten starke Schmöker handelt von Theorien zur Entstehung der Kultur bei den Vormenschen. Daß ich die Theorien Raymond Darts und Robert Ardreys als frischgebackener Student in Südafrika geradezu verschlang, versteht sich von selbst. Ganz von selbst verstand sich auch, daß sich im Mekka der Paläoanthropologen die Nachricht von der Ankunft eines deutschen

Studenten mit dem etwas befremdlichen Namen Friedemann wie ein Lauffeuer verbreitete. Bereits an meinem ersten Tag am Institut kam Judy Maguire, wissenschaftlicher Zögling Darts, auf mich zu. Sie hatte ihre Dissertation über die südafrikanische Fossilienhöhle Makapansgat geschrieben, genauer gesagt über die fossilen Stachelschweine, die dort gefunden wurden. Zufall oder Fügung – jedenfalls war ich bei ihr an der richtigen Stelle. Makapansgat reizte mich, oder genauer der Erforscher Makapansgats, Raymond Dart: Ich konnte einfach nicht glauben, daß die These des großen Dart, bei den Hunderttausenden Fossilfunden in Makapansgat handele es sich um Überreste einer kannibalistischen Kultur, haltbar war. Dart hatte in den fünfziger Jahren die zum Teil verkohlten und mit Spuren von äußerer Gewalteinwirkung übersäten Funde aus Makapansgat als Relikte einer Kultur interpretiert, die sich angeblich selbst aufgefressen hatte. Er nannte sie „osteodontokeratische" Kultur, die „Knochen-, Zahn- und Horn-Kultur" der Killeraffenmenschen von Makapansgat. Selbst seine Schülerin Judy hielt seine Theorie für nicht haltbar. Unser erklärtes Ziel war es deshalb herauszufinden, was all die schwarzen Knochenreste zu bedeuten hatten, wenn es denn nun keine Werkzeuge waren. Doch erst einmal galt es zu klären, wie und warum Knochenansammlungen überhaupt in Höhlen wie Makapansgat gelangen konnten. Erst mit der Beantwortung dieser Frage konnten wir dem wahren Geheimnis der Knochen auf die Spur kommen.

Raymond Dart war zu dem Zeitpunkt bereits emeritiert und schon lange nicht mehr in Sachen Menschwerdung aktiv. Seine Lebens- und Forschungsinhalte hatten sich nach der Geburt seines behinderten Sohnes geändert. In Chicago gründete er ein Lernzentrums für geistig und körperlich behinderte Kinder. Insgeheim konnte Dart jedoch nie die Finger von der Anthropologie lassen, geschweige denn konnte er sich von seiner früheren Wirkungsstätte, dem altehrwürdigen *Bernard Price Institute*, trennen, was bedeutete, daß er jeden Aufenthalt in Afrika dazu nutzte, dort vorbeizuschauen. Und so kam es auch, daß ich Dart noch zu Lebzeiten kennenlernte: Judy arrangierte ein Treffen, und Raymond

Dart vermachte mir ein Exemplar seiner Publikation zur Osteo-dontokeratischen Kultur aus dem Jahre 1956, das ich bis heute – nicht nur wegen seiner persönlichen Widmung – wie einen Schatz hüte. Dennoch bestand für mich nie der geringste Zweifel, daß ich mit meiner dann 1985 publizierten Diplomarbeit mit dem, wie ich fand, fast schon literarischen Titel „Alte Höhle in neuem Licht" einen Beitrag dazu leisten wollte, der These Darts entschieden entgegenzutreten. Mein Untersuchungsansatz war geprägt von den Arbeiten des Südafrikaners Bob Brain: Die Knochenansammlungen in der Höhle von Makapansgat waren nicht das rohe Werk von randalierenden Australopithecinen, die Hominiden überfallen und gefressen hatten. Die fossilen Überreste waren vielmehr die Speisereste von Hyänen, Stachelschweinen und Leoparden – eine gewagte Theorie, doch wie konnte ich sie beweisen?

Zu Hilfe kam mir dabei der einzige mir bekannte promovierte Paläontologieprofessor ohne Schulabschluß, geschweige denn Universitätsausbildung: James Kitching – ein wahrer Fossilienjäger. Tausende von Fossilien säugerähnlichen Reptilien – jenen Vorfahren der Säugetiere, die vor 300–250 Millionen Jahren lebten – wurden von ihm in der südafrikanischen Karroo entdeckt. Sogar in der Antarktis ging er auf Fossilienjagd, und zwar in einem angeblich schon von amerikanischen Kollegen leergesuchten Gebiet. Er fand Dutzende von Schädeln unserer Ur-Groß-Vorfahren. Sein Einsatz für die Paläontologie hat sich so sehr gelohnt, daß inzwischen eine ganze antarktische Bergkette, die Kitching Range, nach ihm benannt ist. Kitch ließ es sich nicht nehmen, mir die Beweise zur osteodontokeratischen Kultur der Vormenschen höchstpersönlich zu präsentieren. Darunter war ein Oberarmknochen einer Antilope, der – abgebrochen und an den Bruchstellen spitz zulaufend – angeblich das Ergebnis der von Dart beschriebenen *Crack-und-Twist-Technik* sein sollte; dabei wurde der Knochen mit einem Stein gespalten, die beiden Teile dann gegeneinander der „getwistet", um das Mordwerkzeug herzustellen. Kitch nahm das Beweisstück in die Hand und wies mich auf die abgeriebene Stelle hin, genau dort, wo Vormenschen den Knochen mit dem

Daumen berührt hätten. In der Tat war die Stelle deutlich abgerieben. Dies ließ mir keine Ruhe. Zusammen mit Judy Maguire entwickelte ich eine Methode, um diesem Phänomen auf den Grund zu gehen. Keine besonders aufregende, wie ich gestehen muß, denn unsere Tätigkeit bestand darin, stundenlang auf den Bildschirm des damals einzigen Rasterelektronemikroskops der Witwatersrand Universität zu starren. Schließlich konnten wir belegen, daß die Abriebspuren nicht etwa von Vormenschen stammten, sondern von den vielen Besuchern im Paläontologischen Institut Johannesburgs, die das Knochenbruchstück seit seiner Entdeckung in der Gewißheit in der Hand hielten, es handle sich um eine drei Millionen Jahre alte Waffe, und dabei versonnen mit dem Daumen über den Knochen rieben!

Die mikroskopische Analyse vieler weiterer Oberflächenspuren auf den mutmaßlichen „osteodontokeratischen" Werkzeugen schloß sich an. Wir bedienten uns zur Interpretation der Funde und Befunde aus geologisch weit zurückliegenden Zeiten einer wissenschaftlichen Methode, die zumindest in gewissen Grenzen tatsächlich geeignet scheint, die Ereignisse zu erklären. Durch Beobachtungen an heutigen Knochen wollten wir komplexere biologische Prozesse, die heute in ihren kausalen Zusammenhängen erkannt werden können, für den Fossilbereich anhand der beobachtbaren Effekte rekonstruieren. Nicht anders gehen wir alle selbst in vergleichbaren Situationen vor, zum Beispiel bei der Bestimmung von Fährten im Schnee. Das funktioniert nur, weil einmal ein beobachtender *Homo sapiens* mit von der Partie war, als zum Beispiel ein Reh (Verursacher) beim Betreten (Prozeß) von Schnee Spuren (Effekte) hinterließ, deren Form zwar bei verschiedenen Gangarten, bei verschiedenem Schnee und bei verschiedenen Rehen ebendeshalb verschieden war, aber dennoch bestimmte unverwechselbare Charakteristika aufwies. So sammelten wir zahlreiche Knochen aus heutigen Hyänen- und Stachelschweinhöhlen. Wir verglichen die zahlreichen Zahnspuren an deren Oberfläche mit denen der drei Millionen Jahre alten Knochen aus Makapansgat. Das Ergebnis überraschte – zumindest mich – nicht. Von Einwirkung der Vormenschen keine Spur! Dafür war

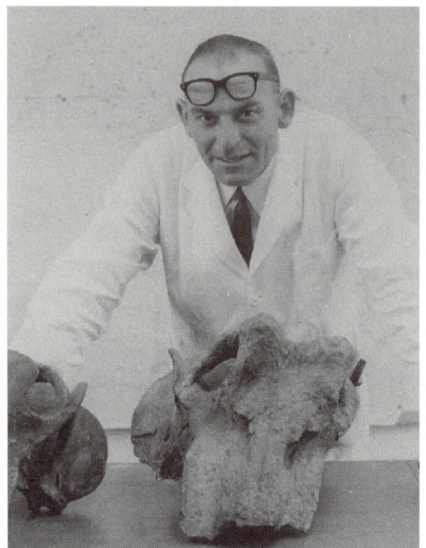 

Abb. 3: James Kitching, erfolgreicher südafrikanischer Fossilienjäger und bis heute überzeugter Anhänger der osteodontokeratischen Kultur, hatte 1945 die ersten Hominiden in Makapansgat entdeckt.

Abb. 4: Judy Maguire, später mit ihm zusammen am *Bernard Price Institute for Palaeontological Research* in Johannesburg tätig, widerlegte die Killeraffen-Hypothese Darts durch experimentelle Studien.

Abb. 5: Die große Anzahl dicht gepackter Knochenfragmente in Makapansgat verleitete Raymond Dart zu seiner Theorie der osteodontokeratischen Kultur. Komplizierter Name einer Theorie mit einfachem Hintergrund: Die Knochen seien ursprünglich nicht mehr als der Müllhaufen der „Killeraffenmenschen" gewesen.

Abb. 6: Die Crack-und-Twist-Methode: Mit einem Schlag und einer Drehung haben die Australopithecinen in der Vorstellung Darts die Knochenwerkzeuge hergestellt. Außer Jagd- und Tötungsinstrumenten glaubte er sogar Knochenlöffel für das Füttern von jungen und alten zahnlosen Vormenschen zu erkennen!

Abb. 7: Nicht Jäger, sondern Gejagter: Der südafrikanische Paläontologe Bob Brain zeigte, daß die von Raymond Dart als Tötungsspuren von Hominiden interpretierten Löcher in den Schädeln mancher Australopithecinen auf Leoparden und nicht auf Vormenschenangriffe zurückzuführen sind.

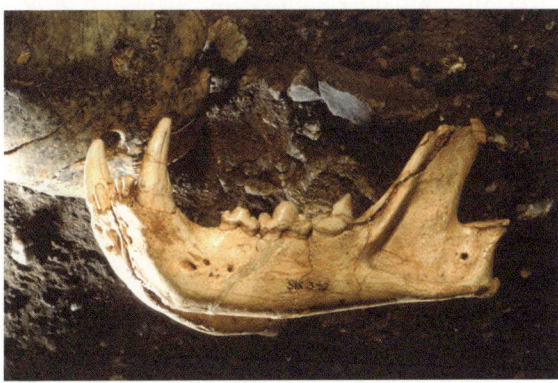

ich jetzt dem Thema meiner Diplomarbeit auf die Spur gekommen: Makapansgat und meine Diplomarbeit standen auch am Anfang meiner Freundschaft mit Tim Bromage. Sein Aufenthalt in Südafrika, bei dem er Judy und mich im Paläontologischen Institut besuchte, diente in gewisser Weise einer ähnlichen Idee wie der meinigen, nämlich dem Einsatz elektronenmikroskopischer Techniken in der Paläoanthropologie. Wir kamen schnell ins Gespräch, und uns beiden wurde klar, daß wir das gleiche wollten. Aber eigentlich nicht nur im Labor. Jeder von uns träumte insgeheim von einem eigenen Forschungsprojekt auch im Gelände. So wie die Leakeys den Hominidenfundort Koobi Fora, Don Johanson seine „Lucy" in Äthiopien entdeckt hatten, so wollte das Team Bromage/Schrenk ein eigenes Projekt auf die Beine stellen. Wie und wo, das wußten wir natürlich zu dieser Zeit noch nicht. Also beschäftigten wir uns gemeinsam mit dem, was nahelag – unseren Diplom- und Doktorarbeiten und mit der Höhle Makapansgat, dem Fundort all der vermeintlichen Knochenwerkzeuge.

Ein besseres Ambiente als eine Höhle in Südafrika, umgeben von Aloen, Steinen und schattenspendenden Bäumen, hätte ich mir für meine erste größere wissenschaftliche Arbeit nicht aussuchen können. Die Forschungsstation, ausgestattet mit Kühlschrank und Sherry, verströmte einen unglaublichen Charme. Vollkommen wurde die Campatmosphäre durch die zahlreichen Besucher, die während der viermonatigen „Außenstation" immer mal wieder vorbeischauten, um zu sehen, wie es dem deutschen Studenten mit amerikanischem Partner im fernen Norden Südafrikas wohl ergehen mochte.

Ich war ein Exot. Anfang der 80er fand man gerade im westeuropäischen Kulturkreis nur wenige, die freiwillig ins Apartheidsregime Bothas und de Klerks reisten. Ich bin gewiß nicht dorthin gegangen, weil ich mit dem rassistischen Regime sympathisierte, sondern weil ich letztlich nur dort mit einem Stipendium meine Forschungsinteressen verfolgen konnte. Sie können sich vorstellen, wie schwer es mir fiel, nach vollendeten Höhlenstudien nach Deutschland zurückzugehen, um mein Studium in Darmstadt zu beenden. Auch Judy merkte das. Die afrikanische Lebensart kam und kommt meiner eigenen sehr entgegen. In Afrika fühlte ich mich geborgen, angenommen und vor allen Dingen unabhängig. Dort war es nicht schlimm, wenn unvorhergesehene Dinge passierten. Sie passieren einfach, ohne daß man gleich eine Katastrophe daraus macht. Anyway: In Deutschland angekommen, war alles so, wie ich es in Erinnerung hatte. Nein, noch schlimmer – es kam mir vor, als sei die Zeit direkt nach meinem Weggang einfach stehengeblieben. Die Probleme waren die gleichen, die Intrigen und Machtspiele zwischen Professoren und Assistenten die alten. Grund genug für mich, das Kapitel Studium möglichst schnell abzuschließen und mich neu zu orientieren. Das Ziel war klar definiert – auf den Spuren der Menschheit ein eigenes Forschungsprojekt gründen. Hierzu war es jedoch für mich wichtig, das nachzuholen, was mir ein gewisser Herr Quenstedt – übrigens ein Ammonitenerforscher von der Schwäbischen Alb – durch die Etablierung der Paläontologie als Hilfswissenschaft im 19. Jahrhundert in Deutschland für die Geologie erschwert hatte: Ich benötigte einen biologisch-anatomischen Background, den ich in dem vorgegebenen Studienaufbau nicht erwerben konnte. Diesen Hintergrund brauchte ich aber, um als Geologe Hominiden suchen, finden und erforschen zu können.

Die Paläontologie, also die Lehre von den alten Lebewesen, ist in Deutschland seit jeher eine geologische Disziplin. Thematisch umfaßt sie alles, was ursprünglich einmal mit einem Lebewesen zu tun hatte. In ihrem Zentrum steht die Frage nach dem Alter. Hieraus wird erklärbar, warum es für Quenstedt unendlich wichtig war, die Paläontologie mit der Geologie zu verbinden. Erst die zeitliche Bestimmung der Sedimentschichten und bestimmter Gesteinsarten erlaubt die chronologische Einordnung eines Fossils. Denn ohne Hinweise auf ihr geologisches Alter sind Fossilien für die wissenschaftliche Interpretation fast wertlos.

Während sich so die Paläontologie in Deutschland nicht zu einer eigenständigen Wissenschaft entwickelte, kam es – vor allem im englischsprachigen Ausland – verstärkt zur Kooperation zwischen biologischen, paläontologischen und anatomischen Arbeits- *33* richtungen, zum Teil auch sichtbar in der Institutszuordnung an einigen Universitäten. Da Fossilien ehemalige Lebewesen sind, ist aber nicht nur die zeitliche Einordnung ihrer Existenz, sondern vor allem auch der biologische Zusammenhang ihres einstigen Daseins entscheidend. Die biologischen Wissenschaften und die vergleichende Anatomie, die sich mit solchen Fragen befassen, sind daher stets unverzichtbare Nachbar- und Hilfsdisziplinen der paläontologischen Wissenschaft. Eine Chance, die Paläoanthropologie – die Lehre von der Entwicklungsgeschichte des Menschen – als paläontologische Wissenschaft in Deutschland neben der Geologie „salonfähig" zu machen, wurde letztendlich durch die Rassenlehre der Nationalsozialisten verhindert. In ihre ebenso menschenverachtende wie wissenschaftlich haltlose Lehre vom Herrenmenschen hätte die Realität vom gemeinsamen Ursprung und denselben Anlagen und Fähigkeiten aller Menschen nicht hineingepaßt; also wurden solche Fragestellungen und Forschungen unterdrückt.

Dies soll uns hier als Hintergrund der Geschichte genügen. Für mich stand jedenfalls fest, daß mir Wissen fehlte. Gerade im Vergleich mit Tim hatte ich auf dem Sektor der Anatomie einiges an Wissen nachzuholen, das für die Interpretation noch zu findender menschlicher Fossilien unabdingbar war. Ich befolgte deshalb einen Rat, den mir Judy Maguire in Südafrika zum Abschied gegeben hatte, und stellte mich bei Wolfgang Maier vor, damals Professor für Anatomie an der Universität Frankfurt. Daß er sich traute, mit mir einen Geologen als Assistenten am anatomischen Institut einzustellen, ist mir bis heute ein Rätsel geblieben. Fest steht, daß ich das kleine Einmaleins der Anatomie erlernte. Ich sezierte Leichen, machte Muskel- und Bewegungsstudien und bekam Antworten auf viele Fragen, die mich seit jeher beschäftigten. Speziell die Anatomie des Schädels faszinierte mich von Beginn an. Im Kopf eines Säugetieres sind mit Nase, Augen, Gehör, Gleichgewichtsorgan, Gehirn, Kau- und Sprechapparat sieben verschiedene funktionelle Einheiten auf engstem Raum verknüpft. Mir wurde bewußt, daß ein Verstehen der heutigen Vielfalt des Lebens nicht ohne den historischen Zusammenhang möglich war, der diese Vielfalt im Laufe von Hunderten von Millionen Jahren geschaffen hat. Ebenso kann ein Fossil ohne Kenntnisse funktioneller Zusammenhänge heutiger Lebewesen nicht verstanden werden. Und vor allem wurde mir klar, daß das reibungslose Zusammenwirken aller Funktionsgefüge eines Organismus zu jedem Zeitpunkt des Lebens gewährleistet sein muß. Dies gilt nicht nur während des Wachstums eines Individuums von der befruchteten Eizelle bis zum Tod (*Ontogenese*) sondern auch in der Stammesgeschichte (*Phylogenese*). Meine Vorstellung von Evolution, die bis dahin durch die Ordnung meiner Ammoniten geprägt war, änderte sich nachhaltig, und ich begann, Evolution als Aneinanderreihung vieler Ontogenesen aufzufassen. Daher untersuchte ich mehrere Jahre lang nicht nur rezente – heutige – Säugetierschädel, sondern in meiner Dissertation vor allem deren Embryonalentwicklung. In dieser Zeit merkte ich auch das erste Mal, daß mein Weg, den ich eingeschlagen hatte, der richtige war. Mein Interesse an der Wissenschaft rührte von einem Wunsch, das verstehen zu lernen, was in der Welt passiert und was die Welt zu dem gemacht hatte, was sie ist: ein Planet, auf dem Menschen leben. Was mich fasziniert, ist die Frage nach dem Woher der Arten. Woher kommen wir, wann erscheinen wir, die Gattung *Homo*, das erste Mal auf der Erde? Vielleicht haben bei mir unterbewußt auch philosophisch-religiöse Gründe eine Rolle gespielt, als ich mich für die Paläoanthropologie entschieden habe. Immerhin suche ich – christlich erzogen – nicht in der Bibel nach dem Ursprung der Menschheit, sondern in Afrika.

Was mich an unserer Spezies, der Gattung Mensch, interessiert, ist neben unserer Herkunft auch die uns eigene Fähigkeit zur Selbstreflexion. Es reizt mich, dieser Gabe wissenschaftlich auf den Grund zu gehen. Nur wir Menschen wissen, daß es einmal eine menschenlose Zeit gab. Das zeichnet uns vor allen anderen Lebewesen aus, hebt uns ab, macht uns einzigartig. Einzigartig an uns ist auch das Wissen um unsere Vergänglichkeit. Mich beruhigt dieses Wissen um die eigene Sterblichkeit insgeheim. Denn egal, was ich mache oder unterlasse – mein Leben ist nicht wichtiger als die Existenz eines Staubkornes. Ich bin nur ein winziger Teil eines unendlich großen Universums, das seit Milliarden von Jahren Leben hervorbringt. Unsterblichkeit gibt es in der materiellen Welt nicht. Und dennoch: Vielleicht habe ich es mir gerade deshalb zur Aufgabe gemacht, dem Prozeß des Lebens von Anfang bis zu Ende mitzuentdecken und die Wurzeln der Menschheit zu erforschen, um selbst, wenn auch nur ein bißchen, unsterblich zu werden, zumindest in der Wissenschaftsgeschichte der Paläoanthropologie.

Man trifft sich wieder

Bevor ich Wissenschaftsgeschichte schreiben konnte, machte ich mich jedoch erst mal an die Fertigstellung meiner Diplomarbeit. Tim schrieb an seiner Doktorarbeit, und was uns beide verband, war das Forschungsthema: die Höhle von Makapansgat, so einfach war das. Was dann geschah, war abzusehen, denn was tut man gemeinhin, wenn man ein und denselben Forschungsschwerpunkt, kein Geld und jede Menge Unternehmungsgeist hat? Genau. Man tut sich zusammen. In diesem Fall war der gemeinsame Treff- und Ausgangspunkt unserer ersten gemeinsamen Forschungsreise der gelbe Volkswagen-Käfer von Judy Maguire, die damals noch nicht wußte, was sie erwarten würde, als sie uns den Wagen lieh. Bereits beim Ausparken vor dem *Bernard Price Institute* war es um das schöne rote Rücklicht des Käfers geschehen. Ein zugegebenermaßen recht unglücklicher Start in ein bewegtes Forscherleben, der uns jedoch nicht davon abhielt, den Weg nach Makapansgat zu finden. Dort angekommen, entwickelte sich das, was uns bis heute miteinander verbindet, und zwar eine Freundschaft, das gemeinsame Interesse für unsere Vorfahren und die Liebe zu einem wunderbaren Land – Afrika. Jeden Abend saßen wir vor unserer Hütte und diskutierten vor dem Lagerfeuer und mit Marshmallows im Mund unsere Pläne. Aus dem Wunsch, gemeinsam etwas auf jenem Kontinent zu machen, auf dem die Geschichte der Menschheit einst begonnen hat, wurde recht schnell Realität. Als sich unsere Wege nach sechs Wochen in der Höhle von Makapansgat trennten, war allerdings nicht abzusehen, daß wir uns für eine Weile aus den Augen verlieren würden.

Wir hatten beide – obwohl wir damals noch keine zerstreuten Professoren waren – die jeweilige Adresse des anderen verlegt. Nur ein großer Zufall brachte uns wieder zusammen. Diesmal war es keine afrikanische Höhle, sondern der Strand von Nizza, wo wir uns überraschend wiederfanden. Für Sie hört sich dieser Zufall gewiß unwahrscheinlich und letztlich unglaubwürdig an, doch es war einfach so, wie es eben war, nämlich so: Mit meinem Doktorvater, dem damals noch an der Uni Frankfurt lehrenden Wolfgang Maier, besuchte ich meinen ersten offiziellen Kongreß. Alle vier Jahre trifft sich die versammelte Forschergemeinde der Paläontologen – also jener Wissenschaftler, die sich mit den Frühformen des Lebens befassen – und der Anthropologen zu einem Kongreß. Der Veranstaltungsort ist jeweils ein anderer, das Spiel jedoch immer das gleiche. Junge Forscher wollen sich ein Standbein im erlauchten Kreis der angebeteten Idole verschaffen, die alten Hasen in Sachen Forschung hingegen nutzen die Tagung, um sich zu profilieren, auszutauschen und – so war es damals noch zwischen den beiden zerstrittenen Lagern – auch mal anzufeinden und miteinander diskutieren zu können.

Natürlich war Nizza damals nicht nur von Paläontologen und solchen, die es noch werden wollten, bevölkert. Nein, abgesehen von einer paar zahlenmäßig weiter nicht ins Gewicht fallenden Franzosen bevölkerten Schickimickies und Feld-Wald-und-Wiesen-Touristen die französische Nobelstadt. Folge: Kein einziges Zimmer, geschweige denn ein Bett war frei. Die Stadt und das Umland waren völlig ausgebucht. Wir ließen uns natürlich nicht abschrecken und taten das, was alle heimatlosen Kongreßteilnehmer taten: besuchten den Kongreß, warteten ab und – in meinem Falle – trafen Tim Bromage aus New York. Der Zufall wollte es, daß Tim mir nach einigen Stunden plaudernd eröffnete, daß auch er keine Übernachtungsmöglichkeit hatte. Am Abend überlegten wir nicht lange und „buchten" einfach ein Zimmer mit direktem Meerblick: Der Strand von Nizza war breit, der Sand warm, und bei mehreren Flaschen Wein ließ es sich in unserer „Unterkunft" ganz gut leben und vor allen Dingen reden. Wie schon ein Jahr zuvor in Makapansgat schmiedeten wir am Lagerfeuer Pläne. Als wir dann am Morgen gegen vier Uhr von Franzosen geweckt wurden, die per Metalldetektor nach vergessenen Schmuckstücken suchten, wußten wir, was wir wollten: Wie unsere großen Idole, Don Johanson, Phillip Tobias und Richard Leakey, die wir alle am Vortag während der Konferenz bewundern konnten, wollten wir unsere eigenen Hominiden finden, unser eigenes Forschungsprojekt gründen. Das *Hominid Corridor Research Project*, von dem ich später mehr erzählen werde, wurde also am Strand von Nizza geboren.

Nach der Konferenz packte Tim die Gelegenheit, schon einmal in Europa zu sein, beim Schopf und kam einfach noch für zwei Wochen mit nach Darmstadt, wo ich wohnte. Zusammen legten wir uns eine Strategie zurecht. Die Fragen, die es zu beantworten galt, waren simpel: Wo sollten wir graben und mit welchem Geld – genauer gefragt, mit wessen Geld? Die Frage nach dem Wo war schnell geklärt, die Entscheidung, nach Malawi zu gehen, rasch getroffen.

Unser Ziel war es, die eingangs erwähnte Forschungslücke zwischen den bekannten Fundstellen im Süden und im Osten Afrikas zu schließen. Hominiden konnten nicht fliegen, also mußte irgendwo zwischen Makapansgat und Olduvai Gorge noch eine andere potentielle Fundstelle aufzutreiben sein, wo es sich nach Hominiden zu suchen lohnte und wo wir uns unsere paläoanthropologischen Meriten verdienen konnten. Zunächst mußten wir die Suche nach den geeigneten geologischen Schichten aufnehmen, die noch vor Ort in Deutschland angegangen werden konnte. Nach einem Shorttrip zur Bundesanstalt für Geowissenschaften in Hannover und dem Studium zahlreicher Satellitenaufnahmen von Malawi, Mozambique und Tansania hatten wir die Gewißheit erlangt, daß die für uns lohnenden Schichten des Plio-Pleistozän, also des Erdzeitalters, in dem menschenartige Wesen von vor fünf Millionen Jahren bis heute gelebt haben und leben, nur in Mozambique und in Malawi anzutreffen waren. Uns für das friedliche Malawi zu entscheiden wurde durch die Tatsache, daß in Mozambique Bürgerkrieg herrschte und in Malawi bereits 1927 lohnende Sedimente von einem Herrn namens Dixey beschrieben worden waren, stark beeinflußt. „This is where we go" – das ist unser Ziel – stand deshalb auf dem großen weißen Zettel, den mir Tim nach einer einsam durchforschten Nacht im Institut auf meinem Schreibtisch hinterlassen hatte. In Großbuchstaben war der Name des Landes notiert, das für uns inzwischen zu einer zweiten Heimat geworden ist: MALAWI.

2. Das „Hominid Corridor Research Project" – ein Projekt entsteht

Malawi sollte der ideale Zielort für unser erstes eigenes Geländeprojekt werden. Abgesehen von der geographischen und der paläontologischen Situation hatte es einen unschätzbaren politischen Vorteil, der uns zehn Jahre lang anderen Projekten in mancher Weise überlegen machte: Malawi war das einzige Land Schwarzafrikas, das diplomatische Beziehungen mit der Republik Südafrika unterhielt. Selbst in der Wissenschaft waren die Folgen der gnadenlosen Apartheidspolitik Südafrikas sichtbar. Man hatte sich zu entscheiden, zu welcher Gruppe man gehörte: Die paläontologische Kluft war trotz einiger Pan-Afrikanisten, wie beispielsweise Phillip Tobias, von dem später noch zu berichten sein wird, riesig. So bemerkten wir, daß die gleichen Antilopenzähne in den Sammlungen der Museen in Nairobi und Pretoria verschiedene Artbezeichnungen trugen. Präparatoren, Studenten, ja sogar Professoren kannten das jeweilige andere Fundmaterial nicht. Wie auch? Aus politischen Gründen blieb ihnen gegenseitig der Zugang zu den Sammlungen verwehrt. Der Paß entschied über die Wissenschaft. Beides zu kennen, sowohl das südliche als auch das östliche Afrika – das ging nicht. Es ging nur in einem einzigen Land, in Malawi. Jung und naiv wie wir waren, träumten wir natürlich davon, nicht nur wissenschaftlich, sondern auch wissenschaftspolitisch eine Vermittlerrolle einzunehmen, was uns im Zuge unserer Arbeit auf dem gesamten afrikanischen Kontinent übrigens tatsächlich auch gelingen sollte, aber soweit waren wir noch lange nicht. Es sollte noch einige Jahre Mühe, Arbeit und Geld kosten, bis wir den ersten Hominidenfund feiern konnten.

Und damit wären wir auch wieder bei den Anfängen unseres Projekts. Natürlich hätten wir damals gerne umgehend die Koffer gepackt, um in unser „gelobtes Land" zu reisen, doch fehlte uns, wie schon angedeutet, das wichtigste Grabungsutensil – Geld.

Tim blieb nichts anderes übrig, als wieder nach New York zurück-
zufliegen, ich blieb in Darmstadt, und beide gemeinsam träumten
wir, Tausende Kilometer voneinander entfernt, von unserer ersten
Grabungssaison in Malawi. Wir beide ließen damals (fast) nichts
unversucht, um an Geld zu kommen. Schließlich und endlich gewann Tim unseren kleinen Geldaufspürwettbewerb: Nach etwa
drei Monaten kam eine Postkarte mit dem Satz: „I have a happy
emergency for you." Wie glücklich dieser Notfall war, stellte sich
nach einem Telephonat heraus, das ich sofort nach Ankunft der
Postkarte mit Tim führte. Natürlich hatte ich in meiner Aufregung
die Zeitverschiebung vergessen und klingelte Tim zu nachtschla-
fender Zeit aus dem Bett. Tim erklärte mir schlaftrunken, er habe
9 000 Dollar von der Forschungseinrichtung *National Geographic
Society* und wir könnten sofort mit unserer ersten Erkundung
starten.

Die erste Reise ins Fossilienland

Nichts leichter als das. Die Koffer waren schnell gepackt, Gra-
bungswerkzeug bald besorgt, und schon saßen wir beide in einem
Flieger Richtung Nairobi. Von dort aus ging es gemeinsam weiter.
Lilongwe, die Hauptstadt Malawis, war unser Ziel. Dort angekommen, brauchten wir erst einmal einen fahrbaren Untersatz –
und das in einem Land, in dem es fast keine Autos gab. Außerdem
benötigten wir die Erlaubnis der Regierung und, was neben Geld
am wichtigsten für eine Grabung ist, Kontakte zu Einheimischen,
denn ohne sie, ihre Orts- und Sprachkenntnisse, läuft bei einer
Grabung absolut nichts. Glücklicherweise wandten wir uns gleich
zu Beginn an die richtige Person, Gadi Mgomezulu, damals noch
Leiter des *Department of Antiquities* von Malawi in Lilongwe,
und seinen Stellvertreter, den Archäologen Yusuf Juwayeyi. Dies
war aber kein glücklicher Zufall, sondern von langer Hand geplant: Bei unserer Recherche nach Ansprechpartnern in Malawi
stießen wir in einer amerikanischen Zeitschrift auf eine Veröffentlichung des malawischen *Department of Antiquities*, einer dem
deutschen Amt für Denkmalpflege vergleichbaren Einrichtung.

Abb. 8: „Welcome to Malawi",
the warm heart of Africa –
das ist zwar ein abgedroschener
Slogan, in dem allerdings viel
Wahrheit steckt. Bei unserer
ersten Ankunft in Malawi
erwarteten uns ausschließlich
liebenswürdige Malawier, die
uns und unsere Absichten auf
das herzlichste begrüßten.

Dort wurde von nagelneuen Landrovern berichtet, die für Koope-
rationsprojekte des Amtes bereitstanden. Wir fanden schließlich
auch noch einen Mitarbeiter dieses Departments, Zefe Kaufulu,
der dabei war, in Berkeley seine Doktorarbeit abzuschließen. Wir
boten ihm an, Co-Director des *Hominid Corridor Research Projects* zu werden, denn wir hatten inzwischen einen Namen für unser Forschungsprojekt. Wir konnten es schlecht Hominidenpro-
jekt nennen, denn wir wußten nicht, ob wir jemals welche entdecken würden. Aber der geographische Korridor zwischen dem
südlichen und dem östlichen Afrika hatte es uns angetan, jene
kürzeste geographische Verbindung im Afrikanischen Graben.
Egal, ob wir Hominiden entdecken würden oder nicht, es war in
jedem Fall ein Hominidenkorridor! Wir beschlossen, diesen ima-
ginären Korridor nach den in ihn vermuteten Hominiden zu nennen. Und zur Strafe für unseren Übermut und die Wahl des an-   *43*

spruchsvollen Projektnamens sollten wir jahrelang nur die fossilen Reste von Schweinen, Antilopen, Giraffen und Elefanten entdecken – was einen Göttinger Kollegen einige Jahre später dazu
verleitete, diesen Korridor als Schweine-, Antilopen-, Giraffen-
und Elefantenkorridor zu bezeichnen.

Es war hauptsächlich Yusuf Juwayeyi, der immer an die Hominiden im Korridor glaubte. Und er verhalf uns damals wie auch
noch heute zu allem, was wir uns nur wünschten. Bereits nach einem Tag in Malawi wurde uns klar, wie der Slogan Malawis als
the warm heart of Africa – das warme Herz Afrikas – zu verstehen war: Die Freundlichkeit, Gastfreundschaft und Hilfsbereit-
schaft der Malawier ist von niemandem zu übertreffen. Vielleicht
ist ein Grund für dieses Phänomen der gewisse Stolz der Bevölkerung auf ihre Geschichte und ihre Friedfertigkeit, der ihnen allen
dort eigen ist. In Malawi finden keine Völkerunruhen statt; es gibt
keine Aufstände und keine blutigen Metzeleien. Selbst der Wechsel der Regierung von dem geachteten, jedoch auch von vielen
gefürchteten und durchaus autokratisch agierenden Präsidenten
„His Excellency" Hastings Kamuzu Banda zum demokratischen
Bakili Muluzi ist ohne Reibereien abgelaufen. Das alles wurde uns
aber erst im Laufe der Jahre bewußt.

Damals waren wir vor allem begeistert, daß es uns gelungen
war, neben der Grabungserlaubnis auch einen Fiat aufzutreiben.
Zu einem Vierradantrieb, der auf die afrikanischen Straßenverhältnisse besser „eingegangen" wäre als unser Fiat, hatte leider
unser Budget nicht gereicht. Also zuckelten wir mit unserem kleinen Italiener die 700 Kilometer lange Strecke von Lilongwe über
Mzuzu ins nördliche Karonga zu den Fundschichten, die tatsächlich unsere späteren Hominidenfunde noch hervorbringen sollten.
Noch aber schlummerten sie ungestört in den Chiwondo-Beds ...

Natürlich verlief diese Fahrt nicht reibungslos. Wir hatten keine
Ahnung, auf was wir uns eingelassen hatten, bevor wir die Reise
antraten. Die Straßen in den malawischen Norden seien gut,
sagten uns die *Antiquities-Leute* – man muß Land und Leute sehr
mögen, um diese Auffassung zu teilen, wie sich nach drei Stunden
Fahrt herausstellte. Nicht, daß wir verwöhnt gewesen wären von

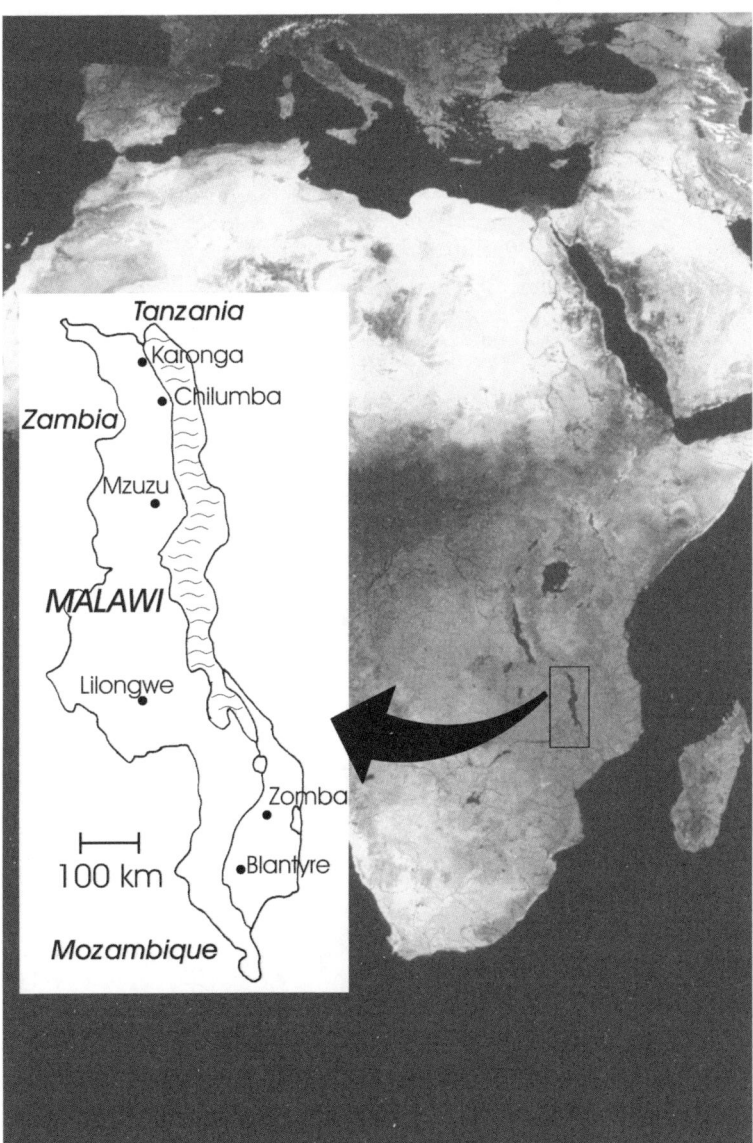

Abb. 9: 11 Millionen Einwohner, 1000 Kilometer lang und zwischen 80 und 250 Kilometer breit – das ist Malawi. Was in dieser Beschreibung fehlt, ist der See. Der nimmt immerhin 24000 Quadratkilometer Fläche des Landes ein, und seine Mitte reicht sogar bis nach Tansania. Im Leben der Malawier nimmt er eine zentrale Stelle ein: als Wasser- und Nahrungsquelle, zum Waschen und Baden oder aber einfach nur zum Schwimmen.

2. Das „Hominid Corridor Research Project" – ein Projekt entsteht

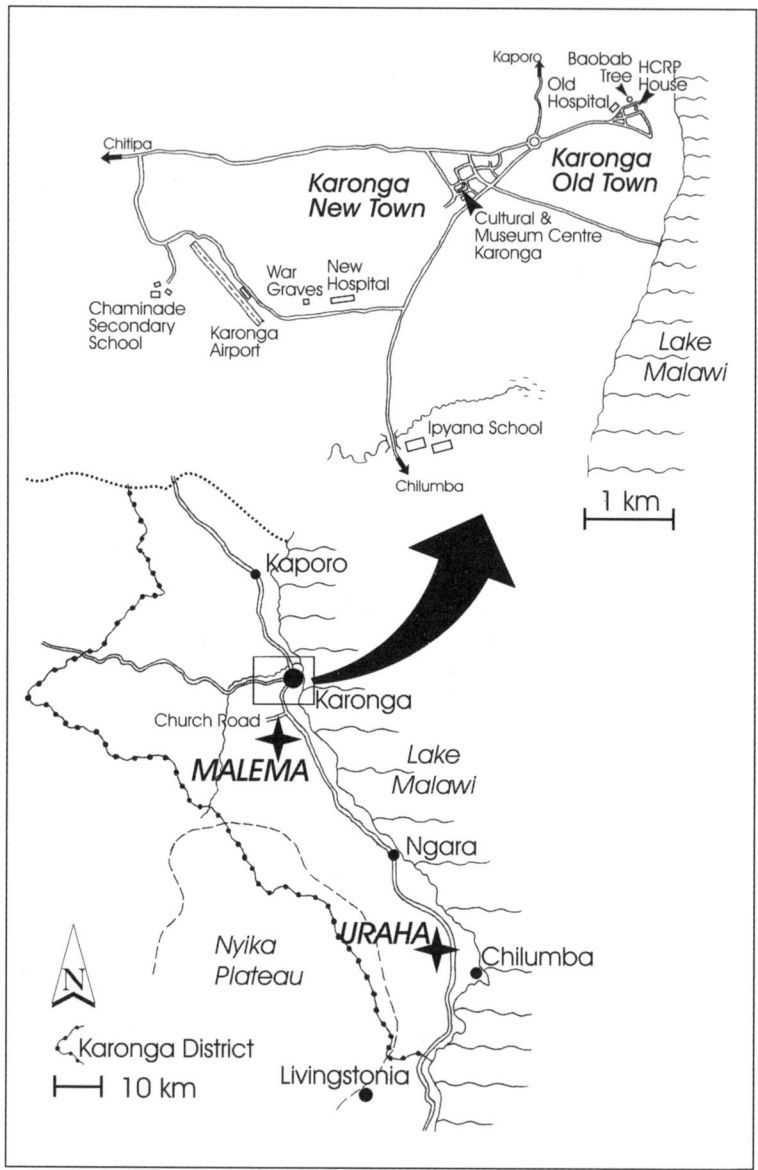

Abb. 10: Karonga auf einen Blick: Old Baobab Tree, our house, Ipyana, Church Road, War graves, Airport, Hospital, Cultural & Museum Center Karonga, die Chaminade Secondary School und natürlich die Fossilschichten in den Chiwondo-Beds dürfen als Highlights Karongas in keinem Reiseführer fehlen!

geteerten Straßen, die eben verlaufen. Nein, unser Fiat und unsere Fahrweise mußten sich einfach nur extrem der Fahrbahn anpassen und der Redefluß ebenso. Die Unterhaltung stockte mit jedem Schlagloch – und davon gab es viele –, die Atmung mit jedem Geräusch unseres Reifens und der anscheinend nicht sehr belastbaren Achse des kleinen Autos. Irgendwann hörte ich auf zu zählen, wie viele Reifen wir damals wechselten, um überhaupt ans Ziel unserer Reise zu gelangen. Unbeirrt von jener sprichwörtlichen Unwegsamkeit, gelang uns jedoch nach 14 Stunden das, wovon wir immer geträumt hatten. Wir näherten uns den Chiwondo-Beds – jenen sandfarbenen, kaum bewachsenen Hügeln, die den Lake Malawi in einer liebevollen Umarmung umfassen.

Bis heute fasziniert mich die weite Anmut dieser Millionen Jahre alten Hügel, und bis heute erinnere ich mich an unseren ersten Grabungstag in den Bone-Beds des Karonga-Distrikts, der mit einem unfreiwilligen Stop unseres italienischen „Geländemobils" begann. Wir hatten damals noch kein Quartier bezogen, zu groß war die Neugierde auf die Chiwondo-Beds, auf mögliche Fossilien und die Grabungssituation an jenem Ort, von dem wir seit einem Jahr träumten. Also starteten wir mit einer kleinen Erkundungsfahrt in die geschichtsträchtigen Hügel um Karonga. Wir fuhren die Straße zurück bis zu der Kreuzung, an der wir zwei Stunden zuvor einen großen flachen Hügel gesehen hatten. Es war die Abzweigung Church-Road, noch bevor es zum hiesigen Medizinmann und seinen mittlerweile 16 Frauen ging. Am Affenbrotbaum ging es nach links in Kasavafelder hinein. Kasava, eine Knollenfrucht, ist in Malawi ein teures Gut – wertvoller noch als der instabile Kwacha; das zeigt schon die Tatsache, daß in Malawi die Mitgift in Kasava bezahlt wird. Für uns bedeutete das Kasavafeld erst mal Ende im Gelände. Unser Fiat hatte sich im staubtrockenen Feld festgefahren und bewegte außer Massen von Staub nichts mehr. Binnen weniger Minuten waren wir die Attraktion im Kasavafeld: Mehrere Dutzend Kinder kamen, schauten verwundert, vielleicht auch etwas ängstlich, was die Wazungu so alles taten, um das Auto wieder auf festen Boden zu bekommen, und lachten schließlich schallend los, als ich bei dem definitiv letzten Versuch, den Karren anzuschieben, ausrutschte und der Länge nach auf die Nase fiel. Aus der Ferne betrachtete uns der Besitzer der Kasavafelder, Gladson Mwashunguti. Wahrscheinlich hatte er abwarten wollen, was genau passierte. Als wir den Motor ausschalteten und uns erschöpft vor unserem geländeuntauglichen Mobil niederließen, kam er zu uns. Er erzählte uns von dem rosaroten Landrover Pick-up des Lehrers und eröffnete die Möglichkeit, uns zu ihm zu führen. Wir nahmen seine Hilfe dankend an, ließen den Fiat bei Kindern und Kasava und marschierten wieder zurück ins Dorf.

Wir gingen zum Marktplatz. Ein gewaltiges Stimmengewirr, der Geruch von Fleisch und frischem Fisch erwartete uns dort. Tim und ich staunten nicht schlecht; die Vielfalt an Waren, die hier in Karonga feilgeboten wurde, überraschte uns. Immerhin gilt Malawi als eines der ärmsten Länder Afrikas. Zwischen bunten Chitenjes, den traditionellen Stoffen Tansanias und Malawis, Obst, Gemüse und Körben stellte uns Gladson den Lehrer vor. Nachdem Friday ihm unser Problem in Tumbuka, der lokalen Sprache des Stammes der Tumbuka, geschildert hatte, mußte er erst einmal herzlich lachen. So etwas hatte er noch nie erlebt. Die Weißen, die bisher Karonga durchquert hatten, waren zumeist mit großen Geländewagen ausgestattet. Wazungu mit Fiat seien ihm bisher noch nie begegnet, wiederholte er immer wieder lachend. Natürlich war er bereit, uns seinen rosa Rover für ein paar Tage zu überlassen. Er selbst ging oft in die Hügel, um Fossilien zu sammeln. Als Geographielehrer an der *Chaminade Secondary School* wußte er um die Bedeutung der jahrmillionenalten Fundstücke. Gegen Kwacha und dem Versprechen, ihn und seine Familie am letzten Tag besuchen zu kommen, waren wir nun in den vorübergehenden Besitz eines wundervoll rosafarbenen Geländewagens gekommen. Ohne ihn hätten wir unsere erste Grabungssaison mit kilometerlangen Wanderungen durch die Chiwondo-Beds verbracht.

Gladson Mwashunguti, der Besitzer des Kasavafeldes, wurde zu unserem ersten Geländeassistenten. Viele Jahre lang arbeitete er mit uns, organisierte Geländeteams und weihte uns in die Geheimnisse der malawischen Kultur ein: Ein wichtiger Bestandteil

Abb. 11: „Transporte sind immer ein Problem" ist eine der häufigsten Aus-
künfte, die man in Malawi als Fremder auf Reisen bekommt. Malawier machen aus der Not eine Tugend und nutzen Behelfsmittel wie einen Ochsen-
karren zum Transport von Mensch, Tier und – wie hier – auch von Flaschen.

Abb. 12: „Peoples Trading Centre" ist nicht etwa ein moderner Umschlag-
platz für arbeitswillige Menschen – nein, PTC gehört in Karonga, ja in ganz
Malawi zum Leben wie der Markt zum Dorf. Neben typischem „Wazungu-
food" wie Senf, Bier und Nudeln hält das Warenangebot des kleinen Super-
markts auch Lokales wie *Mandazi*, kleine Brötchen, oder *Qambiri*, getrock-
neten Fisch, bereit. Daneben bietet der Eingang zum Supermarkt auch Gelegenheit zum Austausch von Neuigkeiten – von Frau zu Frau.

der malawischen – oder überhaupt der afrikanischen – Kultur ist das Bawo.

Bawo, das ausgesprochen wird wie Bao, ist ein Brettspiel, das zu jeder Tages- und Nachtzeit vorwiegend von Männern gespielt wird. Der Sinn des Spieles ist es, die Zeit totzuschlagen – ein legitimes Anliegen, bedenkt man, daß über achtzig Prozent der Malawier ohnehin keinen Beruf ausüben. Die Regeln des Spiels sind mir bis heute schleierhaft geblieben. Ohne Gladsons Anleitung, mit welchem der kleinen Bohnenhäufchen ich in die eine oder andere Richtung losmarschieren sollte, wüßte ich selbst nach 100 Jahren in Malawi nicht genau, wie sich meine Hand auf dem geschnitzten Holzbrett bewegen soll. Die Unzulänglichkeit meinerseits, dieses Spiel auszuüben, paarte sich mit der Geschicklichkeit Tims, der die Strategie des Spiels nach nur drei Runden durchschaut hatte: Zwei Menschen sitzen sich gegenüber und verteilen nach und nach je 32 Bohnen auf dem Holz. Die Verteilung erfolgt – wie üblich bei einem Spiel – nach gewissen Regeln. Jeder der Spieler besitzt auf dem Holzbrett zwei Reihen mit jeweils acht Vertiefungen, die es zu füllen gilt. Begonnen wird mit acht Steinen, die gleichmäßig auf die ersten acht Felder der ersten Reihe verteilt werden. Die verbleibenden 24 der insgesamt 32 Bohnen werden dann nach und nach – pro Spielzug eine Bohne – in die Löcher verteilt. Dabei gilt es, mit einem Zug so viele gegnerische Bohnen wie möglich zu „essen". Essen tut man eine gegnerische Bohne beispielsweise, in dem man seine eine Bohne in ein Kästchen legt, in dem schon zwei liegen – damit gewinnt man die Bohne auf der gegenüberliegenden Seite. Die einverleibte Bohne geht dann in den Besitz des anderen über, der, je nachdem wie viele Bohnen er mit einem Zug erbeutet hat, diese wiederum gleichmäßig in seine 16 Vertiefungen verteilt. Die Verteilung der Bohnen geschieht so lange, bis eine einzelne Bohne ein leeres Feld erreicht hat. Damit ist der Zug beendet, und der Spieler signalisiert dieses Ereignis zumeist mit einem lauten *Bas* – also „Ende". Sind die restlichen 24 Bohnen alle verteilt, fängt das klickernde Strategiespiel erst richtig an. Jetzt geht es darum herauszufinden, mit welchen Bohnen aus welcher Vertiefung man Verteilungen vornimmt und welches Häufchen wohl die meisten gegnerischen Bohnen essen kann. Tim überlegte sich zumeist schon beim Zug des Gegners, mit welchen der Bohnen er seinerseits starten wollte. Eine Technik, die meistens Erfolg hatte, denn der Gegner von Tim hatte am Ende des Spiels zumeist keine eine Bohne mehr in seinen Feldern. Tim gewann fast jedes Spiel und genoß hohes Ansehen in Bawo-Insider-Kreisen. Ich spezialisierte mich indes auf die Einführung Gladsons in unsere Kultur – die Grabungskultur. Wie Tim, der irgendwann alleine Bawo spielen konnte, war es später Gladson alleine, der das Training und die Einarbeitung neuer Mitarbeiter übernahm. Zurückblickend muß ich heute gestehen, daß wir einfach sehr viel Glück hatten an unserem ersten Tag in Karonga. Nicht nur, daß wir nach einem halben Tag ein geländegängiges Auto geliehen bekamen, freundlich aufgenommen wurden und schon jetzt für mehrere Tage im voraus Essenseinladungen in der Tasche hatten, nein, an just demselben Tag hatten wir auch ein Dach über unseren Köpfen, was in Karonga nun eher eine Seltenheit ist. Der Lehrer kannte den Polizisten, der, wie alle Einwohner Karongas, auf dem Markt zugegen war. Er stieß quasi zu uns, als wir in fast schon trauter Runde die Autogeschäfte für die nächste Woche klärten. Er hörte eine Weile zu, ließ sich nebenbei von unserem Lehrer die Details erzählen, lachte ab und an laut auf, und dann bot er uns einfach sein neugebautes Haus als Übernachtungsmöglichkeit an. Natürlich nahmen wir sein Angebot dankend an. Ehrlich gesagt, hatten Tim und ich uns bis dato nur wenig Gedanken über eine Unterkunft gemacht. Zur Not, dachten wir wohl beide, reichte auch ein Zelt mitten im Grabungsgebiet. Nun waren wir allerdings stolze Zwischenmieter eines neugebauten Hauses mit Wellblechdach, hoch in den Hügeln Karongas mit einem unvergleichlichen Ausblick auf den großen Malawisee, den wir jedoch nicht lange genossen, denn mit einem Mal trieb uns eine innere Unruhe an. Unser Hauptquartier war in Windeseile bezogen. Und schon saßen wir mit Sack und Pack im rosa Rover und starteten ein zweites Mal in die Chiwondo-Beds, um endlich das zu machen, was wir schon die ganze Zeit machen wollten: Fossilien suchen und finden.

2. Das „Hominid Corridor Research Project" – ein Projekt entsteht

Abb. 13: Zwei Spieler, 64 Steine, Bohnen oder Saatgut und ein Holzbrett mit 32 Vertiefungen – mehr braucht man nicht für den malawischen Volkssport Nummer 1, das Bawospielen. Oder doch? Ach ja, rechnen sollte man können, und Schnelligkeit ist ohnehin gefragt, wenn es darum geht, wer als erster die meisten Steine in einem Spielzug einheimsen kann.

Abb. 14: Strandleben in Kalifornien: Zumindest von weitem sieht es so aus, als würde unser erstes geliehenes Geländemobil, der pinkfarbene Landrover von Mr. Limbanazo, auf dem Palmenhighway Santa Monicas parken. Weit gefehlt, denn Urlaub vom Grabungsalltag machten wir mitsamt unserem Mobil direkt um die Ecke – am Strand von Lake Malawi.

Abb. 15: Besonders edel war unsere wellblechbedachte Unterkunft im neugebauten Haus des Polizisten zwar nicht, aber mindestens ebenso sauber und sicher wie das Nthula Witule Resthouse Karongas.

Die Sonne stand schon sehr tief, und wir wußten, daß unser erster Grabungstag nicht sehr lange dauern würde. In den zwei Stunden, die uns bis zum Sonnenuntergang um sechs Uhr blieben, sammelten wir in den Hügeln bei Church Road all das zusammen, was für uns wie ein Fossil aussah. Die Ausbeute am Abend war überwältigend. Tim und ich hatten in unserem Eifer einen ganzen Sack voller Hippo- und Krokodilzähne, Fischwirbel und Antilopenhörner gesammelt. Wir waren überglücklich, die Ausbeute bestätigte letztendlich unsere Annahme, daß es sich lohnen würde, in den Chiwondo-Beds nach Fossilien zu suchen. Natürlich waren die fragmentarischen Überreste urzeitlicher Nilpferde, aus heutiger Sicht betrachtet, keine spektakulären Funde. Doch für uns wurde mit den Funden der Traum von einem eigenen Forschungsprojekt Realität. Die Fossilien stammten allesamt aus den Schichten des Erdzeitalters des Plio-Pleistozän, die hier circa fünf bis eine Million Jahre alt sind und aus denen wir 1991 unseren ersten Hominiden bergen und beschreiben sollten. Die verschiedenarti-

gen Fossilien zeigten uns schon damals, daß die Flora (Pflanzenwelt) und Fauna (Tierwelt) um den Malawisee vor 5 bis 2,5 Millionen Jahren arten- und abwechslungsreich gewesen sein mußte:
Fische, Krokodil- und Schildkrötenreste sind sichere Indizien für
die Nähe des Wassers im Untersuchungszeitraum, wo Wasser ist,
sind auch Säugetiere, und Antilopen-, Schweine- und später dann
auch Primatenfossilien weisen uns schließlich den Weg zum Lebensraum der Hominiden. Tim und ich redeten noch bis tief in die
Nacht über unsere Funde und dem, was wir aus ihnen schließen
konnten. Wir philosophierten über die Umwelt der frühen Menschen, malten uns die damalige Größe des Malawisees aus und
planten künftige Geländeaufenthalte, für deren Finanzierung wir
freilich noch keine müde Mark besaßen. Irgendwann wurde Tim
jedoch nachdenklich: „We made a mistake", sagte er in seiner
trockenen Art. Tim erklärte in ruhigen, fast andächtigen Worten,
daß wir einen Frevel an den Fossilien und an den Fundstellen be-
gangen hatten. Und er hatte recht. Weder hatten wir die Fundstellen einzeln dokumentiert – etwa durch Photos oder auf dem Wege
der Kartographie –, noch hatte einer von uns beiden eine Vorstellung davon, wo genau welches Fragment gelegen hatte. Wie Pilz-
sammler waren wir in die Chiwondo-Beds gegangen und hatten
Fossilien einfach eingesammelt. Natürlich brachte uns der Sack
Fragmente außer der Tatsache, daß dieser noch heute im Hessischen Landesmuseum Darmstadt herumsteht, keine sicheren Erkenntnisse über ein mögliches Vorhandensein fossilisierter Überreste der Gattung *Homo*. Doch brachte er uns immerhin auf die
Idee, von der wir heute noch bei unserer Forschungsarbeit profitieren. Niemand hätte uns Forschungsmittel dafür bewilligt, in
Ostafrika nach der Wiege der Menschheit zu graben. Dafür gab
und gibt es einfach zu viele Paläontologen und Anthropologen,
die denselben Traum haben – einmal im Leben einen Hominiden
finden. Statistisch gesehen, besteht diese Chance nur alle fünf
Jahre. Ein Grund, warum ich in meinen Vorträgen und Vorlesungen bis heute behaupte, daß es weltweit einfach mehr Paläoanthropologen als Hominiden gibt. Für das Suchen einer Stecknadel
im Heuhaufen wurde damals und wird auch heute kein Geld be-

willigt. Wir mußten unsere malawischen Grabungsaktivitäten in einen forschungsintensiven, wissenschaftlichen Gesamtzusammenhang stellen, um an Mittel zu kommen. Der interdisziplinäre Ansatz war bald gefunden. Wir beschlossen, nicht nur die Hominiden, sondern auch ihren Lebensraum, die Umweltveränderungen der damaligen Zeit, das Klima und die Nahrungsgrundlagen unserer Vorfahren im Gesamtzusammenhang zu erforschen. Zumindest im Kopf war es nun geboren, unser erstes eigenes Projekt. Wir wollten eigene Wege gehen, fernab von den Fußstapfen der großen Paläoanthropologen wie Richard Leakey und Phillip Tobias. Natürlich, so argumentieren viele Kollegen von uns, gibt es weitaus bessere Fundstellen als die Chiwondo-Beds Malawis. Das bestreiten wir bis zum heutigen Tag nicht. Durch die starke geologische Aktivität des Malawi-Rifts (-Grabens) und die daraus resultierende schnelle Zerstörung der Fossilreste und durch fehlende großflächige Ablagerungsgebiete bleibt es uns mit großer Wahrscheinlichkeit versagt, sensationelle Skelettfunde zu präsentieren. Doch das, was wir miteinander zu verbinden suchten, nämlich die Lücke zwischen Ostafrika und Südafrika auch wissenschaftspolitisch zu schließen, ist uns gelungen. Den weißen Fleck zwischen den fast 3000 Kilometern auseinanderliegenden Fundstellen von Laetoli bis Makapansgat gibt es durch das damals gegründete *Hominid Corridor Research Project*, kurz HCRP, nicht mehr.

Das erste Camp: Ipyana

Unser erster Forschungsaufenthalt in Malawi wurde damals durch den einstimmig von Tim und mir gefaßten Beschluß „Ja, wir suchen weiter und starten unser Projekt" abgeschlossen und zugleich ein neues Vorhaben besiegelt. Nach der Rückreise hieß es jetzt für uns, Anträge schreiben, Forschungsmittel aufbringen und für das kommende Jahr vorarbeiten. Unser Ziel war ein erstes eigenes Forschungscamp, von dem aus wir unsere Surveys und Grabungen planen, koordinieren und durchführen konnten. Unsere Bemühungen waren erfolgreich: Ein Jahr später, im Sommer

Abb. 16: Abenteuerlustig? Mindestens ebenso wackelig wie die Auto-
brücke über den Rukuru, wie sich zeigen sollte, aber viel stabiler, ist die
legendäre Bambushängebrücke über ebendenselben Fluß. Pro Tag nutzt
die Bevölkerung ganzer Dörfer den etwa halben Meter schmalen Übergang
über die reißenden Wasser des South Rukuru.

Abb. 17 u. 18: Beißender Rauch, strahlende Kinderaugen und am Ende ein lautes „Plop" – Cashewnüsse sind nur schwer zu knacken, deshalb helfen uns die Kinder Ipyanas zumeist dabei, wenn es darum geht, den kleinen öligen Nüssen auf die Sprünge zu helfen. Mit Hilfe von Feuer knackt man sie am besten. Durch die Hitze löst sich die letzte Schale um die Nuß, die dann entweder in eine Tüte oder aber direkt in den Mund wandert. Die *Bibi* wird dabei ebenfalls verwertet, allerdings nicht von Kindern. Die orangefarbene Frucht des Cashew-Nußbaums liefert einen hervorragenden süßen Dessertwein.

57

1984, fanden wir uns mit den Mitteln unseres „Ersthelfers", der *National Geographic Society*, wieder auf malawischer Erde. Die Reise dorthin war schon damals wie ein Heimkehren. Beinahe das ganze *Antiquities Department* stand kopf, als wir zugegebenermaßen sehr unverhofft in den Hallen der behördlichen Hütten in Lilongwe standen. Für Yusuf Juwayeyei und seine Crew bedeutete unser plötzliches Auftauchen Engagement in einer Sache, für die in Malawi bis heute kein Geld vorhanden ist. Dementsprechend groß war die Freude über unseren Überfall: Pläne wurden geschmiedet, bis in die Nacht hinein diskutierten wir noch im Department über den Ort, wo wir – strategisch günstig – unser erstes Camp aufstellen wollten und konnten. Yusuf riet uns zu einem Platz, an dem er schon des öfteren seine Zelte aufgeschlagen und wieder abgebrochen hatte: Ipyana-School in Karonga.

Die Voraussetzungen für ein Grabungscamp erfüllte der Platz allemal. Ein Brunnen schien vorhanden zu sein, schattenspendende Cashewnußbäume und Anschluß an die Straße zu den Chiwondo-Beds hatten wir, den Erzählungen Yusufs nach zu schließen, obendrein. Außerdem kannte Yusuf den Headmaster der Schule, ein großer Vorteil, wie sich später noch herausstellen sollte.

Nach zwei Tagen Beratschlagens starteten wir dann unsere zweite Fahrt in die 700 Kilometer entfernten Chiwondo-Beds im Norden Malawis, diesmal jedoch von Anfang an mit einem Geländemobil des Departments und ohne Fiat. Auf die üblichen Strapazen und Zwischenfälle der Fahrt dorthin möchte ich hier nicht weiter eingehen. Die Sonne brannte, die Straßenverhältnisse hatten sich in dem einen Jahr nicht wesentlich verbessert; die Strecke bis zu den Grabungsstellen war noch immer lang und an manchen Stellen nicht ganz ungefährlich. Mir ist noch heute gut in Erinnerung, wie eine marode Straßenbrücke über einem reißenden Fluß, unmittelbar nachdem wir sie überquert hatten, ihren Geist aufgab und in die tosenden Fluten hinabstürzte.

In Karonga angekommen, nahmen wir unser zukünftiges Heim in Augenschein. Unter neun großen Cashewnußbäumen sollte es aufgebaut werden, das erste HCRP-Camp. Das Schöne an diesem

Camp, oder überhaupt an allen folgenden, war der immerwährende Nachschub an den Früchten unserer schattenspendenden Bäume. Ob Mangos, Cashewnüsse oder Papayas – Karonga hielt zu jeder Jahreszeit Delikatessen bereit, für die man in Europa und den USA ein kleines Vermögen zahlen mußte. Auf unserer Hitliste ganz oben standen aber von der ersten Grabungssaison an die Cashewnüsse. Mit ihnen hatte es eine ganz eigenartige Bewandtnis: Jede einzelne Cashewnuß, die es jemals gab, und jede einzelne Cashewnuß, die es in Zukunft geben wird, trägt ein Geheimnis in ihrer Frucht. „Bibi" nennen die Locals das orangefarbene birnengroße Ende bzw. Anfang einer jeden Nuß. Was genau in ihr steckt, wüßten wohl nur die Weisesten aller Weisen, so die Sage – den Malawiern war es zumindest ein Rätsel, daß an einer Nuß auch gleichzeitig eine Frucht hing, wo doch schon die Nuß alleine die Frucht war. Für uns waren diese fruchttragenden Nüsse oder nußtragenden Früchte auf alle Fälle eine Bereicherung unseres Campalltags, und das nicht nur in kulinarischer Hinsicht. Jedesmal, wenn Samson, unser Koch, die geschälten Nüsse in ein offenes Feuer warf, um sie knusprig braun zu rösten, war das für uns eine kleine Sensation. Jede Nuß ist umhüllt von drei Schalen. Die erste Schale wird direkt nach dem Ernten entfernt, die zweite und dritte aber bleiben bis zur Röstung auf dem Kern der Nuß. Bedingt durch die Hitze des Feuers platzt der Kern der Nuß aus den beiden Schalen, schlägt dabei durch das freigesetzte Öl neue Funken und verursacht einen kleinen Knall. Neben der Fähigkeit, kleine Feuerwerke zu inszenieren, sind es jedoch vor allem die „Bibis", die unseren Alltag bereicherten: Aus ihnen wird der wohl köstlichste Fruchtwein aller Zeiten gebraut. Vielleicht ist dieser Cashewnußwein aber auch nur deshalb etwas Besonderes für uns, weil er unter den aberwitzigsten Umständen angesetzt wird, aber das ist eine andere, lange Geschichte, die man unter dem Stichwort Mangel zusammenfassen könnte. Der Mangel bestand definitiv nie an den „Bibis" – vielmehr waren es die für uns so alltäglichen Nahrungsmittel wie Zucker und Hefe, mithin also die Grundchemikalien für die Herstellung eines jeden Weines, die fehlten. Wie wir zu den fehlenden Ingredienzien für den Wein

Abb. 19: Baked beans, roasted beans oder einfach nur boiled beans: Bohnen sind aus dem täglichen Speiseplan – ob in- oder außerhalb des Camps – in Malawi nicht wegzudenken.

Abb. 20: Eintönig war der Speiseplan im Camp eigentlich nie: Bei Maul- und Klauenseuche bei Schweinen und Rindern oder Newcastle-Disease griff Samson, unser Chefkoch, auf die zwar etwas zäheren, aber immerhin bedenkenlos genießbaren Perlhühner zurück.

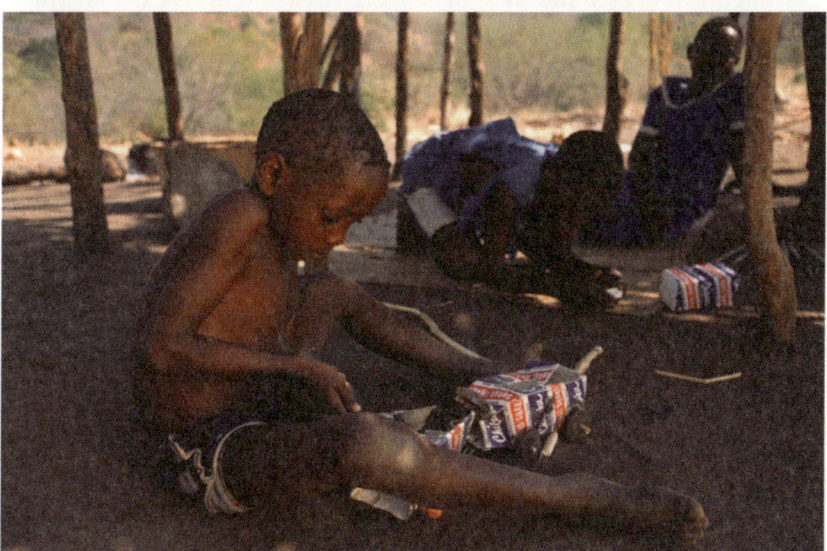

Abb. 21 u. 22: Eine Küche, die es in sich hat: Freiluftherd mit offenem Kamin, Bambusablageflächen, Direkthitzefeld und vollautomatisches Wasserspülbecken im Wäschezuber und Kinder, die aus Biertüten kleine Autos basteln – unsere Campküche mitsamt Jolly, Samson und kindlicher Verstärkung kann es mit jedem Dr.-Oetker-Kochstudio aufnehmen.   61 kamen, ist, wie gesagt, eine kompliziertere Geschichte; aber Not macht ja bekanntlich erfinderisch, und so extrahierten wir kurzerhand Zucker aus Fanta, und die Hefe entnahmen wir einem Stückchen Brot, und nach einer Woche Gärzeit hatten wir den wundervollsten Wein, den ich jemals genießen durfte.

Zurück zur Wissenschaft: Die Zelte für unser erstes Forschungsvorhaben in Sachen Menschheitsgeschichte hatten wir selbst finanziert, denn vor der Beantragung von forschungstauglichem Buschequipment brauchten wir erste Erfolge. Die wenig professionelle Ausstattung wurde jedoch durch die Vorzüge unseres Camps bald wettgemacht. Nicht nur der Ort stellte sich als Glücksgriff für unsere Unternehmungen heraus, auch die Beziehungen zu Headmaster Belliam Msukwa erwiesen sich als besonders hilfreich. In Windeseile hatten wir all das beisammen, was für Leib und Seele in einem Forschungscamp wichtig ist, als da sind ein Campmanager und ein hervorragender Koch. Beide sorgten geradezu mütterlich für unsere Forschungscrew, die am allerersten Tag nur aus Tim, Yusuf und mir bestand. Wir sollten aber bald Zuwachs bekommen, denn mit nur drei Männern in einem über 100 Quadratkilometer großen Gelände wie den Chiwondo-Beds war es mehr als wahrscheinlich, daß wir an manch wichtigem Fossil einfach vorbeilaufen würden. Unser zukünftiger Campmanager Charter Mwanyongo und der Headmaster hatten auch dafür eine schnelle Lösung parat. Für den nächsten Morgen organisierten sie etwa das halbe Dorf. Alle arbeitswilligen Männer zwischen 15 und 50, die sich zutrauten, Fossilien von Steinen zu unterscheiden, machten sich mit uns auf die Suche nach den Überresten aus dem Plio-Pleistozän. Nach nur einer Stunde hatten wir unsere zukünftige Researchcrew zusammen: Etwa 15 der rund 100 Arbeitsuchenden hatten ausschließlich Fossilien und keine Steine gesammelt. Das war eine kleine Feier wert, dachte unser Hilfskoch Samson Kanyika und bereitete uns allen am Nachmittag ein köstliches Mahl, bestehend aus Catfish, Gemüse und Reis. Die Arbeitsmodalitäten wie Lohn und Arbeitszeiten waren bei diesem Anlaß zur Pflege von Brauchtum und Geselligkeit schnell geklärt. Pro Tag und Mann gab es 50 Kwacha, und ein guter Fossilienfund wurde mit einer Erfolgsprämie honoriert. Die Arbeitszeit beschränkte sich bei mittäglichen Temperaturen um 40 Grad automatisch auf den frühen Morgen und den Vormittag. Wer sich für Präparation und Bestimmung der Fossilien interessierte, blieb zumeist noch den Nachmittag über im Camp und half bei den verschiedensten Anlässen aus. Tyson Mskika, unser späterer Hominidenfinder zum Beispiel, blieb von Anfang an ein paar Stunden länger. Er wollte genau wissen, was er da gefunden hatte und warum ein uralter Schweinezahn für uns Paläontologen fast so wichtig ist wie ein Hominidenfund. Im Laufe der Zeit lernte er von uns und wir von ihm.

Die Eindrücke und Erlebnisse im malawischen Alltag waren für uns damals neu und ungewohnt. Jede Stunde, ja fast jede Minute in Malawi war und ist nach 15 Jahren immer noch ein kleines Abenteuer. Der Tag in unserem Camp beginnt zumeist, noch bevor die ersten Hähne aus den benachbarten Hüttendörfern krähen. Gegen vier Uhr, es ist noch dunkel, beginnt die Kitchen-Crew, allen voran Samson und Charter, die Küche vorzubereiten. Die Feuer werden entfacht, frisches Wasser wird aus dem Brunnen an der Schule abgefüllt und wieder nach Ipyana gebracht. Noch bevor der Wasserkessel pfeift, kommt Samson an das Zelt, um uns mit den Worten „Tea or Coffee" zu wecken. Während wir uns unter der Dschungeldusche etwas frisch machen, ist dann binnen 15 Minuten das gesamte Camp wach. Die Grabungshelfer, allen voran Tyson, warten zumeist schon an den Autos auf die Abfahrt. Ein lautes „Good Morning", und es geht los – auf in die Chiwondo-Beds. Sechs Stunden lang kämpfen wir uns dann zumeist durch die bis zu 50 Meter tiefen Canyons. Unwegsames Gelände wie Steilhänge oder wilde Vegetation erschweren die Grabungsarbeiten. Oftmals wissen wir uns nur noch mit Feuer zu helfen. Ein kurzer Buschbrand, und dann ist das ohnehin unfruchtbare Gelände begehbar. Die Sedimente sind meist kalkhaltige Sandsteine, Ackerbau ist – zum Leidwesen der Bevölkerung und zum Glück für uns Paläoanthropologen – nicht möglich. Die Ausbeute in diesen sogenannten Badlands – unfruchtbarem Land, auf dem außer Fossilien nichts gedeiht – ist je nach Grabungstag unterschiedlich. 63

2. Das „Hominid Corridor Research Project" – ein Projekt entsteht

Abb. 23 u. 24: Wer suchet, der findet – heißt es schon in der Bibel; wie man allerdings Fundgut zu behandeln hat, steht nicht im Buch der Bücher. Mit der Fundbeschreibung eines Fossils hat es eigentlich nichts Besonderes auf sich. Man nehme das Fossil, umpacke es so, daß es nicht zerbricht, markiere die Fundstelle, nehme ein GPS-Reading und mache ein Polaroidfoto. Danach zückt der geschulte Fossilienjäger seinen Kompaß, vermerkt ein großen „N" im Norden des Bildes und notiert die GPS-Daten. Ohne dieses ganze Prozedere ist es nämlich wertlos, das Fossil – weil man dann nämlich nicht mehr weiß, in welchen Fundzusammenhang es gehört und wie es gelegen hat.

Abb. 25: Volltreffer: ein kompletter Stoßzahn *in situ* – also im Gesteinszu-sammenhang. Das drei Millionen Jahre alte Fundstück gehörte einem Ele-fanten-Vorfahr. Das sogenannte *Dinotherium* hatte allerdings die Stoß-zähne nach unten gebogen, ein Merkmal, das es eindeutig von seinem heu-tigen Verwandten unterscheidet.

Abb. 26: Im Camp angelangt, geht es dann nach einer Dusche weiter: Zual-lererst wird eine Bestandsaufnahme gemacht. Was wurde von wem, wann und wo gefunden? Jedes Fossil erhält dann eine Nummer, und diese wird in ein Buch – unseren Grabungskatalog – aufgenommen.

Ein Anreiz, gute, das heißt beinahe vollständige Fragmente zu finden, ist für Tyson und seine Kollegen die Erfolgsprämie: Die Diskussionen um den Preis eines Fragments finden nach einem Fund zumeist in lebhafter Unterhaltung und dem Vergleich mit anderen gefundenen Fossilien statt. Es wird gefeilscht und gehandelt wie auf einem Markt – dem Fossilienmarkt eben.

Wurde ein gutes Fossil gefunden, wird es nach eingehender Begutachtung und Vorabbestimmung in den Grabungskatalog aufgenommen, genauer beschrieben und numeriert. Um auch in der nächsten Grabungssaison den Fundort genau ausmachen zu können, wird eine kleine Skizze angelegt: Berge, Bäume oder auch Flüsse werden als Erkennungsmerkmale eingezeichnet. Eine wissenschaftlich genaue Wiedererkennungsmethode ist das Vermessen per GPS – satellitengesteuerte Positionsbestimmung – und die Dokumentation per Polaroidfoto oder digitaler Fotografie. Die genauen Koordinaten des Fundes werden auf dem Bild vermerkt und in den Katalog eingetragen. Der Zweck einer guten Dokumentation einer Fossilienfundstelle ist es sicherzustellen, daß Funde exakt geographisch, zeitlich und im geologischen Verband lokalisiert werden. Funde ohne entsprechende Fundortangaben sind für die Wissenschaft nahezu wertlos. Bei größeren Fundstücken wie beispielsweise einem vollständigen Unterkiefer eines Krokodils ist das Prozedere der Dokumentation nicht ganz so einfach. Oftmals kann es bis zu zwei Tagen dauern, das gefundene Fossil so freizulegen, daß man es bergen kann. Mit Pinseln und Besen werden die Fragmente Schicht für Schicht von den sie umgebenden Ablagerungen, dem Sediment, befreit. Danach bettet man den Fund in Gips ein und hebt ihn aus seinem Millionen Jahre alten Grab.

Nach sechs Stunden im Feld kehren wir dann – je nach dem Zustand der Reifen des Landrovers mehr oder weniger schnell – zum Camp zurück. Dort wartet dann zumeist schon die Kitchen-Crew auf unsere Ankunft: Catfish und Bohnen, Reis mit Tomaten und Mangos stärken uns für den Nachmittag. Nach einer Dusche und einem kleinen Mittagsschlaf unter den Cashewnußbäumen geht es weiter. Die gefundenen Fossilien werden ausgebreitet, angeschaut und, so gut wie im Gelände eben möglich, identifiziert. Hierbei hilft uns auch unsere kleine Sammlung rezenter, also neuzeitlicher Knochen und Zähne, die wir im Laufe der Jahre während der Geländetouren nebenbei angelegt haben. Besonders zerbrechliche Fragmente werden schon mal präpariert – also gesäubert, zusammengeklebt und transportfähig eingepackt. Essig, Nadeln und Zahnbürsten helfen bei der Filigranarbeit an den jahrmillionenalten Überresten. Wer keine Lust auf wissenschaftliche Arbeit im Schatten hat, organisiert mit Charter und Samson die Einkäufe für das Camp, flickt Reifen oder betreut Besucher, die immer mal wieder in unserem offenen Busch-Housing vorbeischauen. Oftmals sind es Bauern, die sich bei der Feldarbeit verletzt haben und sich von uns ärztlich versorgen lassen. Aber auch Angehörige unserer Grabungshelfer, der Direktor der Schule oder aber der Stationschef von Air-Malawi, dem es auf dem kleinen Airstrip Karongas zu langweilig wird, zählen zu den täglichen Gästen unseres Camps.

Gegen 17 Uhr fangen dann schon die Nachtvorbereitungen an. Das Essen wird angerichtet, die Petroleumlampen gefüllt, die Wäsche eingesammelt. Denn bereits um sechs Uhr abends beginnt sie, die afrikanische Nacht. Man könnte geradezu meinen, jemand habe per Knopfdruck die Sonne ausgeschaltet. Mit einem Mal verschwinden das gleißende Licht und die warmen Farben der Erde um uns herum, und die Dunkelheit bricht herein. Erst gegen drei Uhr morgens, wenn der Mond am tiefschwarzen Himmel aufzieht, wird es wieder hell in Malawi, und ein neuer Arbeitstag kann beginnen.

Die langen afrikanischen Nächte verbrachten wir in Ipyana zumeist mit dem Headmaster und der gesamten Crew auf einer Strohmatte vor dem Lagerfeuer. Bei einem Glas Cashewnußwein erzählte uns Msukwa dann zumeist alte Geschichten aus Karonga. Zwei davon sind mir noch heute in so guter Erinnerung, daß ich sie immer wieder aufs neue gerne erzähle. So stellte uns Msukwa die Frage, warum wohl Schweine so eine flache Nase hatten. Natürlich wußten wir es nicht, und Msukwa fing an, in ruhiger, getragener Rede die Geschichte von Schwein und Adler zu erzählen:

2. Das „Hominid Corridor Research Project" – ein Projekt entsteht

Abb. 27: Harrison Simfukwe vom *Antiquities Department* in Lilongwe bei einer seiner Lieblingsbeschäftigungen. Das Freilegen von Fossilien – hier ein Elefantenzahn – erfordert neben einer ruhigen Hand Fingerspitzengefühl bis in den kleinen Finger. Durch ihren Millionen Jahre anhaltenden Dornröschenschlaf sind die Fossilien mehr als brüchig und können durch einen einzigen falschen Handgriff zerstört werden.

Abb. 28: Gehoben ist das Fossil, aber geborgen noch nicht. Damit Fossilien, wie Stoßzähne oder Schädel, wohlbehalten im Camp ankommen, ist es oftmals notwendig, eine Bahre zu bauen, auf der man das vor Ort eingegipste Fossil wie in einer Sänfte transportieren kann.

Abb. 29: Wie viele Reifen wir in zwanzig Jahren Forschung in Malawi platt-
gefahren haben, wissen wir nicht mehr. Die Tyre-Fitter Karongas haben sich
jedenfalls in dieser Zeit einen goldenen Reifen an uns verdient.

Abb. 30: Landrover sind normalerweise sehr zuverlässig, geländetauglich
und nicht kaputtzukriegen, jedenfalls nie so richtig. Dachten wir. Leider
wurden wir hier eines Besseren belehrt – der Motor fiel nach einem langen
Tag im Feld einfach aus, und unser guter alter Bluestripe machte schlapp –
mitten auf der Piste. Entschädigt wurden wir allerdings mit einem wunder-
schönen Sonnenuntergang.

Vor langer Zeit war ein Schwein mit einem Adler befreundet. Gemeinsam unternahmen sie die tollkühnsten Sachen. Doch eines Tages äußerte das Schwein den Wunsch, wie ein Adler über den Malawisee auf die andere Seite fliegen zu können. Der Adler überlegte nicht lange und lieh dem Schwein ein paar Flügel, die er seinem Freund anklebte. Das Schwein erhob sich sofort überglücklich in die Lüfte und flog über Karonga und den See. Allerdings mißachtete das Schwein den Rat des Adlers und näherte sich immer mehr der Sonne. Der Klebstoff schmolz, das Schwein stürzte ab und fiel auf die Nase. „That's why the pig's nose is flat" – seit dem Tag haben Schweine flache Schnauzen, lachte Msukwa und erzählte einfach weiter; so also klingt der Mythos von Ikarus auf afrikanisch. Msukwas Märchenschatz schien geradezu unerschöpflich, und je mehr er trank, um so mehr kam er ins Philosophieren und dachte beispielsweise über das Verhalten der Tiere nach. Ein Ergebnis seiner mehr oder weniger angestrengten Überlegungen ist folgende Geschichte: Wer in Malawi je mit öffentlichen Verkehrsmitteln oder einem Auto unterwegs war, dem wird folgendes schon häufiger aufgefallen sein. Kühe bleiben, wenn ein Bus oder ein Auto vorbeifährt, zumeist einfach nur auf der Straße stehen. Ziegen dagegen suchen das Weite, und Hunde rennen bellend dem Fahrzeug hinterher. Doch warum ist das so? Msukwa bot uns folgende Erklärung: Die Ziege, die Kuh und der Hund fahren eines Tages zusammen mit dem Bus von Karonga nach Mzuzu. Beim Einsteigen in den Bus ist in Malawi die Entrichtung des Fahrpreises Pflicht. Die Rückzahlung des Wechselgeldes erfolgt jedoch aufgrund der leeren Kasse des Fahrers erst beim Ausstieg. So zahlt die Kuh also ihren Beitrag, bekommt ihr Billet für den Change und steigt ein. Die Ziege drängelt sich, klein wie sie ist, einfach rein, ohne zu zahlen, und der Hund zahlt und nimmt ebenfalls im Bus seinen Platz ein. In Mzuzu angekommen, bekommt die Kuh erwartungsgemäß ihr Wechselgeld, steigt aus und bleibt stehen, weil sie auf ihren Anschlußbus noch warten muß. Da die Ziege nicht bezahlt hat und kein Billet vorzuweisen hat, schlängelt sie sich schnell wieder aus dem Bus hinaus und rennt weg. Der Hund allerdings geht leer aus. Der Fahrer hat leider kein Wechselgeld mehr; der bellende Hund wird aus dem Bus hinausgeworfen und rennt deshalb heute noch – in Erwartung des ausstehenden Wechselgeldes – hinter jedem Fahrzeug her.

So phantasievoll Msukwas Geschichten immer waren, so realitätsnah konnte er auch die Gefühle, Ängste und Nöte der Menschen Karongas schildern. Besonders betroffen waren wir von der Auskunft des Headmasters, die Leute hätten sich bereits nach zwei Tagen die schlimmsten Sachen über unser HCRP-Forschungsteam erzählt. Wir würden nach Leichen suchen, nach alten Knochen der Urväter Karongas und uns zwischendurch als Blutsauger betätigen. Was soll man auch vernünftigerweise von Menschen halten, die stets nach Teilen von toten Lebewesen verlangen und dafür auch noch zu zahlen bereit sind? Natürlich waren wir im ersten Moment erheitert von dieser Vorstellung. Doch uns wurde sehr schnell bewußt, daß wir in einem Land zu Gast waren, dessen Bevölkerung trotz offiziell christlichen oder moslemischen Glaubens noch immer an Voodoo und den umgehenden Geist von Toten glaubte.

Auf der Suche nach Fossilien

Der Anfang war geschafft. Wir hatten unsere Idee verwirklicht und ein Projekt gegründet mit dem Ziel, die 3000 Kilometer große Forschungslücke zwischen den berühmten Hominidenfunden des südlichen und denen des östlichen Afrikas zu schließen. Nun fehlte uns nur eine unbedeutende Kleinigkeit, um der zugrundeliegenden These etwas mehr Überzeugungskraft zu verleihen – ein eigener Hominidenfund. Die Voraussetzungen zu einem solchen Fund waren gegeben. Wir konnten erstens damit rechnen, daß in unserem Grabungsgebiet bezüglich des geologischen Erdalters Vor- oder Urmenschen gelebt haben mußten. Weiterhin konnten wir davon ausgehen, daß dort damals Möglichkeiten der Fossilerhaltung bestanden hatten, und last but not least lag das fossilhaltige Sedimentgestein an der Oberfläche der Chiwondo-Beds und war somit frei zugänglich.

Abb. 31: Raritäten auf dem Markt: Chili, Karotten und Paprika machen nicht nur das Marktleben bunter, sondern bringen auch etwas Abwechslung in das Bohnen- und Hühnerallerlei auf dem Teller.

Abb. 32: Basisnahrung im wahrsten Sinne des Wortes: Fisch und Zwiebeln werden auf dem Markt in Karonga zum Trocknen auf den Boden gelegt.

Abb. 33: So sieht es aus, das Camp-
leben à la HCRP – drei Millionen
Jahre alte Hippo- und Elefanten-
zähnen auf dem Tisch und kein
Platz fürs Essen.

Abb. 34: Welches Dressing darf's denn sein? Wenn es um die anschließende
Säuberung der jahrmillionenalten Fundstücke geht, greifen wir– nicht immer, aber immer öfter – in die Vorratskammer der Küchencrew. Einfacher
Essig löst zumindest die erste Erdschicht so weit, daß eine Weiterverarbei-
tung per Hand möglich ist.

Das Sedimentgestein Malawis barg und birgt noch heute unendlich viele Fossilien. Sedimente sind jene Schichten, die als einzige aller Gesteinsarten überhaupt Lebewesen so fossilisieren können, daß wir sie auch Millionen Jahre später noch finden und interpretieren können. In Basalt oder Granit wäre dies unmöglich. Im Sedimentgestein wird all das angesammelt, was irgendwann einmal angespült wurde. Aus diesem Grund lagern sich Sedimente auch fast nur dort ab, wo etwas fließen kann. Es sind also *Ablagerungsgebiete*, die uns Paläontologen reizen. Die Kunst des Fossilienjägers besteht darin, ein ehemaliges Ablagerungsgebiet von Sedimenten zu finden, das heute ein Abtragungsgebiet ist. Die Schichten, in denen wir suchen und Hominiden vermuten, muß also im Laufe der Jahre durch geologische Prozesse wieder so an die Erdoberfläche kommen, daß die Schichten zumindest durch Grabung zugänglich gemacht werden können. Alle Voraussetzungen für ein solches Abtragungsgebiet, das früher Ablagerungsgebiet war, bietet der gesamte Afrikanische Graben. Als Senkungszone verläuft er von Jordanien durch das Rote Meer, weiter durch Nordost- und Ostafrika und schließlich bis an seine südlichste Stelle zum Malawi-Rift. Der berühmte Malawisee – übrigens von seinem Fischbestand her einer der artenreichsten Seen der Welt – ist ein typisches Produkt des Afrikanischen Grabens. Als Riftsee markiert er ein für uns überaus wichtiges Ablagerungsgebiet des mehr als 2 Milliarden Jahre alten Kontinents Afrika.

Wie viele andere Seen, so wird auch der Malawisee von Flüssen gespeist. Die meisten Flüsse, die sehr sanft in den anfangs flachen See hineinfließen, sind noch nicht sehr alt. Aufgrund des Gesteins in ausgetrockneten Flußbetten können heute Geologen bisweilen aber für ehemalige Flüsse ein Alter von bis zu 5 Millionen Jahren erschließen, die demnach in der Regenzeit – so wie es heute etwa noch der reißende Wai River tut – bereits den Vor- und Urmenschen Trinkwasser gespendet haben. Zeugnis für die jahrmillionenalte Existenz der malawischen Flüssen legen auch die Fossilienfunde selbst ab. Teile von toten Tieren wurden von den Flüssen oft kilometerweit transportiert. Die Fossilien, die wir heute von solchen Tieren finden, sind deshalb oft unvollständig.

Die Einbettung ihrer Kadaver vollzog sich zumeist sehr schnell und unvollkommen. Durch die geologische Aktivität des Grabengebiets und die vielen Flüsse um den Malawisee wurden die Kadaver quasi in ihrer Fossilwerdung gestört. Für uns Paläontologen bedeutet dies, daß wir bei der Suche nach dem Ursprung der Menschheit oftmals nur Fragmente finden und diese interpretieren müssen, so unvollkommen sie auch auf den ersten Blick erscheinen mögen. Auch jedes noch so kleine Fossil ist somit ein Indiz, ein Mosaikstein mehr im Puzzle der Menschheitsgeschichte.

Nachdem wir in den ersten Tagen Hunderte von Fragmenten von Hippos (Flußpferden), Boviden (rinderartigen Tieren, vor allem Antilopen) und Krokodilen gefunden hatten, konnten wir uns bereits bald darauf eine vage Vorstellung von der Flora und Fauna des malawischen Plio-Pleistozäns machen – also der zurückliegenden 5 Millionen Jahre. Um eine wissenschaftliche Auswertung vornehmen zu können, war es für uns im ersten Jahr unseres Malawi-Aufenthaltes wichtig, die Fundstellen genau zu definieren und zu dokumentieren. Dabei hielten wir uns an die von der Natur vorgegebenen Grenzen. Die Flüsse, die rund um den Malawisee die trockene Erde des Landes speisten, bildeten unser Systemnetz um die Fundstellen. Jedes Jahr, Grabung für Grabung, arbeiteten wir ein anderes Gebiet ab. Heute, 20 Jahre später, können wir voller Stolz auf ein etwa 1000 Quadratkilometer umfassendes Areal blicken, das von dem HCRP-Team bearbeitet wurde.

Die Suche nach Fossilien ist grundsätzlich bestimmt keine besonders schwierige Angelegenheit. Es geht nur um zwei Dinge – erstens diese Suche legal zu unternehmen und zweitens auch während langer Durststrecken durchzuhalten. Für beides benötigt man wohl in erster Linie nicht Fach-, sondern eher Menschenkenntnis und die Fähigkeit, die Dinge immer so zu nehmen, wie sie sind, und das Beste daraus zu machen. Wir nahmen unsere akademische Arbeit in Afrika von einer sehr persönlichen Seite: Das war nicht Arbeit, das war unser Leben. Diese Einstellung bedeutet, Zeit zu haben, um die Städte, die Dörfer, die Menschen kennenzulernen, die Geländesituationen zu erkunden, die Fundstellen anzuschauen, zu erfahren, wie Geländearbeit in Afrika aus-

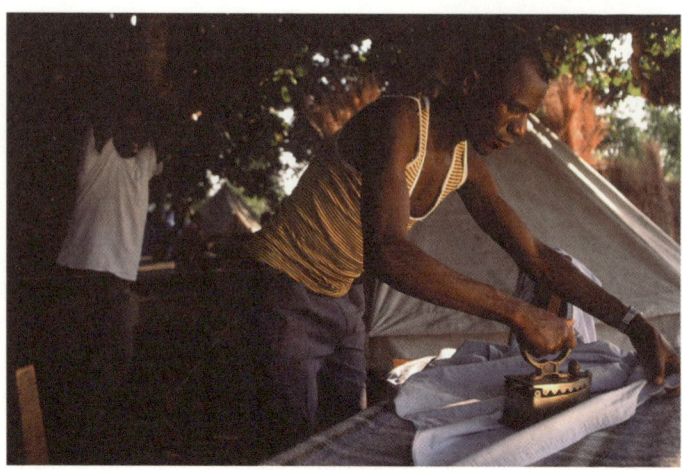

Abb. 35: Bügelfalte in der Jeans gefällig? Kein Problem, denn selbst im Buschcamp versuchen wir stets den europäischen ‚Kulturstandard' zu pflegen, und dazu gehören eben auch Bügelfalten in Shorts, Jeans oder Badehose. Nicht ganz so eng nehmen wir es dagegen mit den sanitären Einrichtungen – das Duschwasser kommt traditionell aus der Gießkanne, und das rustikale WC ist eher mit einem Bambusverschlag samt Donnerbalkenanlage zu vergleichen.

Abb. 36: Der perfekte Abschluß eines jeden Grabungstages ist es, mit einem Glas Malawi-Gin in der Hand die Abendstimmung am See zu genießen und den Fischern beim Flicken ihrer Netze zuzuschauen. Das Flicken der Fangnetze erfordert mindestens eine ebenso ruhige Hand wie das Präparieren von Fossilien.

Abb. 37: Ohne Rift keine Fossilien, kein See und damit auch keine Kanus. Die bis zu drei Meter langen Einbäume werden nicht nur zum Wäschetrocknen benutzt. Die Fischer Karongas schippern damit oftmals bis an die tansanische Grenze, um den besten Fisch im See, Catfish – eine Welsart –, zu fangen.

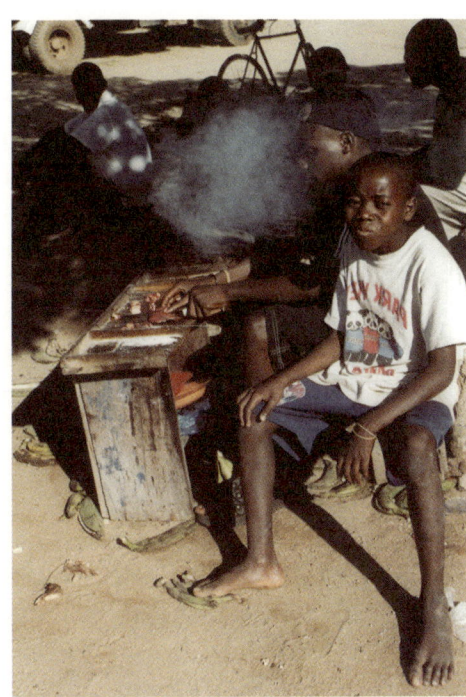

Abb. 38: Friedemanns Leibspeise Suza ist eine ganz besondere kulinarische Köstlichkeit Karongas: Das auf Fahrradspeichen aufgespießte Rindfleisch wird in Salz gerollt, auf einem Rost über offenem Feuer gebraten und mit ebenfalls gebratenen *Ntochies* – Bananen – verspeist.

sieht. Wir gaben und nahmen uns die dazu notwendige Zeit. Wenn man genau festgelegte Ziele definiert, verschafft das einem in Wirklichkeit viel Freiheit. Denn dann läßt sich die restliche Zeit für mehr als nur das akademische Leben nutzen. Wahrscheinlich ist das der Grund dafür, daß wir im Laufe der Zeit ein Teil der größeren Familie, zum Beispiel in Malawi, wurden.

Der Begriff der großen Familie ist wichtig. Natürlich gibt es eine große Variabilität auf der Welt, sowohl biologische als auch kulturelle. Dennoch gibt es aber auch eine Menge individueller Variationen und Unterschiede, und das ist etwas, was die Kollegen, die nur ganz kurzfristig in andere Kulturen eindringen, gar nicht wahrnehmen. Wir Menschen besitzen 23 Chromosomenpaare, 23 stammen ursprünglich vom Vater, 23 von der Mutter. Bei der Entstehung der Keimzellen ist jedoch die entstehende Kombination rein zufällig für jedes der 23 Chromosomenpaare. Diese Zufälligkeit bedeutet, daß jede Spermazelle und jede Eizelle eine fast unendlich große Möglichkeit der Variabilität aufweisen kann. Die Anzahl der denkbaren Kombinationen für 23 Paare beträgt rein rechnerisch 8 388 608 unterschiedliche Varianten für jede Keimzelle, und bei der Kombination des Erbguts der beiden Eltern sind es mehr als 73 Billionen! Das bedeutet, für jeden einzeln Menschen, für jeden Hominiden, der jemals auf der Erde gelebt hat, der jetzt lebt und der jemals hier leben wird, gibt es 73 Billionen mögliche Varianten der Strukturierung seines Erbmaterials im Verhältnis zu seinen Eltern – eine unglaublich große Zahl der Möglichkeiten bei der Entstehung eines einzelnen Menschen. Und wenn wir in einer anderen Kultur arbeiten, versuchen wir diese Individuen als solche zu behandeln. Die „Hardliner"-Kollegen wollen und können diese Unterschiede der Menschen nicht wahrnehmen. Sie reden von den Malawiern, von den Tansaniern – so als ob diese eine Einheit wären – und nehmen individuelle Besonderheiten nicht wahr. Wir sehen sie als komplett einzigartig in ihrem allgemeinen Verhalten, in ihrer Persönlichkeit, in ihrem Verhalten uns gegenüber, in ihrer Zusammenarbeit mit uns. Und das ist der einzige Weg, wie wir als Individuen vollständig eingebettet sein können in die Kultur, in der wir arbeiten. Wir kennen kaum andere Teams in Afrika, die sich ausdrücklich dazu bekennen, diesen Aspekt nicht nur als wichtig, sondern als grundlegend für ihre Arbeit in einer fremden Kultur anzuerkennen. Lange Rede, kurzer Sinn: Es ist wichtig, in die Lebenssachverhalte ganz und gar involviert zu sein. Die ersten Versuche mit der malawischen Bürokratie waren – entsprechend unseren Grundsätzen – sehr einfach. Wir nahmen Kontakt auf mit einem malawischen Doktoranden in Berkeley, Kalifornien, Zefe Kaufulu, und wir vereinbarten eine Kooperation unter Einbeziehung des *Department of Antiquities* in Lilongwe. Wir waren gleichberechtigte Partner, und genau das sollte sich im Laufe der Jahre auszahlen. Die Zusammenarbeit gestaltet sich bis heute so vertrauensvoll, daß wir manchmal sogar unsere jährliche Grabungserlaubnis erst beantragten, als wir bereits im Gelände Fossilien suchten.

Eine Ausnahmeerscheinung in der afrikanischen Bürokratie ist Malawi allerdings in der Tat auch schon deshalb, weil eine Forschungserlaubnis dort nicht teuer bezahlt werden muß. Die Verwaltung fühlt sich tatsächlich dafür zuständig, zu helfen und zu unterstützen. Die Regierungsangestellten sind stolz auf ihr Land und möchten zur Erforschung seiner – und ihrer – Geschichte beitragen. Diese Haltung ist einzigartig. Während bei unseren Geländearbeiten in Tansania oft viele tausend US Dollar ganz legal auf dem zeitraubenden Weg zur Erlangung von 12 *Permits* (Genehmigungen) – alle notwendig, um an einer einzigen Fundstelle zu arbeiten – auf der Strecke blieben, resultiert die entsprechende einfachere Antragstellung in Malawi aus einem Fax mit nur einem einzigen Satz: *Welcome to Malawi.*

Natürlich war es auch hilfreich, daß wir über viele Jahre immer wieder kamen und daß wir in der Lage waren, unseren Mitarbeitern auch einfach dadurch zu helfen, daß wir sie für ihre Arbeit gut bezahlten. Und das ist ihr Leben – es geht immer darum, den letzten Kwacha, der irgendwo verfügbar ist, zu mobilisieren. Wenn wir da sind, ist die Erfolgsrate der Fossiliensuche höher, als wenn wir nicht da sind. Jedoch ist es immer dieselbe Grundhaltung, die das Leben unserer Helfer bestimmt; sie verhalten sich immer gleich, ob untereinander oder uns gegenüber, und das zeigt uns, wie sehr wir Teil der Gesellschaft geworden waren. Die Jagd nach Kwachas ist also ein stark verinnerlichter Teil der malawischen Kultur; vielleicht stellt es ein strukturell vorgeprägtes Verlangen einer materiell armen Gesellschaft dar, immer auf der Suche nach Resourcen zu sein, um zu überleben. Aber dies bedeutete für uns als Organisatoren, daß wir dieses Problem mitbedenken mußten, denn wir hatten zwar Mittel, aber die waren begrenzt, und die Bedürfnisse um uns herum waren stets um ein Gewaltiges größer als das, was wir – zumindest finanziell – bewirken oder verbessern konnten.

So gab und gibt es eigentlich ständig Diskussionen um den Wert der geleisteten Arbeit, um Lohnerhöhungen, um die Zahlung eines Bonus für gute Arbeit und so fort. Dennoch sind dies eigentlich immer freundliche Unterhaltungen. Denn eine der Regeln der Kwacha-Kultur ist, daß jede dieser Diskussionen mit einer Abmachung – egal welchen Inhalts – endet, an die sich beide Seiten halten – zumindest bis zur nächsten Diskussion. Natürlich bezahlten wir immer vergleichsweise glänzend. In unserer Kultur würde man nun denken, damit wäre alles in Ordnung. Aber in Malawi lernten wir sehr schnell einen weiteren Grundsatz des Kwacha-Prinzips kennen, der auch in alle Zukunft dafür sorgen wird, daß solche Diskussionen nie aufhören werden: Was immer du bekommst, es ist mehr, als wenn du nichts hättest! Und im übertragenen Sinne galt und gilt dieser Grundsatz auch für unser waghalsiges Unterfangen, zur Geschichtsschreibung der Menschwerdung und ihrer Erforschung im Rahmen eines eigenen Projekts an einer völlig neuen Fundstelle in Afrika ein entscheidendes Kapitel beizusteuern.

3. Weltbild Menschwerdung:
Wo stand die Wiege der Menschheit?

Daß gerade die Paläoanthropologie eine Wissenschaft ist, die äußeren Einflüssen – so auch der jeweiligen politischen oder religiösen Geisteshaltung – ausgesetzt ist, haben nicht nur südafrikanische Paläontologen zu spüren bekommen, die ihre Ausstellung zur Evolution am Ende des 20. Jahrhunderts „Genesis" (Schöpfung) nennen mußten, um keinen Anstoß zu erregen, oder seinerzeit natürlich auch Charles Darwin, der Vater der Evolutionstheorie im 19. Jahrhundert. Daß Darwins Ideen damals als ketzerisch galten und als Angriff auf das bestehende Weltbild angesehen wurden, ist verständlich. Rüttelte er doch mit der Evolutionstheorie an vermeintlich feststehenden Pfeilern der Kirche.

Bereits im 16. Jahrhundert bestimmte das vorherrschende Weltbild die Interpretation von Funden. Ein Paradebeispiel dafür ist das Denkmal des Klagenfurter Lindwurms. Der Kopf dieses Lindwurms wurde nach festgefügten Drachenvorstellungen rekonstruiert. Vorlage und Modell des Drachens war ein im Jahre 1335 in Klagenfurt gefundener Schädels eines damals noch nicht bekannten Lebewesens. Die Rekonstruktion des Lindwurms erfolgte deshalb nach den gängigen Motiven aus der Mythologie. Für den Bildhauer war es klar, daß er den Schädel als Drachenschädel ausarbeiten mußte, denn die Größe des Schädels paßte einfach zu keinem anderen Wesen. Die Interpretation des Schädels als Drachenkopf war unter den damaligen gedanklichen Vorbedingungen als absolut realistisch anzusehen. Heute ist jedoch klar, daß es sich bei dem Klagenfurter Lindwurm um die Überreste eines wollhaarigen Nashorns handelte, das man freilich zum Zeitpunkt der künstlerischen Gestaltung des Schädels noch nicht kannte. Diese possierlichen Tierchen haben in der Eiszeit in Europa gelebt. Unsere heutige Interpretation ist deshalb jedoch nicht richtiger als jene aus dem 16. Jahrhundert. Sie ist wahrscheinlicher und logi-

Abb. 39 u. 40: Mythos und „Wirklichkeit": Der Schädelfund eines wollhaarigen Nashorns wurde im ausgehenden Mittelalter als die sterblichen Überreste eines Drachens interpretiert. Der sogenannte „Klagenfurter Lindwurm" ist steingewordenes Zeugnis dafür, daß das jeweils vorherrschende Weltbild jede Interpretation von Funden beeinflußt.

scher und entspricht unserem heutigen wissenschaftlichen Weltbild eher als die mythologische Drachenlösung.

Nicht unabhängig von dem jeweils vorherrschenden Weltbild ist auch unsere Wissenschaft, wenn es gilt, die Herkunft des Menschen zu klären. Paläoanthropologen wie Tim oder ich untersuchen die Faktoren und Prozesse der Menschwerdung in ihrem räumlichen und zeitlichen historischen Zusammenhang. Die einzigen harten Beweise für die Stammesgeschichte des Menschen sind fossile Überreste, die aber nur äußerst spärlich zur Verfügung stehen. Fossilien tragen außer ihrer stummen Anwesenheit nichts zu ihrer Interpretation bei. Je nachdem, wann und wo, wer und wie sich jemand daran versucht, unterscheiden sich die Resultate erheblich. Das jeweilige wissenschaftliche und kulturelle Weltbild des Rekonstrukteurs, ideologische und religiöse Parameter bestimmen weithin das Ergebnis.

Unser heutiges wissenschaftliches Weltbild geht von der Gültigkeit der Darwinschen Evolutionstheorie aus. Als Erklärung auf die Frage, was der Mensch sei, reicht dieser Ansatz allerdings ebensowenig aus wie beispielsweise die Angabe, daß der Mensch zum größten Teil aus Wassermolekülen besteht. Beides ist belegbar, erklärt aber nicht das Wesentliche des Menschseins. Es gibt enge Erkenntnisgrenzen bezogen auf die fossilen Reste selbst. Schmerz und Freude sind ebensowenig fossilisationsfähig wie Emotionen, ästhetisches Empfinden oder Sinneseindrücke. Daher hat sich die Paläoanthropologie notgedrungen und interessanterweise zu einer wahrhaft multidisziplinären Wissenschaft entwickelt.

Der Paläoanthropologie und ihren Anhängern geht es nicht nur um die Ansammlung und Beschreibung von Fossilien, sondern um einen theorieorientierten Forschungsansatz, der alle Erkenntnisbereiche zur Evolutionsbiologie des Menschen einschließt. Hierzu gehören nicht nur seine anatomischen und funktionellen Merkmale, sondern auch die dem Menschen eigene Kulturfähigkeit. An der Aufklärung des Rätsels Mensch sind deshalb so illustre Forschungsgebiete wie die Geologie, Paläoökologie, Paläontologie, Anatomie, Molekularbiologie, Archäologie, Ethnologie, Kulturanthropologie oder aber auch die Verhaltensforschung an Primaten beteiligt.

Weil sich aus diesen Wissenschaften, wenn auch gut begründete, aber oft nur indirekte Bewertungen für die Evolution des Menschen ergeben, können in der Paläoanthropologie keine Richtig- oder Falsch-Antworten erwartet werden, sondern lediglich Hypothesen, die wahrscheinlicher sein können als andere. Von einer historischen Wissenschaft wie der Paläontologie, die ohne Inschriften und menschliche Zeugnisse auskommen muß, mehr zu erwarten, wäre unrealistisch, und ebenso wäre es von ihren Vertretern unredlich, den Eindruck zu erwecken, daß mehr möglich wäre.

Die ersten Europäer: Neandertaler

Es war für uns in den achtziger Jahren keine Frage, daß wir in Afrika tätig werden mußten, wollten wir die Frühzeit des Menschen erforschen. Schon damals war die Fundlage eindeutig: Die Wiege der Menschheit stand in Afrika, denn alle Hominiden, die älter sind als 2 Millionen Jahre, kommen ausschließlich aus Afrika. In der Geschichte der Paläoanthropologie gab es jedoch auch Phasen, in denen Europa oder Asien als Ursprungsgebiet des

Menschen gehandelt wurden – je nach Entdeckung, manchmal sogar infolge von Fälschung fossiler Menschenfunde.

Wie allen großen wissenschaftlichen Theorien ging auch der formalen Begründung der Evolutionstheorie eine lange Zeit voraus, in der wissenschaftliche Arbeiten entstanden, in denen grundlegende Bausteine und interessante Einzelbeobachtungen zusammengetragen wurden, die geradezu zwangsläufig in der Evolutionstheorie münden mußten. In diesen Zusammenhang gehörten beispielsweise die ersten Funde menschlicher Fossilien aus dem Jahre 1830, als in Engis, Belgien, und 1848, als im Steinbruch Forbes Quarry in Gibraltar jeweils ein fossiler Menschenschädel entdeckt wurde. Erst viel später wurden diese Reste als frühe Neandertaler identifiziert. Die Zeit schien noch nicht reif, eine Abstammung des Menschen aus dem Tierreich anzunehmen, noch immer galt er als Produkt eines isolierten göttlichen Schöpfungsaktes. Daher war es selbst für aufgeschlossene Zeitgenossen eine Provokation, als der Wuppertaler Lehrer und Naturforscher Johann Carl Fuhlrott auf der Generalversammlung des Naturhistorischen Vereins der preußischen Rheinlande und Westfalens 1857 – zwei Jahre vor Darwins revolutionärem Werk – vortrug, ein im Jahr zuvor im Neandertal zwischen Düsseldorf und Wuppertal gefundenes Skelett sei der Überrest eines frühen Vorfahren des heutigen Menschen, der in der Eiszeit lebte.

Auffälligstes Merkmal des Fundes waren vor allem die starken Augenüberwülste des Schädels, der von Steinbrucharbeitern entdeckt und zunächst für den Teil eines Bärenskeletts gehalten worden war. Genauso unqualifiziert wie die Annahme der Steinbrucharbeiter war das Urteil einiger Fachleute: Sie glaubten, es handle sich dabei um die Gebeine eines verkrüppelten mongolischen Kosaken, der aus der russischen Armee entflohen und im Neandertal Zuflucht gesucht haben soll. Auch der berühmte Berliner Anatom Rudolf Virchow untersuchte die circa 50 000 Jahre alten Skelett- und Schädelreste. Da Fuhlrott nicht geneigt war, weiteren „Fachleuten" die Funde zu zeigen, nutzte Virchow eine Abwesenheit Fuhlrotts aus, um sich in dessen Haus einzuschleichen und die Stücke zu untersuchen. Virchow identifizierte die

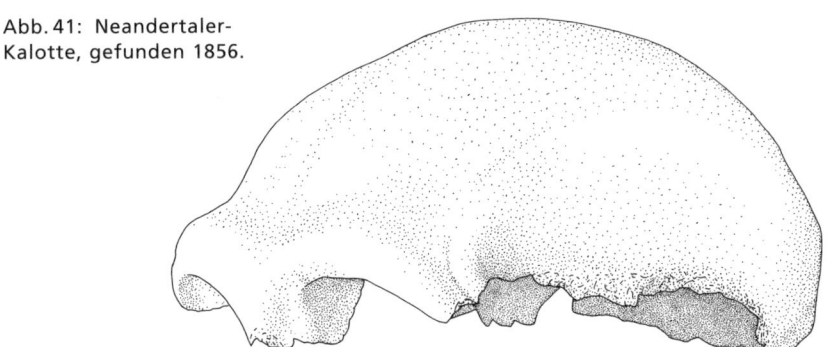

Reste als die eines modernen Menschen und attestierte dem Neandertaler, in der Jugend Schläge auf den Kopf erhalten und im Alter an Rachitis gelitten zu haben. Seine Stellungnahme beendete für fast 30 Jahre die Diskussion. Erst 1886 begann mit den Skelettfunden von Spy in Belgien, die gemeinsam mit Werkzeugen und Tierknochen in ungestörten Schichten entdeckt wurden, der wissenschaftliche Siegeszug des Neandertalers.

Im ersten Jahrzehnt des 20. Jahrhunderts wurden in Frankreich und Kroatien eine ganze Reihe von Hominidenfunden gemacht, die als Neandertaler identifiziert wurden. Ob und in welcher Weise man nun die Theorie des zentralasiatischen Ursprungs der Menschen akzeptierte, die damals sehr heftig diskutiert wurde, war ganz entscheidend davon abhängig, in welchem Verhältnis man die Neandertaler zu den heute lebenden Menschen wahrnahm. Stellten die Neandertaler lediglich eine ausgestorbene Seitenlinie der Entwicklung dar, dann konnte man seine fossilen Überreste als ersten mißlungenen, Auswanderungsversuch einer zentralasiatischen Ursprungsform ansehen. Wenn er dagegen eine Phase in der Entwicklung zu den modernen Menschen repräsentieren sollte – also eine Übergangsform –, dann mußte das Modell differenzierter werden. Unter diesen Umständen konnte zwar an einer Entstehung sich aufrecht fortbewegender Urmenschen im Inneren Asiens festgehalten werden, aber der eigentlich entscheidende Schritt, nämlich jener der Entstehung anatomisch moderner Menschen, mußte sich dann in Europa abgespielt haben.

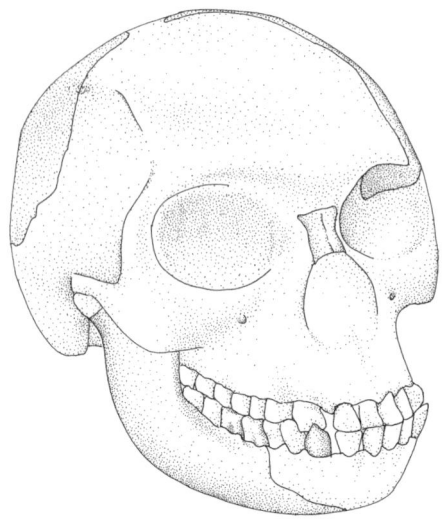

Abb. 42: Mit Hilfe des berühmt-berüchtigten Piltdown-Schädels wollte man zwar, konnte aber am Ende doch nicht die Wiege der Menschheit in England aufstellen. Dies wäre zwar ganz im Sinne des britischen Empires, aber ganz und gar nicht im Sinne der anthropologischen Forschung gewesen.

Zwei verschiedene Fundstellen spielten in dieser Diskussion eine wichtige Rolle: Zum einen war zwischenzeitlich in England, in der Nähe des Städtchens Piltdown, ein Schädel zutage gefördert worden, der zwar die Kopfgröße heute lebender Menschen besaß, dabei aber ein Gebiß aufwies, das alle Kennzeichen eines Menschenaffen trug. Dieser Fund brachte die Vorstellungen von der Evolution des Menschen gehörig durcheinander. Durch sein hohes Alter, das man aus den Schichten, in denen er gefunden worden war, ableiten zu können glaubte, sprach vieles dafür, daß man damit den ältesten bekannten Menschen in Händen hielt. Die damit verbundene Schlußfolgerung, daß die Wiege der Menschheit in Europa – genauer noch im Königreich Großbritannien – gestanden haben mußte, stieß auf Zuspruch: Der Vorstellungswelt und Gesinnung einiger europäischer Wissenschaftler wollte es sowieso nie recht behagen, daß der erste Mensch in den wilden und unzivilisierten Regionen dieser Erde geboren worden sein sollte. Der Piltdown-Schädel paßte damit perfekt in das weiß-schwarze

Schubladendenken der weißhäutigen Wissenschaftselite. Zudem bestand mit dem Fund die Möglichkeit, den Piltdown-Menschen mit der Theorie eines zentralasiatischen Ursprungs zu versöhnen: Der britische Anatom Arthur Smith-Woodward vermittelte zwischen beiden Ansätzen, indem er darauf hinwies, daß die Vorfahren des Piltdown-Menschen durchaus aus Zentralasien hätten kommen können. Nur seien deren fossile Überreste dort noch nicht gefunden worden. Die Menschen im eigentlichen Sinne dieses Wortes seien dann aber in Europa, genauer gesagt wahrscheinlich in England entstanden. England schied dann aber doch aus dem Rennen um den Ursprung des Menschen aus, und zwar nicht zuletzt deshalb, weil der Schädel des Piltdown-Menschen sich als Bastelarbeit eines humorigen Zeitgenossen entpuppte, der den Hirnschädel eines modernen Menschen mit dem Unterkiefer eines Orang-Utan zusammenmontiert hatte ...

Die zweite Fundstelle, die als Beleg für einen zentralasiatischen Ursprung der Menschen akzeptiert wurde, lag zwar nicht in Europa, wenigstens aber am Mittelmeer – im heutigen Israel. Zwischen 1929 und 1934 wurde am Mount Carmel in mehreren Höhlen eine ganze Reihe menschlicher Überreste entdeckt, die anatomisch eine eigenartige Mischung aus Neandertalern und heute lebenden Menschen darzustellen schienen. Die beiden Wissenschaftler, die diese Funde bearbeiteten, beschrieben sie als Überreste im Entstehen begriffener, anatomisch moderner Menschen. Und da der Mount Carmel förmlich auf dem halben Weg zwischen dem Inneren Asiens und Europa lag (wenn auch mit einer deutlich nach Süden weisenden Kurve), wurden die Fossilien als Resultat einer vom zentralasiatischen Plateau ausgehenden Auswanderungswelle angesehen.

Asiatische Ursprünge

Charles Darwin äußerte 1877 die Vermutung, die Menschen könnten sich in Afrika entwickelt haben. Er begründete dies mit der geographischen Verbreitung unserer nächsten Verwandten, Gorillas und Schimpansen. „Es ist aber ganz unnütz, über diesen

Gegenstand Spekulationen anzustellen", fuhr er fort, denn da auch aus Europa fossile Menschenaffen bekannt seien, könnten sich die Menschen genausogut dort wie auch an anderen Stellen auf der Welt entwickelt haben. Viel entschiedener hatte sich in dieser Frage ein Jahrzehnt zuvor Ernst Haeckel geäußert, dessen Ansichten für Darwin von einigem Gewicht waren und auf die er in seinen Werken immer wieder hinwies. Haeckel war der Ansicht, daß der entscheidende Schritt der Menschwerdung im Übergang vom Natur- zum Kulturwesen zu suchen sei. Dieser Übergang sollte sich seiner Ansicht nach vor allem im Sprachvermögen des Menschen widerspiegeln. Von Fossilfunden einstweilen unbelastet, suchte Haeckel nach Übergängen zwischen dem nicht sprachbegabten Affen und dem sprachbegabten Menschen. Er kam zu der Überzeugung, daß der Vorfahr der Menschen unter den Lemuren zu suchen sei. Da Lemuren heute nur noch in Madagaskar und auf den südostasiatischen Inseln vorkommen, postulierte er einen versunkenen Kontinent, Lemuria, der sich im Indischen Ozean befunden haben sollte. Auf diesem Kontinent sollte das „Paradies" gewesen sein und die „Wiege des Menschengeschlechts" gestanden haben. Als sich später herausstellte, daß es diesen versunkenen Kontinent nie gegeben hatte, verlegte er die Menschheitsentwicklung weiter nach Norden – Richtung Südostasien. Als Belege für diese Annahme führte er „historische Ereignisse und prähistorische Funde, anthropologische Beziehungen und ethnographische Mischungen, paläontologische Entdeckungen und pithekologische Vergleichungen" an, ohne allerdings genauer zu erläutern, was damit im einzelnen gemeint war.

Der junge holländische Arzt Eugène Dubois war von der Hypothese Haeckels nachhaltig beeindruckt. Mit dem Ziel, Reste dieses Affenmenschen zu entdecken, ließ er sich als Militärarzt 1877 nach Sumatra versetzen. Besessen von seiner Idee, begann er an einer Stelle in Java zu graben, die nach heutigen Vorstellungen als völlig aussichtslos gelten würde. Er grub in einem Gebiet, wo im Umkreis von Tausenden von Kilometern noch nie zuvor auch nur die kleinste Andeutung von Resten eines Urmenschen gefunden worden war

– und er grub auf den Zentimeter genau an der richtigen Stelle: Am

Ufer des Solo-Flusses bei Trinil fand er zwischen 1890 und 1892 einen Teil eines Schädeldaches, einen Oberschenkel, ein Unterkieferfragment und einzelne Zähne. Diese Funde schienen zunächst das Rätsel um den geographischen Ursprungsort der Menschen gelöst zu haben. Die Kontroversen, die nach Dubois' Rückkehr nach Europa und der Präsentation seiner Funde um die Jahrhundertwende einsetzten, sind Zeugnis dafür, daß man sich über die morphologische – d. h. die äußere Gestalt betreffende – und systematische Einordnung der Funde kaum einig war. Einige Wissenschaftler hielten den *Pithecanthropus* (Affenmenschen) für einen Gibbon, andere für einen Menschen, und eine dritte Gruppe von Forschern teilte schließlich die Fossilien auf in solche, die eher menschen-, und solche, die eher affenähnlich zu sein schienen. Für Dubois waren gerade diese Auseinandersetzungen Belege dafür, daß er tatsächlich die langgesuchte Zwischenform, das *missing link* zwischen Menschen und Menschenaffen, gefunden hatte. Der entscheidende Punkt, warum mit Dubois' Funden nun auch die Frage der geographischen Herkunft der Menschen geklärt sein sollte, lag darin begründet, daß zu den bis dahin üblichen Spekulationen auf der Grundlage der Einordnung der Menschen in das natürliche System nun etwas hinzugetreten war, und zwar ein Fossilfund, ein substantieller Nachweis einer Zwischenform.

Die einsetzenden Debatten drehten sich ab sofort um zwei Fragen: Wie alt war das Fossil tatsächlich? War es alt genug, um der geforderten Zwischenform zu entsprechen? Dubois hatte den Fund in das frühe bis mittlere Pleistozän eingeordnet, und diese Datierung wurde durch spätere Expeditionen nach Java bestätigt. Und die zweite Frage, die es zu beantworten galt, war die nach der Morphologie. Wie war das Fossil anatomisch einzuordnen? Konnte es auf der Grundlage des Körperbaus tatsächlich als Zwischenform begriffen werden? Der asiatische Ursprung der Menschen wurde zum damaligen Zeitpunkt nicht ernsthaft in Frage gestellt. Im Gegenteil: Sollten die von Dubois gefundenen Fossilien tatsächlich allesamt zu einer einzigen Form gehören, dann erlaubten sie Schlußfolgerungen darüber, wie die frühe Evolution der Menschen verlaufen war. Zwar ähnelte der gefundene

Oberschenkelknochen dem eines Menschen, das Schädeldach aber war wesentlich kleiner als das heutiger Menschen. Das konnte nur bedeuten, daß die frühen Menschen bereits, vergleichbar mit den heutigen, aufgerichtet auf zwei Beinen gehen konnten, aber von ihrer Schädelkapazität – und damit in ihrer geistigen Leistungsfähigkeit, wie man damals überzeugt war – noch auf dem Stadium der Menschenaffen standen oder jedenfalls nicht weit darüber hinaus gelangt waren. Die Suche nach einer systematischen Zwischenform rückte damit in den Hintergrund gegenüber der Frage, wie und unter welchen Umständen sich die aufrechte Haltung heutiger Menschen entwickelt haben konnte.

Man war sich weitgehend darüber einig, daß die Menschen von Lebewesen abstammten, die noch vornehmlich auf Bäumen gelebt hatten. Der aufrechte Gang sollte sich entwickelt haben, sobald die Vorfahren der heutigen Menschen die Bäume verließen. Damals sollte dann auch der zu den Menschen führende Ast der Entwicklungslinie vom Stamm seiner Affen-Verwandten abgezweigt sein. Mit Bezug auf Dubois' Fossilfunde stellte der französische Anthropologe Manouvrier die Überlegung an, daß die Zerstörung der Wälder Südostasiens, möglicherweise verursacht durch Vulkanausbrüche, dem *Pithecanthropus* gewissermaßen „Beine gemacht" hätte. Diese auf die lokalen Verhältnisse gemünzte Überlegung stieß zwar nirgends auf Zustimmung, das Argumentationsmuster wurde aber in der Folge aufgegriffen und ausgearbeitet. In dem Übergang zu einer zweibeinigen Fortbewegungsweise, der den Lebewesen durch das Verschwinden ausgedehnter Waldgebiete aufgezwungen worden sein sollte, wurde der entscheidende Schritt der Menschwerdung erkannt.

Als Kerngebiet der Entstehung der Menschen kam damit beispielsweise das zentralasiatische Plateau in Frage. Dort sollte es einstmals ausgedehnte Wälder gegeben haben, in denen sich Primaten tummelten. Aufgrund von Klimaveränderungen, die durch die Auffaltung des Himalaya-Gebirges ausgelöst wurden, stiegen die Anforderungen, die die Umwelt an die Primaten, aber auch an alle anderen dort lebenden Säugetiere stellte. Nicht alle waren den neuen Bedingungen gewachsen – und nur die Leistungsfähigsten

Abb. 43: Java-Hominiden im Herzen Frankfurts: Die Sammlung am Forschungsinstitut Senckenberg ist die größte Kollektion altpleistozäner Hominiden in Europa und Amerika. Sie umfaßt immerhin mehr als 100 Originalfunde von Gustav Heinrich Ralph von Koenigswald, darunter die berühmten Sangiran-Hominiden (*Pithecanthropus*) und das Typus-Exemplar von *Giganthopithecus*.

unter den Primaten schafften den Weg aus den Bäumen auf den Boden. Einer der Verfechter eines zentralasiatischen Zentrums der Säugetierevolution war der Amerikaner Henry Fairfield Osborn. Durch die in den zwanziger Jahren von Roy Chapman Andrews für das *American Museum of Natural History* in New York durchgeführten Expeditionen in die Mongolei, die zahlreiche aufsehenerregende Entdeckungen erbrachten, wurden diese Überlegungen weiter unterstützt. In bezug auf die Evolution der Menschen hatten diese Expeditionen nur einen Makel: Sie hatten kein hominides Material erbracht. Das änderte sich im Jahr 1929, als Pei Wenzhong und Davidson Black in Zhoukoudian in der Nähe von Beijing die Überreste des Schädels eines Menschen fanden. Hiermit lag nun endlich auch der fossile Nachweis dafür vor, daß die Evolution der Menschen in Zentralasien ihren Anfang genommen haben konnte. Zwar liegt Beijing nicht auf dem zentralasiatischen Plateau; der Theorie zufolge sollten aber die jeweils neuen Formen im Zentrum Asiens entstanden und von dort radial ausgewandert sein. Der Unterschied zwischen randständigen Formen und denen im Zentrum bestand nach allgemeiner Auffassung im wesentlichen darin, daß sich in den am Rande lebenden Populationen (größere Verbände von Lebewesen) ältere Stadien des Entwicklungsprozesses länger erhalten konnten als im Zentrum. Dies lag an ihrer Isoliertheit: Gruppen am Rande lebten isolierter als Gruppen im Zentrum ihres Verbreitungsgebietes.

Weitere Hominidenfunde am Ufer des Solo-Flusses wurden in Trinil und anschließend in Ngandong (1932) gemacht. Diese *Pithecanthropus*-Funde mit einem Alter von circa 1 Million Jahren werden heute zu *Homo erectus*, „dem aufrecht gehenden Menschentypus", gruppiert. Im Jahre 1936 fand Gustav Heinrich Ralph von Koenigswald, der die Arbeiten Dubois' fortsetzte, weitere Fossilien bei Sangiran sowie einen teilweise erhaltenen Kinderschädel bei Modjokerto. Die Arbeiten in Sangiran, vor allem jene in den vierziger Jahren, erbrachten die größte Menge des Hominidenmaterials aus Java, darunter einige Schädelfragmente von *Pithecanthropus (Homo) erectus* und mehrere robuste Ober- und Unterkieferfragmente, die als *Meganthropus javanicus* beschrieben wurden. Nach ersten Altersschätzungen von Koenigswalds sollten die Funde aus den ältesten Schichten Sangirans und Modjokertos (Djetis-Schichten) circa 1,9–1,6 Millionen Jahre alt sein. Eine Annahme, die fast 60 Jahre später durch moderne Datierungstechnik bestätigt werden konnte.

Sowohl Franz Weidenreich, der in Zhoukoudian die Arbeiten des Amerikaners Davidson Black fortsetzte, als auch Ralph von Koenigswald waren überzeugt davon, mit ihren weiteren Funden keineswegs Bindeglieder zwischen Menschen und Menschenaffen in den Händen zu halten, sondern Überreste von Menschen, die sich zwar in vielerlei Hinsicht von heute lebenden unterschieden, aber dennoch in ihrem Körperbau bereits eindeutig der menschlichen Entwicklungslinie zuzuordnen waren. Die Frage nach dem Ursprung der Menschheit verbunden mit dem aufgerichteten Gang konnten sie damit jedoch nicht beantworten. Die Klärung dieser Frage blieb alleine den Forschern auf dem afrikanischen Kontinent vorbehalten.

Afrika – die Wiege der Vormenschen

Es wurde komplizierter: Der entscheidende Schritt, der den frühen Interpretationen zugrunde lag, bestand nun in einer Aufteilung der Ursprünge. Die Theorien Dubois' und Haeckels konnten nicht länger aufrechterhalten werden. Es gab einen Ursprung für die Menschen im heutigen Sinne, und den glaubte man zunächst in Europa lokalisieren zu können. Und es gab einen weiteren Ursprung für die zu den heutigen Menschen führende Entwicklungslinie. Dieser Ursprung wurde nach Zentralasien verlegt und war verbunden mit der Entwicklung des aufrechten Ganges. Der „Ketzer" Darwin schien sich also getäuscht zu haben, als er die Wiege der Menschheit in Afrika vermutete, denn zuerst kamen die entscheidenden Funde aus Europa und Asien. Dann wurde völlig unerwartet an einem Ort eine Entdeckung gemacht, die für Aufregung in der kleinen Welt der Urmenschenforscher sorgte: Steinbrucharbeiter bargen im südafrikanischen Taung einen fossilen Kinderschädel, der 1925 vom Johannesburger Anatomieprofessor

Abb. 44: Sein ‚Baby': Auch wenn es nie mit ihm gesprochen hat, so ist das südafrikanische Taung-Baby unweigerlich mit seinem ‚Vater' und Entdecker, dem australischen Neuroanatom Raymond Dart, verbunden. Dart traute sich nicht, den Schädel eines etwa dreijährigen Hominiden als Menschen zu bezeichnen, und taufte ihn deshalb auf den Namen *Australopithecus* – Südaffe.

Abb. 45: Ausguß eines kindlichen Gehirns: Die eigentliche Sensation am Fund des Taung-Babys war die sichtlich vorhandene Kombination eines menschenaffengroßen Gehirns mit dem aufrechten Gang. Die Ansatzstelle des Rückenmarks unter dem Schädel war das alles entscheidende Merkmal: *Australopithecus* war zweibeinig unterwegs.

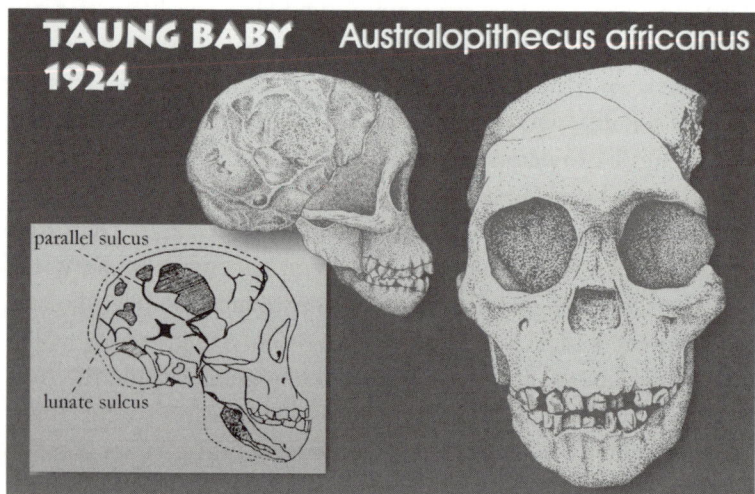

Abb. 46: Prophezeiungen eines panafrikanisch Forschenden: Phillip Tobias war es, der viele Jahre vor unseren Funden in Malawi die feste Hoffnung hatte, daß eines Tages die bekannten Fundstellen des südlichen und des östlichen Afrika miteinander verbunden werden können. Daß wir es dann waren, die ihm seinen geheimen Wunsch erfüllen konnten, war für unser junges Grabungsteam schon die fast größere Ehre als die anschließende Publikation des Fundes in *Nature*.

Raymond Dart unter der Bezeichnung *Australopithecus africanus*, also als südlicher Affe aus Afrika, der skeptischen Fachwelt vorgestellt wurde.

Das rund 2 Millionen Jahre alte Fossil bestand aus einem Gesichtsschädel und dem Unterkiefer sowie dem Innenausguß der Gehirnkapsel. Das Interessante an dem Lebewesen war, daß es bereits aufrecht gehen konnte. Ein Merkmal dafür: Die Eintrittsstelle des Rückenmarks in das Gehirn, das sogenannte *Foramen magnum*, lag an der Unterseite des Schädels und nicht wie bei Menschenaffen schräg hinten. Das Gehirn war zwar nicht größer als bei Schimpansen, einige Hirnregionen waren aber deutlich anders strukturiert. Die Eckzähne waren im Gegensatz zu Menschenaffen sehr stark verkleinert. Diese Merkmale, die damals noch in direktem Widerspruch zur herrschenden Lehrmeinung

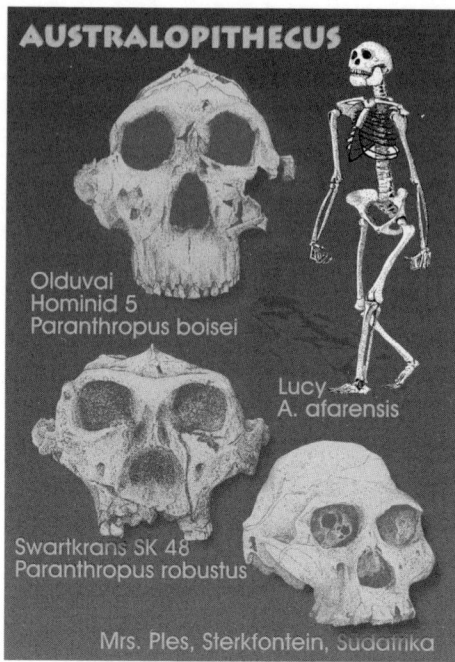

Abb. 47: Die „Eltern" des Taung-Babys kamen in den dreißiger und vierziger Jahren zum Vorschein: Aus Sterkfontein stammt die grazile Mrs. Ples, der etwas stabilere *Paranthropus* aus dem benachbarten Swartkrans. Gesellschaft bekamen die südafrikanischen Vormenschen 1959 vom Nußknackermenschen Mary Leakeys aus der Olduvai-Schlucht in Tansania und 1972 mit der berühmten „Lucy" aus Äthiopien.

standen, wurden in den vergangenen Jahrzehnten bei einer großen Anzahl weiterer Funde im südlichen, östlichen und kürzlich auch im westlichen Afrika angetroffen und dadurch bestätigt. Lange Zeit wurde dieses sogenannte Taung-Baby jedoch von einflußreichen Anthropologen als Schimpansenkind angesehen. Der Grund: Kaum ein Wissenschaftler wollte die Vorfahren des Menschen in Afrika vermuten – ein solches Fossil hätte man ja schließlich eher in Asien erwartet –, daher wurde ihm zunächst keine größere Beachtung geschenkt.

Einer glaubte allerdings an die These Darts. Der Paläontologe Robert Broom, gebürtiger Schotte, Weltenbummler und paläontologischer Querkopf, war einer der wenigen bedeutenden Wissenschaftler, der die Dartsche Hypothese, es handele sich bei dem Fund um die Entdeckung eines Vorfahren des modernen Menschen, über Jahre hinweg unterstützte. Er fand 1936 in einer fossilen Höhle bei Sterkfontein, rund 50 Kilometer südwestlich von Johannesburg, erstmals einen Schädel, der von einem erwach-

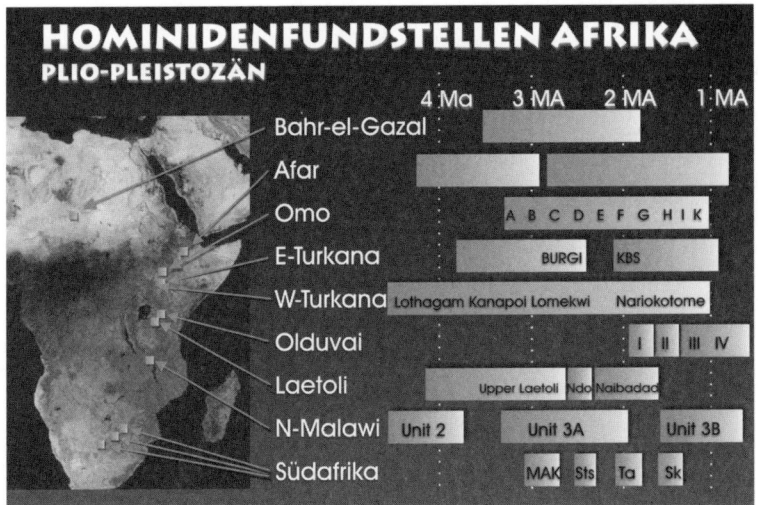

Abb. 48: Okay, Omo ist zweifelsfrei eine der besten Fundstellen im Afrikanischen Rift, aber die Fossilien sind mindestens ebenso fragmentiert erhalten wie unsere in Malawi. Die Schichtabfolgen sind dagegen perfekt: Keine andere Fundregion in Afrika – außer Malawi – weist für den alles entscheidenden Übergang zwischen Vor- und Urmensch eine lückenlose Sedimentabfolge auf.

senen Australopithecinen stammte. Broom beschrieb mit diesem Fund eine neue Gattung *Plesianthropus*. Wieder ein Jahrzehnt später fand er einen Schädel, der weibliche Merkmale aufwies, und nannte ihn, mit dem wissenschaftlichen Namen *Plesianthropus* spielend, kurzerhand Mrs. Ples. Die bereits am Taung-Baby erkannten anatomischen Besonderheiten der Vormenschen wurden jetzt durch die erwachsene Mrs. Ples bestätigt. Sterkfontein wurde damals mit einem Schlag in der Paläoanthropologenwelt berühmt. Bis heute wurden unter der Leitung von Phillip Tobias alleine in Sterkfontein mehr als 500 Überreste von Australopithecinen gefunden, heute ist das gesamte Sterkfontein-Tal auf der Liste des Weltkulturerbes der UNESCO zu finden, ebenso wie die Olduvai-Schlucht in Tansania und Koobi Fora in Kenia.

Spätestens ab den vierziger Jahren setzte also ein Umschwung im Nachdenken über den Ursprung der zu den heutigen Menschen führenden Entwicklungslinien ein. Drei Faktoren wirkten dabei zusammen: neue Funde, die anatomische Frage nach der Entwicklung des aufrechten Ganges und die Ortsungebundenheit ökologischer Szenarien, wie sie zugunsten des zentralasiatischen Ursprungs entworfen worden waren.

In Sichtweite von Sterkfontein liegen die Höhlen von Kromdraai und Swartkrans. In Kromdraai gelang Robert Broom 1938 der zweite große Coup in Sachen Menschheitsgeschichte: Er bewies, daß es unter den Australopithecinen einen zweiten Typus gab, der wesentlich robuster war als jene von Sterkfontein. Unter der Bezeichnung *Paranthropus (Paranthropus robustus)* trennte er die „robusten Australopithecinen" aus Kromdraai von den „grazilen Australopithecinen" Sterkfonteins ab. Diese Hypothese, der zufolge die Vormenschen in eine auf vegetarische Nahrung spezialisierte robuste und in eine allesfressende grazile Linie zu unterscheiden sind, hat sich durch viele weitere Funde bis heute bestätigt. Allerdings besteht in der Fachwelt immer noch keine Einigkeit darüber, ob es sich um Gattungs- oder Artunterschiede handelt; auch die Verwandtschaftsverhältnisse sind strittig. Einige unserer Kollegen behandeln daher *Paranthropus* als eine von *Australopithecus* zu unterscheidende Gattung.

Circa 280 Kilometer nördlich von Johannesburg, in Makapansgat, wurde das nächste Kapitel in der Geschichte der afrikanischen Paläoanthropologie aufgeschlagen. Hier entdeckte James Kitching 1947 Schädelfragmente in einer Höhle. Er war allerdings nicht der erste, der auf diese Überreste stieß. Bereits 1925 erfuhr Raymond Dart von der Existenz fossiler Knochen, die er aufgrund von Schwarzfärbungen als Beweise für die Feuernutzung durch dort lebende Hominiden wertete. Daher beschrieb Dart die Australopithecinen von Makapansgat als *Australopithecus prometheus*, da er davon überzeugt war, den ersten Feuerbenutzer – entsprechend dem griechischen Kulturheros Prometheus – gefunden zu haben. In den fünfziger und sechziger Jahren wurden fast zwanzig Hominidenfragmente aus Makapansgat geborgen.

Neben Südafrika waren es vor allen Dingen auch die kenianischen und tansanischen Fundstellen, die die gesamte Paläoanthropologenwelt in Atem hielten. Seit Beginn der dreißiger Jahre war

Louis Leakey hier auf der Suche nach Zeugnissen der Existenz menschlicher Vorfahren; vor allem suchte er Steinwerkzeuge. In der Olduvai-Schlucht in Nord-Tansania, die 1911 von Wilhelm Kattwinkel, dem Erforscher der Schlafkrankheit, für die Wissenschaft entdeckt und von Hans Reck 1913 geologisch bearbeitet wurde, begann er seine leidenschaftliche archäologische und paläontologische Forschungstätigkeit. Es war Louis' Ehefrau Mary, der schließlich 1959 der entscheidende Hominidenfund in Ostafrika gelang.

Bis dahin stammte das Wissen um die frühesten Phasen der Evolution des Menschen ausschließlich aus dem südlichen Afrika. Mit dem Schädel des von Mary Leakey gefundenen „Nußknackermenschen", der mit wissenschaftlichem Namen *Zinjanthropus boisei* heißt, begann nicht nur in Olduvai Gorge eine außergewöhnliche Serie von Hominidenfunden, sondern im gesamten östlichen und nordöstlichen Afrika.

Da in der 1,9 bis 1,8 Millionen Jahre alten Fundschicht des *Zinjanthropus* in Olduvai Gorge primitive Steinwerkzeuge gefunden wurden, schienen sich zunächst die Hypothesen von werkzeugbenutzenden Vormenschen zu bestätigen. In den gleichen Schichten fand man jedoch 1964 die damals älteste Art der Gattung *Homo* (*Homo habilis*) und damit jenen Urmenschen, der vielleicht tatsächlich der Benutzer jenes Werkzeuges war. Damit war klar, daß auch in Olduvai robuste Vormenschen wie *Zinjanthropus* und frühe Urmenschen gemeinsam und zeitgleich gelebt hatten.

Eine weitere weltbekannte Fundstelle ist das 1935 von Louis und Mary Leakey entdeckte Laetoli. Der deutsche Ethnologe Ludwig Kohl-Larsen fand in dem Gebiet 1939 ein Oberkieferfragment mit zwei Zähnen und einen einzelnen Schneidezahn. In den siebziger Jahren wurden weitere Reste gefunden, die zu diesem Typus *Australopithecus afarensis* gezählt werden. Eine der wichtigsten Entdeckungen der paläoanthropologischen Forschung gelang dann Mary Leakeys Team 1979. Während schon seit Beginn der Arbeiten zahlreiche Säugetierspuren in den vulkanischen Aschenlagen gefunden worden waren, wurden damals die Fuß-

Abb. 49, 50 u. 51: Mary und Louis – Forscherkollegen, Ehepartner und streitbare Wissenschaftler. Beide begründeten die Leakey-Dynastie, die nicht nur Anthropologie-, sondern auch Politikgeschichte schrieb. Ihr Sohn Richard war der erste weiße *Head of Civil Service* in Kenia, bis man ihn im April 2001 über einen inszenierten Skandal stolpern ließ – keine Neuheit für ein afrikanisches Land wie Kenia.

Abb. 52: Den Vater aller robusten *Australopithecinen* fand Mary Leakey 1959 im tansanischen Olduvai Gorge. Diese geschichtsträchtige Schlucht hatte es uns natürlich angetan, und so pilgerten wir wie die Wallfahrer zum Denkmal des Fundes OH 5 – des Nußknackermenschen *Zinjanthropus* – Olli, Ottl und ich.

Abb. 53: Ihre Spuren im Sand, die man gestern noch fand, sind inzwischen der heimtückischen tansanischen Akazienbaumwurzel zum Opfer gefallen. Die 1974 von Mary Leakeys Team entdeckten 3,6 Millionen Jahre alten *Laetoli Footprints* dreier Vormenschen, hier ein Abguß, sind sozusagen der fußfeste Beweis für den aufrechten Gang schon vor 3,6 Millionen Jahren.

3. Weltbild Menschwerdung: Wo stand die Wiege der Menschheit?

abdrücke von Australopithecinen entdeckt. Sie belegen, daß der aufrechte Gang der Vormenschen bereits vor circa 3,6 Millionen Jahren voll entwickelt war.

Die Forschungsarbeiten von Richard Leakey, dem Sprößling von Louis und Mary, am östlichen Ufer des Turkana-Sees in Kenia (Koobi Fora) brachten seit 1972 mehr als 120 Schädelfragmente, Zähne und Skeletteile vor allem von robusten Australopithecinen und Vertretern der Gattung *Homo* zum Vorschein. Durch das *Koobi Fora Research Project* wurde die Fundstelle zur bestuntersuchten Hominidenfundregion Afrikas. Weit über zwanzigtausend gut erhaltene Einzelfunde der ehemaligen Tierwelt Koobi Foras werden heute im Nationalmuseum in Nairobi aufbewahrt. Zwar wird das Alter der Schichten East Turkanas (früher East Rudolf) zwischen 4 und 0,7 Millionen Jahre datiert, doch sind alle gut erhaltenen Funde jünger als 2 Millionen Jahre. Genau diese Datierung war jedoch jahrelang ein Problem. Laborfehler waren die Ursache für die allgemeine Verwirrung. Kein Zweifel bestand dagegen an der Tatsache, daß auf der Westseite des Turkana-Sees ältere Sedimente auftreten als an der Ostseite, hier reichen sie bis in das geologische Zeitalter des Miozän (23,8–5,3 Millionen Jahre) hinein.

In Hadar (Äthiopien) entdeckte eine amerikanisch-französische Expedition unter Leitung von Donald Johanson und Yves Coppens im November 1974 das Skelett einer als *Australopithecus afarensis* beschriebenen Art. Dieses Skelett wurde berühmt unter dem Namen „Lucy". Fast vierzig Prozent des Skeletts waren erhalten – eine kleine Sensation. Noch spektakulärer fielen allerdings die Funde von „Lokalität 333" aus: Hier wurden 1976/77 Hunderte von Hominidenresten geborgen, die von insgesamt 13 Individuen stammen. Da alle Altersstadien von Kindern bis zu alten Erwachsenen repräsentiert sind, werden diese Funde als Beweis für den katastrophenartigen Tod einer ganzen Gruppe von Hominiden, möglicherweise der „ersten Familie", interpretiert.

Durch all diese Funde wurde die Wissenschaft gezwungen, ihre Vorstellungen vom Verbreitungsgebiet der Vormenschen zugunsten einer Vergrößerung zu revidieren, und es bewahrheitete sich auch einmal mehr eine alte Weisheit der Paläontologie: Fehlende Fossilien bedeuten nicht, daß entsprechende Lebewesen in einem bestimmten Bereich nicht vorhanden waren, sondern belegen oft nur, daß ihre Überreste bislang nicht entdeckt wurden.

Nach all den afrikanischen Australopithecinen – also den Südaffen – sollen nun die ersten Vertreter der Gattung *Homo* – also des Menschen – beschrieben werden: Als man akzeptiert hatte, daß es einen afrikanischen Vormenschen gab, wuchs in den dreißiger Jahren auch die Hoffnung, nachweisen zu können, daß nicht nur die Wiege der Vormenschen, sondern auch die der Urmenschen in Afrika gestanden hatte. Louis Leakey war zeitlebens von den afrikanischen Wurzeln der Menschheit überzeugt. In Olduvai Gorge entdeckte er Gerölle, von denen Splitter abgeschlagen worden waren. Es handelte sich um Reste der von ihm so genannten Oldowan-Kultur. Auf der Suche nach den Werkzeugherstellern fand man 1959 zunächst *Zinjanthropus*, der aufgrund seines geringen Hirnvolumens die Fachwelt aber nicht als „Urmensch" überzeugen konnte – von den eigenen Ahnen erwartete man schon ein wenig mehr Gehirnapparat.

Richards Bruder Jonathan Leakey fand jedoch kurz darauf, 1960, in derselben Fundschicht den *Olduvai Hominid 7*, kurz „OH 7", bestehend aus zwei sehr viel weniger robusten Schädelknochen mit dazugehörigem Unterkiefer und einigen Handknochen. Aus der Wölbung der Schädeldach-Fragmente konnte ein Gehirnvolumen von 680 ccm berechnet werden und mithin deutlich mehr als bei den robusten Australopithecinen.

Gemeinsam mit Phillip Tobias aus Johannesburg und dem Spezialisten für Hand- und Fußanatomie, John Napier, taufte Louis Leakey 1964 mit diesem Fund die neue Art kurzum *Homo habilis* – der Fähige. Die Bezeichnung des Fragments als *fähiger Mensch* wurde von Raymond Dart, dem Entdecker des Taung-Babys, vorgeschlagen, da man nun endlich den Hersteller der Geröllwerkzeuge in Olduvai Gorge dingfest gemacht zu haben glaubte. Seither wurden in der rund 40 km langen Olduvai-Schlucht zahlreiche weitere Reste des *Homo habilis* und sogar Skelletteile geborgen. Fast ein Jahrzehnt lang war die Fundlage zu den frühesten Angehörigen der Gattung *Homo* ausschließlich durch die berühmten Olduvai-Hominiden geprägt. In dieser Zeit und noch lange danach spielte und spielt daher *Homo habilis* in vielen Hypothesen eine fast unverrückbare und zentrale Rolle. Erst mit Beginn des *Koobi Fora Research Projects* in Kenia unter Leitung von Richard Leakey kam wieder Bewegung in die Forschungen zum Ursprung der Gattung *Homo*. Aus den zahlreichen Fundstellen Koobi Foras am Ostufer des Turkana-Sees wurden seit 1970 neun zum Teil gut erhaltene Schädel, 10 Unterkiefer, 6 Zähne und 5 Fragmente von Skelettpartien entdeckt, die Ähnlichkeiten mit *Homo habilis* aufwiesen. Auch ihr Alter von 1,9 bis 1,8 Millionen Jahren entsprach dem der Olduvai-Funde. Allerdings fiel von Anfang an auf, daß die anatomische Variabilität sehr groß ist, was bedeutete, daß die Wesen vom Typ *Homo habilis* in ihrem Körperbau stark voneinander abwichen. Vor allem die Interpretation der Anatomie des Bewegungsapparates und der „modernen" Hand unterstützte die Deutung von *Homo habilis* als frühen, aber fähigen Menschen im Gegensatz zu den „grobschlächtigen" Australopithecinen. Skelettfunde in Olduvai Gorge zeigten später, daß das Skelett von *Homo habilis* tatsächlich aber weitgehend dem von *Australopithecus* entspricht. Wichtigster Unterschied zu den Australopithecinen blieb das absolut und auf das Körpergewicht bezogen auch relativ größere Gehirnvolumen von *Homo habilis*. Die Stirn ist steiler und ein Augenüberwulst nur schwach ausgebildet. Während die anatomischen Merkmale dieser Form in Olduvai Gorge recht einheitlich sind, entzündete sich die Diskussion um die Gattung *Homo* immer wieder an zwei extrem unterschiedlichen Schädeln aus Koobi Fora: KNM-ER 1813 und KNM-ER 1470. Die Lösung dieses Problems sollte jedoch noch einige Jahre auf sich warten lassen, und – was wir natürlich damals noch nicht wußten – die Ergebnisse unserer eigenen zukünftigen Forschungsarbeiten sollten daran einen wichtigen Anteil haben.

Vorerst war aber die allgemeine Vorstellung über die Fundlage für die frühesten Reste der Gattung *Homo* in den 80er Jahren durch zwei große Wissenslücken gekennzeichnet. Es war weit und breit kein *Homo*-Fund bekannt, der wesentlich älter war als 2 Millionen Jahre, und – für uns noch wichtiger – es bestand eine geographische Fundlücke von mehreren tausend Kilometern zwischen den Fundstellen des südlichen und des östlichen Afrikas. Diese Lücke war die große Herausforderung für uns junge Nachwuchspaläontologen.

Der Gedanke, genau diese Lücke zu schließen und die Herausforderung anzunehmen, kam uns im Büro von Phillip Tobias. Tim und ich saßen dort mehr als nur einmal und sahen während der monologartigen Ausführungen von Phillip immer wieder auf die große Wandkarte. Die Karte hatte Phillip in mühevoller Kleinarbeit anfertigen lassen. Alle auch noch so kleinen und unbedeutenden Hominidenfunde waren auf ihr verzeichnet. Beim tagtäglichen Starren auf die Karte prägte sich uns die weiße Lücke tief ins Bewußtsein, die zwischen den bunt eingezeichneten Fundstellen im südlichen und im östlichen Afrika klaffte. Die Idee, genau diesen weißen Fleck irgendwann mit einem farbigen Punkt ausfüllen zu können, ging uns nicht mehr aus dem Kopf.

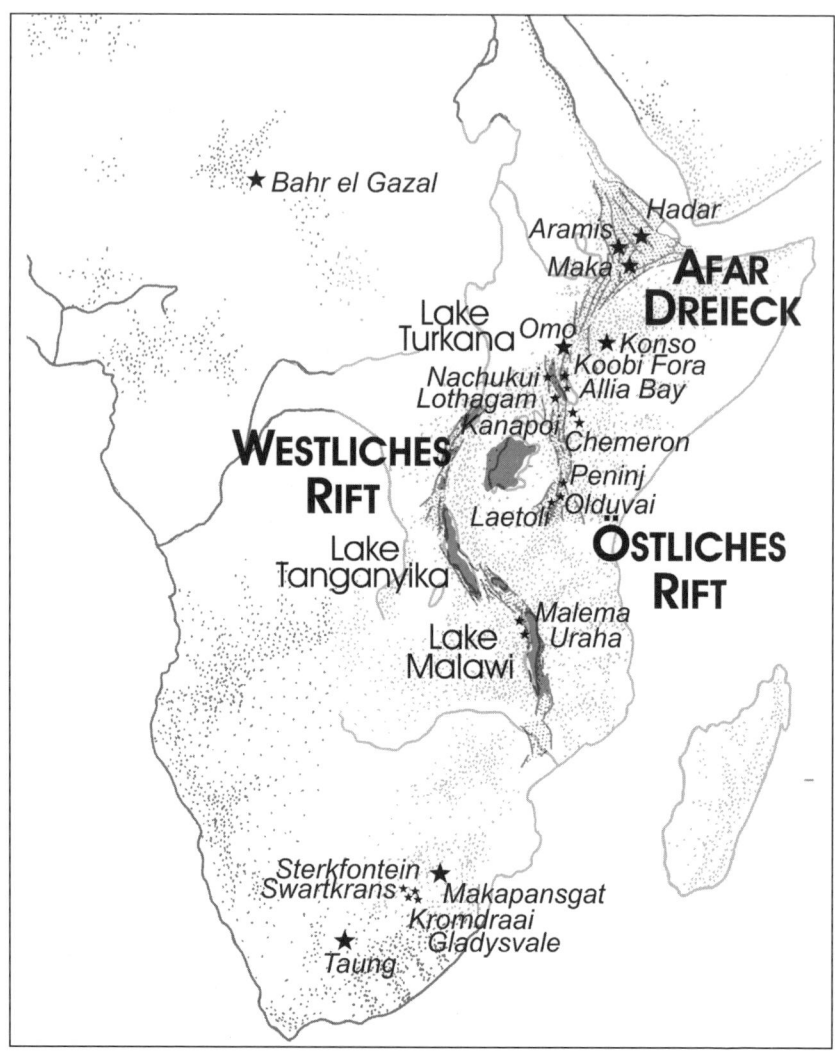

Abb. 54: Was verbindet Malawi mit Jordanien, außer daß in den Sprachen beider Länder das Wort für Wasser – madzi – gleich lautet? Ganz einfach: das große Afrikanische Grabensystem. Die meisten der Fundstellen früher Hominiden liegen im Afrikanischen Rift, da hier die Fossilisationsbedingungen besonders gut sind. Das mehr als 5000 km lange Rift beginnt im Jordangraben, ist Ursache für die Entstehung des Roten Meeres, bildet das Afardreieck Äthiopiens, verläuft dann weiter in einem östlichen und westlichen Arm gen Süden und endet im engen Shire-River-Tal Süd-Malawis. Die südafrikanischen Hominidenfunde stammen hingegen fast alle aus Höhlenfüllungen.

4. Sedimente, Schweine und ein Missionar: Geologie, Paläontologie und Geschichte des Malawi-Rift

Warum graben wir nun ausgerechnet in Malawi nach den Überresten urzeitlichen Lebens? Das Besondere an Malawi ist, kurz gesagt, die Lage dieses eher unbekannten afrikanischen Staates: Das circa 120 000 Quadratkilometer kleine Land wird im Westen von Sambia, im Norden von Tansania und im Osten von Mozambique begrenzt. Viel interessanter als diese Beschreibung der politischen Grenzen ist jedoch die geographische Tatsache, daß Malawi mitten im Afrikanischen Graben liegt, der sich vom Jordangraben über das Rote Meer bis nach Malawi erstreckt. Aus anthropologischer Sicht liegt Malawi in der Mitte, nämlich ziemlich genau zwischen den wichtigsten Hominidenfundstellen Afrikas – also jenen in Südafrika und der Olduvai-Schlucht Tansanias.

Wir gingen davon aus, daß der Prozeß der Menschwerdung ein pan-afrikanisches Phänomen war, das nur dann geklärt werden konnte, wenn es gelang, die geographischen Fundlücken zu schließen. Da die in Süd- und Ostafrika auftretenden frühen Hominiden erkennbar voneinander verschieden sind, galt es beispielsweise zu klären, ob es sich um echte Artunterschiede innerhalb einer Evolutionslinie handelte oder um Arten, die zeitgleich auftraten, aber in unterschiedlichen Habitaten – Lebensräumen – lebten.

Natürlich waren wir nicht die ersten, die genau zwischen den berühmten Hominidenfundstellen Süd- und Ostafrikas weitere fossile Überreste der Vor- und Urmenschen vermuteten. Zu unserer Studienzeit gab es bereits eine Veröffentlichung von Phillip Tobias, und auch Desmond Clark hatte sich schon des kleinen Landes mit dem großen See angenommen. Beide hatten jedoch immer nur Vermutungen über mögliche fossile Überreste geäußert. Was bislang fehlte, war ein harter Beweis vormenschlichen Lebens in

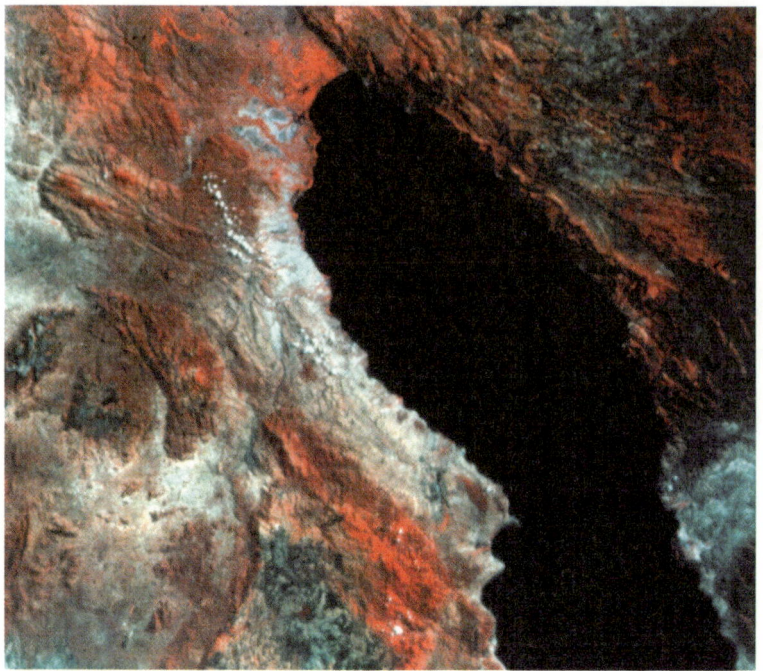

Abb. 55: Sedimente und Satelliten: Auf dem Schnappschuß aus dem All sind die Chiwondo-Beds nicht zu verfehlen. Der circa 80 Kilometer lange helle Streifen auf der westlichen Seite des Sees war es, der uns dazu bewegte, nach Karonga zu reisen.

Malawi, und genau den wollten wir erbringen. Viele Jahre später sollte es Tobias sein, der uns als erster Wissenschaftler zu unserem Erfolg gratulierte. Nicht ohne Augenzwinkern, denn immerhin hatte er bereits 20 Jahre zuvor auf Malawi hingewiesen. Er stützte sich bei seiner These über die Existenz von Frühmenschen in dem Gebiet des heutigen Malawi auf die Aufzeichnungen eines gewissen John Dixey. Dem Engländer waren bereits 1929 Wirbeltierfossilien in den bereits erwähnten Chiwondo-Beds im Norden Malawis aufgefallen. Da sich in der Nähe eine Lagune namens Lake Chiwondo befindet, nannte er die angrenzenden Schichten „Chiwondo Beds". Dixey war wortwörtlich ein Vorreiter für uns, denn die von ihm erstellten geologischen Karten sind besser als alles, was im Anschluß daran bis heute für diese Gegend erstellt worden ist, abgesehen natürlich von den Diplom- und Dissertations-Spezialkartierungen unserer Studenten. Der Grund hierfür liegt in den relativ schlechten Aufschlußverhältnissen. Die Gegend ist fast überall stark bewachsen, und geologisch kartieren kann man natürlich nur dort, wo man Gestein sehen kann. Geologisch gesehen, ist der Norden Malawis geprägt durch ein fast zwei Milliarden Jahre altes Grundgebirge, aus dem fast der ganze afrikanische Kontinent besteht. Spannend für uns ist jedoch die Tatsache, daß auch Sedimentgesteine aus drei verschiedenen Erdzeitaltern im Karonga-Distrikt zu finden sind, die sonst in ganz Malawi nirgends auftauchen. Schuld daran ist das bereits einige Millionen Jahre alte Afrikanische Rift. Rund 100 Millionen Jahre alt sind die sogenannten *Dinosaur Beds*, die sich von Malawi aus nach Osten erstrecken und in Tansania in den berühmten Fundstellen von Tendaguru auftauchen, in denen das *Brachiosaurus*-Skelett gefunden wurde, das heute im Berliner Humboldt-Museum bewundert werden kann. Im Karonga-Distrikt wurden aus diesen Schichten unter anderem der *Malawisaurus* und insektenfressende Krokodile geborgen. Damit aber immer noch nicht genug: Die Sedimente des Karonga-Distrikts führen Schichten aus der Zeit der Vorfahren der Säugetiere und der ersten Dinosaurier, also der Zeit des Perm-Trias vor rund 230 Millionen Jahren. Diese einmalige Vielfalt an fossilführenden Schichten in Nord-Malawi ist eine Besonderheit, die bereits John Dixey aufgefallen war. Ein Wunder, daß in den 60 Jahren Grabungsabstinenz niemand auf die Idee gekommen war, in Nord-Malawi Geländeprojekte durchzuführen; der erste, der in Dixeys Fußstapfen trat, war Desmond Clark – auf ihn werde ich aber im Laufe der Geschichte noch zurückkommen.

Eine weitere geologisch und landschaftlich attraktive, dafür aber fossilarme Formation in der Landschaft des nördlichen Malawi ist das Nyika-Plateau. Als weithin sichtbare Schulter des Riftvalleys konnten wir uns dem Anblick der zum Teil über zweitausend Meter hohen Berge nie ganz entziehen. Und so kam es auch, daß Tim und ich – in Grabungspausen, versteht sich – immer wieder darüber sinnierten, irgendwann einmal den Aufstieg in Angriff zu nehmen. Der Ausblick auf Land, See und unser Grabungsgebiet mußte überwältigend sein, von der Aussicht auf ein paar moskito- und damit malariafreie Tage ganz zu schweigen. Am Ende unserer zweiten Grabungssaison packte uns dann das Bergsteigerfieber, und wir wagten den Aufstieg. Bepackt mit Essensvorräten, Steinhammer und Fotoapparat, gingen wir auf Erkundungstour. Der Weg von der See-Ebene auf das Massiv war für uns wie der Weg in eine andere Welt. Unsere Augen und unsere Sinne waren frei, fossilienfrei sozusagen. Das erste Mal genossen wir Landschaft, Tiere und die Menschen Malawis, ohne uns auch nur eine Sekunde lang darüber sorgen zu müssen, ob wir nicht gerade an einem Hominidenfragment vorbeimarschiert sein könnten.

Die Landschaft des inzwischen zum Nationalpark erklärten Gebietes ist grandios: Laub- und Galeriewälder wechseln sich mit Nadelwald und Graslandschaft ab; Elefanten, Büffel, Zebras und Leoparden gehören – wenn auch seltener geworden – zum Lebendinventar des mehr als 3000 Quadratkilometer großen Gebietes, das den Namen Nyika, was in der Sprache der Tumbuka soviel wie Wildnis bedeutet, zu Recht trägt. Natürlich führte uns unser Weg nicht ganz fort von unseren paläoanthropologischen Spuren: Wir wußten, daß nahe von Chelinda – dem damals einzigen Camp im Nyika-Plateau – der Fingira Rock lag, an dessen Ostseite eine Felsenhöhle bis zu ihrer Entdeckung in den sechziger Jahren Steinwerkzeuge, menschliche Skelette und Felsbilder hütete. Nach mehr als fünfstündigem Marsch kam uns diese historische Raststätte sehr gelegen. Wir campierten, tranken Cashewnußwein, den wir aus Karonga mitgebracht hatten, und redeten und redeten, bis wir auf einmal merkten, daß es zum einen recht kalt wurde und zum anderen schon lange dunkel war und der Weg zum Chilinda-Camp mit fast 10 Kilometern noch vor uns lag. Wir fackelten sprichwörtlich nicht lange, machten uns ein Feuer und schlugen unsere nicht vorhandenen Zelte auf. Nach nur einer Stunde Schlaf wurde unsere traute Einigkeit mit der Natur im Nyika gestört. Als ich aufwachte, blickte ich am Stiefel eines sehr imposant aussehenden Wildhüters empor, der sich aber schon nach seinem ersten Satz als ein mir vertrauter Kommilitone aus meiner Studienzeit in Südafrika entpuppte. „Offenes Feuer nicht erlaubt", sagte er mit seinem unverkennbaren Afrikaans-Akzent – und ich wußte, es war Adam. Die Wiedersehensfreude hielt sich seinerseits für einige Sekunden in Grenzen, denn immerhin hatten wir in seinem Revier Feuer gelegt. Daß ich ihn mit Namen ansprach, verunsicherte ihn jedoch für einen Moment, und so kam es, daß ich kurzerhand von ihm hochgehoben und mit einem „Friedemann, it's you" wieder fallen gelassen wurde. Die Nacht schien gerettet: Adam und Friday, sein malawischer Begleiter, luden uns in ihren Landrover, und nach kurzer Fahrt waren wir im Chilinda-Camp angekommen. Die südafrikanischen Erlebnisse und Geschichten waren bei drei Flaschen „Merlot" ausgetauscht, und gegen drei Uhr morgens fielen wir, erschöpft von Reden, Rebsaft und Wandern, in unsere Betten. Am nächsten Morgen genossen wir ein ausgiebiges Braai mit viel Fleisch und Wurst und Menschen, die Afrikaans schnatterten. Mit Adam waren noch fünf weitere Witwatersrander im Nyika. Mitten in Malawi hatten Tim und ich das Gefühl, noch einmal Student zu sein, Student in Südafrika.

Ganz und gar nicht südafrikanisch, ja schon gar nicht afrikanisch gestaltete sich der Nachmittag. Adam packte uns in seinen Landrover und zeigte uns das Plateau, das in seiner herben Schönheit eher an das schottische Hochland als an die Weiten Afrikas erinnert. Die Stille und Leere der Berglandschaft erschien uns nach dem trubeligen Alltag im Camp fast schon befremdlich. Das rauhe Klima und der spröde Charme übten jedoch, zumindest auf jeden weißhäutigen Besucher des Parks, eine Faszination aus, die schon die schottischen und englischen Nachkommen David Livingstones dazu verführt hatte, auf einem der Bergrücken des Nyikas eine Missionsstation zu gründen: *Livingstonia Mission*. 1874 hatte Dr. Robert Laws, Pfarrer der Freien Kirche Schottlands, die erste *Livingstonia Mission* – im Angedenken an den großen Missionar und Afrikareisenden David Livingstone – in Cape Maclear, im Süden Malawis, gegründet. Schon nach sieben Jahren Missionsarbeit am Ufer des Lake Nyasa gab Laws den Kampf gegen Moskitos und Malaria auf und zog mit den vom Fieber verschonten Geistlichen nach Bhandawe. Auch dort kostete die Missions-

Abb. 56: Malawische Missionsgeschichte schrieb er nicht, David Livingstone. Der Namensgeber von Missionen, Hügeln und Hotels hinterließ in
Malawi eigentlich nur Fußspuren, als er am 16. September 1856 den Lake
Malawi entdeckte. Seine Anhänger allerdings bauten ihm zu Ehren mehrere Missionsstationen in ganz Afrika. Eine davon ist die 1000 Meter hoch
gelegene *Livingstonia Mission* bei Chilumba.

arbeit zu viele Menschenleben, denn Bhandawe entpuppte sich,
wie schon Cape Maclear, als malariaverseucht. Angesichts der
schwindenden Arbeitskräfte war Laws nach nur drei Jahren erneut gezwungen, seine Zelte abzubrechen, um an einem neuen
Ort weiterzuwirken.

Seine Suche nach einem geeigneten Platz endete in Chilumba –
nahe unserer Chiwondo-Beds. Schon als er von Bord ging, mußte
er vom See aus das Plateau gesehen haben. Die noch gänzlich un-
erschlossene Natur ließ sich zwar nur in mehreren Tagesmärschen
und mit viel Bergsteigerei bezwingen, doch als Laws in Khon-
dowe, dem kleinen Dorf auf der Spitze des Nyikas, angekommen
war, wußte er – ebenso wie wir nach unserem Aufstieg –, daß
sich die Mühen gelohnt hatten. Noch im gleichen Jahr, 1894, fand
der Umzug auf die tausend Meter über dem Seespiegel liegende

Livingstonia Mission statt. Diesmal sollte der Umzug von Dauer sein. In nur vier Jahren hatte Laws eine Kirche, ein Krankenhaus und mehrere Schulen errichtet, 10 000 Patienten behandelt und eine Straße ins Tal gebaut. Sich selbst belohnte der unermüdliche Doktor mit dem imposanten Nachbau eines schottischen Steinhauses, das noch heute zu den Hauptattraktionen Livingstonias gehört. Den ersten Wermutstropfen mußte Laws 1914 schlucken. Diesmal war es jedoch keine Tropenkrankheit, die ihm seine Arbeitskräfte raubte – der Erste Weltkrieg forderte auch in Malawi seinen Tribut. Ärzte wie Lehrer wurden an die Front gerufen – die Missionsarbeit lief auf Sparflamme. Im einzigen Landgefecht des damaligen Nyasaland, dem heutigen Malawi, mußten in unserem verschlafenen Karonga mehr als 15 Engländer und Deutsche ihr Leben lassen. Laws distanzierte sich nach dem Krieg von seiner Arbeit; nach mehr als 50 Jahren in Zentralafrika nahm er 1927 Abschied und kehrte nach Schottland zurück. Neben unzähligen Bauten, die einem noch heute das Gefühl geben, in einer versprengten Provinz des kleinen europäischen Eilands gelandet zu sein, hinterließ Laws eine beeindruckende Sammlung an Lehrmaterialien, die Tim und ich an unserem letzten Nachmittag auf dem Nyika-Plateau mit wachen Sinnen, soweit solche noch verfügbar waren, genossen. Wir rochen, schmeckten und lauschten Geschichten über das koloniale Missionsleben Robert Laws, stöberten in seinen Büchern, hörten – wie Meryl Streep und Robert Redford in „Jenseits von Afrika" – Mozarts Flötenkonzert auf einem alten britischen Grammophon und benutzten, vielleicht als erste Menschen nach seinem Weggang, das alte Teleskop, das wir in einer Ecke seines Schreibzimmers fanden. Nach unseren Erkundungen in Sachen Natur- und Kolonialgeschichte stand fest, daß unsere kleine Flucht aus dem Fossilienalltag nicht die letzte gewesen sein sollte. Nach Südafrika wollten wir erneut ein Land gemeinsam entdecken – Malawi.

Hatten wir uns in den ersten Jahren noch ganz mit den von Tim organisierten Mitteln der *National Geographic Society* über Wasser gehalten, so wurde es in der Folgezeit unseres jungen Projektes nicht unbedingt leichter, an Geld heranzukommen. Nachdem ich mittlerweile promoviert war, hatten Tim und ich zwar bessere Chancen, daß unsere Anträge überhaupt einen Leser fanden, doch war uns natürlich bewußt, daß wir bisher außer Hippozähnen, Bovidenunterkiefern und Krokodilen nichts Sensationelles bieten konnten, was eine Finanzierung hätte rechtfertigen können. Nach einiger Zeit aber hatten wir eine Idee, wie wir unser Projekt finanzieren konnten: Da wir noch immer keinen Hominiden gefunden hatten, der den Namen unseres *Hominid Corridor Research Projects* hätte rechtfertigen können, mußten wir einfach die Zielsetzung unserer Arbeitsgruppe dahingehend ändern, daß wir jene Funde, die wir gemacht hatten, in den Vordergrund unserer Arbeit und in den Vordergrund unserer Anträge stellten. So machten wir die Erforschung der Paläoökologie des Plio-Pleistozäns zum offiziellen Ziel unserer Grabungsarbeit. Daß diese Strategie nicht nur für die Sicherung der Finanzierung unserer Geländeaufenthalte von Vorteil war, sondern auch unsere Forschung weiterbrachte, sollte sich bald herausstellen. Ohne die eingehende Untersuchung des Habitats, in dem die frühen Urmenschen gelebt hatten, wäre in der Folgezeit unseres Projektes jede Interpretation möglicher Hominidenfunde wissenschaftlich unhaltbar gewesen. Denn nur durch eine genaue Rekonstruktion der Ökologie, des Klimas, der Flora und der Fauna können wissenschaftlich fundierte Aussagen über die Lebensumstände der Vormenschen getroffen werden. Neben klassischer paläontologischer Grabungsarbeit wurde damit die Untersuchung der Tektonik (der Bewegung der Erdplatten in diesem Raum), der Sedimentologie und der Geologie für uns unentbehrlich – und innerhalb von wenigen Monaten hatten wir eine interdisziplinäre Arbeitsgruppe zusammen und konnten, nachdem die Mittel der Deutschen Forschungsgemeinschaft auf unserem Grabungskonto eingegangen waren, im Spätherbst 1989 erneut nach Malawi aufbrechen.

Geologie und Sedimentologie der Chiwondo-Beds

Zusammen mit unseren malawischen Partnern, vor allem mit dem Archäologen Yusuf Juwayeyi, hatten wir uns also aufgemacht, die fossilführenden Chiwondo-Schichten zu suchen, allerdings erst mal auf einer der geologischen Karten, wie wir bereits über unsere afrikanischen Anfänge erzählt haben. Damals hatten wir die Suche erst mal auf einer geologischen Karte begonnen. Denn Voraussetzung für unsere Pionierarbeit in Sachen Malawi war das Auffinden von Sedimentgesteinen des Plio-Pleistozän, also von Erdschichten, die circa fünf bis eine Million Jahre alt waren. Aufgrund von Satellitenaufnahmen und geologischen Berichten, die noch aus der Kolonialzeit stammten, lokalisierten wir das Grabungsgebiet. Schnell war klar, daß wir systematisch vorgehen mußten, wollten wir eine paläontologische Sammlung aus Wirbeltierfossilien in den Chiwondo-Beds aufbauen. Die Funddichte war und ist bis heute statistisch gesehen sehr gering, im Durchschnitt nur zehn Fragmente pro Quadratkilometer. Aber natürlich gibt es auch regelrechte Knochenlager, wie wir bei unserem ersten Aufenthalt gleich auf eins gestoßen waren.

Wir entschlossen uns, neben den fossilen Tieren auch die geologische und sedimentologische Entwicklung des nördlichen Malawi-Rifts zu untersuchen. Hatten wir doch die Hoffnung, durch genaue Kenntnis der Ablagerungsverhältnisse die Lage von Fundstellen genauer voraussagen zu können. Ebenso wollten wir dadurch einen integrativen Beitrag leisten zur Erforschung der Entwicklung der Umwelt, des Klimas und der Landschaft zur Zeit, als die – damals von uns dort erst noch vermuteten – Hominiden in dieser Gegend lebten. Bevor wir dieses Ziel erreichen konnten, mußten wir jedoch erst mal Erdarbeit in den vorhandenen fossilführenden Schichten der Chiwondo-Beds leisten.

Die Entstehung solcher Fossilienlagerstätten ist an die lokalen geologischen Bedingungen geknüpft. Nur wenn ein Ablagerungsgebiet zur Verfügung steht, in dem dort zerfallende oder antransportierte Skelettreste von Sediment überlagert und so vor weiterer Verwitterung geschützt werden, kann der Fossilisationsprozeß in

Abb. 57: Die westliche Grabenschulter des malawischen Rifts bildet das 2000 Meter hohe Nyika-Plateau. Im Vordergrund, eigentlich weniger spektakulär, aber dafür um so geschichtsträchtiger, ein Hügel unseres Grabungsgebietes – die Chiwondo-Beds.

Abb. 58: *Men at work:* Das Graben von sogenannten „sections" ist neben dem Suchen von Fossilien eines der Hauptbetätigungsfelder unserer Studenten und der Fieldcrew – also der Grabungsmannschaft. Geologische Profile sind für die Untersuchung der Sedimentologie unabdingbar. Die Anwohner bestaunen die perfekten Treppen im Busch.

Abb. 59: Mitunter waren das keine Knochen, sondern Knöchelchen, die man, wie hier Yusuf Juwayeyi und ich, per Sieb aus dem losen Sediment herauspicken mußte.

Gang kommen. Potentiell gute Sedimentationsgebiete sind große, langsam absinkende Becken, wie sie beispielsweise im ostafrikanischen Grabenbruch durch das Auseinanderdriften der kontinentalen Erdkruste entstehen. Häufig wurden Fragmente ehemaliger Lebewesen in die von den Grabenschultern stammenden und durch Flüsse eintransportierten Sande eingebettet und mit zunehmender Überdeckung – zum Beispiel in den Deltabereichen jener Flüsse – fossilisiert. Diese Fossilien sind heute zugänglich, weil vor geologisch kurzer Zeit die eingesunkenen Schichten durch seitliche, unter hohem Druck erfolgende Einengung des Grabens teilweise wieder an die Erdoberfläche herausgehoben wurden. Die heute an der Oberfläche liegenden Schichten werden durch Flüsse ausgewaschen, so daß die Fossilien zutage treten.

Entscheidend beigetragen zu unseren ersten grundlegenden Arbeiten über die geologische Geschichte des Malawi-Rifts haben vor allem Uwe Ring, unser Tektoniker, und Christian Betzler, der Sedimentologe. Während Uwe in der Lage war, aus der Messung von Gesteinsklüften die Bildungsgeschichte des Grabens zu rekonstruieren, hatte Christian kein Problem, aus der Feinschichtung

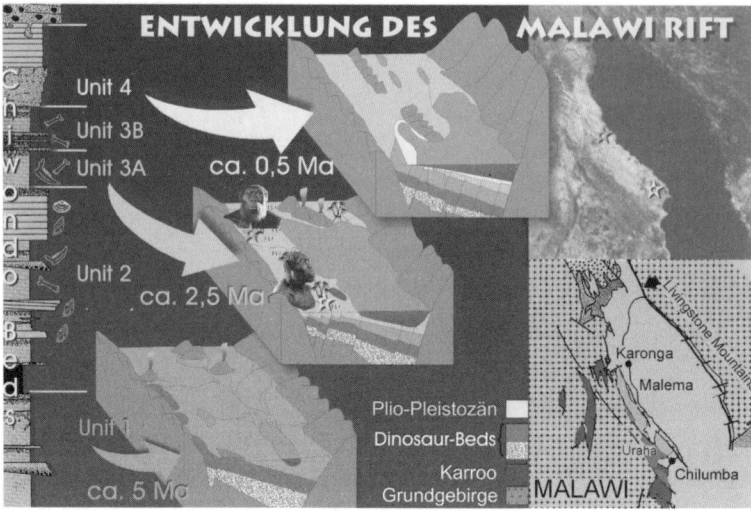

Abb. 60: Zugegeben: Der Inhalt der Grafik ist recht kompliziert – doch wer die Entstehung des malawischen Rifts anhand des Schaubildes verstanden hat, kann sich der Verbundenheit des HCRP-Teams sicher sein. Lange Rede, kurzer Sinn – das malawische Rift ist vor etwa fünf Millionen Jahre entstanden. Die Querschnitte zeigen, daß die im Laufe der Zeit abgelagerten Sedimente durch eine Einengung des nördlichen Abschnitts des Malawi-Rifts vor circa ½ Million Jahren herausgehoben wurden. Die Theorie dahinter ist ganz einfach: Der See bekam einen Knick und die Fossilien einen Kick, und zwar nach oben.

der Sedimente Flußablagerungen von Delta- oder Strandgesteinen zu unterscheiden. Alle Fundstellen wurden auf diese Weise sedimentologisch und tektonisch untersucht. Für die zeitliche Einordnung der geborgenen Fossilien mußte dann, wie bereits erwähnt, ihre ursprüngliche Lage in der geologischen *Schichtfolge* rekonstruiert werden. Diese im Fundgebiet vorliegende – und mit dem Fachbegriff als *Stratigraphie* bezeichnete – Schichtfolge wird anhand geologischer Profile ermittelt und beschreibt den genauen Aufbau der geologischen Schichten. Hieraus läßt sich die Beschaffenheit des ursprünglichen Ablagerungsgebiets während eines bestimmten Zeitraums erschließen. Besonders wichtig für uns war die Tatsache, daß in dem 80 Kilometer langen und 10 Kilometer breiten Streifen im Norden Malawis die im Laufe der letzten fünf

118 Millionen Jahren tief abgesunkenen älteren Schichten mit eingela-

gerten Resten von Lebewesen, inklusive unserer Vorfahren, vor ungefähr 500 000 Jahren durch eine Einengung des nördlichen Malawi-Rifts wieder nach oben gehoben und so an der Oberfläche zugänglich geworden waren. So zumindest lautete das Ergebnis der Arbeiten von Uwe Ring und Christian Betzler. Ihren Resultaten zufolge begann sich das Malawi-Rift erst vor 7 Millionen Jahren zu bilden – eine Feststellung, die letztendlich erklärt, warum viele unserer Fossilien in nicht ganz einwandfreiem Zustand gefunden wurden. Aber das ist ein anderes Thema. Die vielen Muschel- und Fischfunde, die wir in den folgenden Jahren noch machen sollten, ließen außerdem keinen Zweifel daran, daß es dort auch damals schon einen See gegeben haben mußte.

Wir nahmen an, daß dieser Graben die kürzestmögliche Wanderroute der Hominiden zwischen den heute weit auseinanderliegenden Hauptfundgebieten von Vertretern der Gattung *Homo* darstellte. Da wir die Veränderung des Lebensraums und der Tierwelt sowie die Ausbreitungswege rekonstruieren wollten, gab es zur Erforschung des Malawi-Rifts keine Alternative, mochte die Fossilerhaltung und die Fossildichte auch dort oft noch so dürftig sein. Beides sollte sich bereits in unserer ersten Grabungssaison bestätigen: Die Fossilien sind dort überwiegend stark fragmentiert, denn zur Zeit ihrer Einbettung war der junge Malawi-Graben noch schmal und steilwandig; während also im viele Millionen Jahre älteren Kenianischen Rift damals schon weiträumige flache Fossilisationsräume zur Verfügung standen, wurden im Malawi-Rift die Knochenreste noch vielfach in reißenden Flüssen zertrümmert. Sie liefern aber dennoch wesentliche Erkenntnisse zur Biogeographie und zur Rolle des Klimawechsels in der Evolution des Menschen.

Taphonomie – oder wie Fossilien entstehen

Unsere erste Fossilkollektion – die, wie bereits erwähnt, noch heute in einem Sack im Hessischen Landesmuseum in Darmstadt angeschaut werden kann – war der Beginn eines langjährigen taphonomischen Experiments. Taphonomie ist die Wissenschaft, die

Abb. 61: Die Livingstone-Berge, benannt, wie so vieles andere in Südost-afrika, nach dem großen Afrikaabenteurer David Livingstone, begrenzen auf tansanischer Seite den Malawisee. Die etwa 2000 Meter hohen Berge bilden die östliche Schulter des malawischen Teils des Riftvalleys.

sich mit der Einbettung ehemaliger Lebewesen in die Fundstätte und der Fossilwerdung von Organismen beschäftigt. Ab der ersten Sammelaktion suchten wir jedes Jahr diese Fundstelle wieder auf, dokumentierten jedes einzelne auch noch so kleine Fossilfragment und erhielten dadurch ein Maß für die Geschwindigkeit des Her-auswitterns neuer Fossilien aus unseren Fundschichten – also da-für, nach welchem Zeitraum der Überrest längst vergangenen Lebens uns in den heutigen Fundschichten wieder sichtbar wird, weil Umwelteinflüsse wie Regen und Wind das ihn umschließende Material abgetragen haben.

Aber auch Umwelt- und Lebensbedingungen, unter denen vor Millionen Jahren Tiere und frühe Menschen miteinander lebten, waren von stetigen Veränderungen geprägt. Um diese zu rekon-struieren, sind sowohl die Lebens- und Sterbensgeschichte eines Lebewesens als auch sein späterer Werdegang als Fossil für uns Paläontologen von Bedeutung – mithin also die Untersuchung des gesamten Prozesses, der sich vom lebenden Tier bis hin zum Fos-sil vollzieht. Denn ein Fossil ist nicht nur einfach ein Fossil. Die in Museen und wissenschaftlichen Sammlungen verfügbaren fossilen

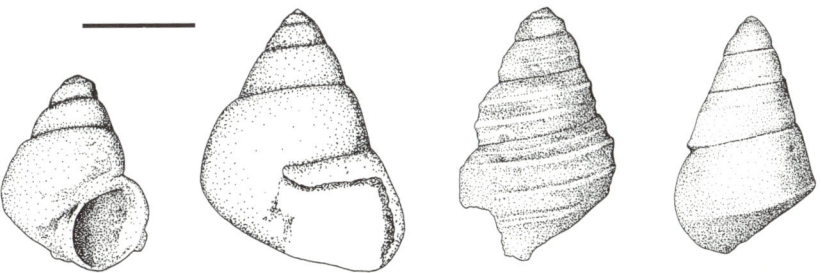

Abb. 62: Im Schneckentempo scheint sich *Bellamya* wohl nicht vermehrt zu haben. In den Sedimenten der Chiwondo-Beds könnten wir Millionen dieser wenige Zentimeter großen Gastropoden (Bauchfüßler) finden, wenn wir es darauf anlegen würden. Anhand der Schneckengehäuse lassen sich die Fundschichten der Säugetierfossilien auch über kilometerweite Lücken hinweg miteinander verbinden, denn diese Schneckenformen änderten sich im Laufe der Evolution, beispielsweise von runden zu gekielten Gehäusen.

Abb. 63: Vom Zebra zum Fossil: In der Taphonomie, der Lehre von der Einbettung und Fossilwerdung eines Organismus, werden die Prozesse des Zerfalls eines Organismus über die Fossilisation bis zur Bergung der fossilen Reste beschrieben.

Tier- und Pflanzenreste haben alle eine lange und sehr unterschiedliche Vorgeschichte. Sie wurden durch vielfältige Zerfalls- und Einbettungsprozesse seit dem Tod des einstigen Lebewesens verändert.

Doch wie geht nun die Fossilwerdung im einzelnen vonstatten, und was macht ein Fossil erkennbar zum Fossil? Die taphonomische Entwicklung verläuft über mehrere Stufen vom lebenden Tier über den Tod des Tieres, den Zerfall der Skelettreste, deren Einbettung und Fossilwerdung bis zur Bergung und Präparation des Fossilmaterials. Jede Stufe dieser Fossilwerdung bringt jedoch einen Verlust der Skelettsubstanz mit sich. Nur die härtesten Bestandteile eines Tieres oder Menschen, wie etwa Zähne oder Fußknochen, überdauern und werden für uns zu Zeugen unserer eigenen Geschichte.

Der Verlauf der taphonomischen Prozesse wird von den jeweils vorherrschenden biologischen, geologischen und chemisch-physikalischen Bedingungen bestimmt. Taphonomische Prozesse verfälschen so das Bild der ursprünglichen Lebensgemeinschaft und sind verantwortlich für entsprechende Spuren auf dem Knochenmaterial. Ursachen hierfür sind beispielsweise Auswirkungen der ehemaligen Umwelt, des Klimas, des Knochentransports durch Flüsse, der Ablagerung und Einbettung, der Fossilisation, der Fossilbergung und selbst der Präparation und der Aufbewahrung in einer Museumssammlung.

Bei der Einbettung von Knochen toter Tiere in die sie künftig umgebenden Materialien spielen sich physikalische und chemische Prozesse ab. Es entstehen sogenannte Infiltrationen, das heißt, daß Hohlräume im Knochen zum Teil mit Kalk oder anderem Gestein ausgefüllt, also infiltriert werden. Daneben gibt es jedoch auch die Möglichkeit der Substitution. Dabei werden die anorganischen Bestandteile der Knochen ersetzt: Molekül um Molekül wird der Knochen umgebaut und bekommt damit ein höheres spezifisches Gewicht – ein rezenter, also neuer Knochen ist immer leichter und somit ganz einfach von einem fossilen Knochen zu unterscheiden.

Rezente Knochen sind jedoch gerade im Hinblick auf die spätere Interpretation der Fossilien sehr wichtig. Ohne sie könnten wir nur über die Entwicklung des Menschen und der Tiere während der letzten Millionen Jahren spekulieren. Denn nur in heutigen Beobachtungen läßt sich ein Zusammenhang zwischen Ursache und Wirkung eines biologischen Prozesses herstellen. Dieses *Prinzip des Aktualismus* ist daher eine der Grundlagen einer historischen Wissenschaft, die leider ohne Inschriften oder andere Zeugnisse und Hinweise von Menschen auskommen muß.

Beim Prozeß der Fossilwerdung geht, wie oben deutlich gemacht, kontinuierlich ein gewisser Anteil an Knochenmaterial verloren. Gleichzeitig werden aber auch neue und teilweise überlagernde Informationen gespeichert, etwa Zahnmarken von Tieren an Knochenresten, Reibungsspuren infolge des Transports oder auch Schnittmarken von Steinwerkzeugen auf Antilopenknochen. Um diese Spuren auf den gefundenen Fossilien zu interpretieren, werden Experimente mit modernen Knochen durchgeführt. So können die Prozesse rekonstruiert werden, die zu diesen Spuren und Marken auf Fossilien führten.

Antilopen: Paläoökologische Indikatoren

Hominidenreste sind selten, und man sollte daher nicht von vornherein damit rechen, derartige Funde zu machen. Daher nannten wir unser Projekt zwar *Hominid Corridor Research Project*, untersuchten aber zunächst die Paläoökologie – also das Zusammenspiel aller Lebensformen – im Korridorgebiet. Mit einem Team von zeitweise mehr als 50 Wissenschaftlern, Studenten und Grabungshelfern versuchten wir, das zu tun, was bisher noch keinem Grabungsteam in Afrika gelungen war, und zwar durch Forschungs- und Grabungsarbeit ein ganzheitliches Bild von den Lebensbedingungen vor 2,5 Millionen Jahren zu schaffen – und es überrascht uns manchmal selbst, daß uns dies innerhalb von 15 Jahren auch geglückt ist. Zunächst fanden wir vorwiegend Antilopen, Pferde, Giraffen, Nilpferde, die Überreste von Fischen und Schweinen und last but not least auch die südlichsten Kamele Afrikas. Bis heute konnten wir fast 1500 Fundstücke fossiler Wirbeltiere katalogisieren. Alle Fundpunkte werden mit Hilfe des

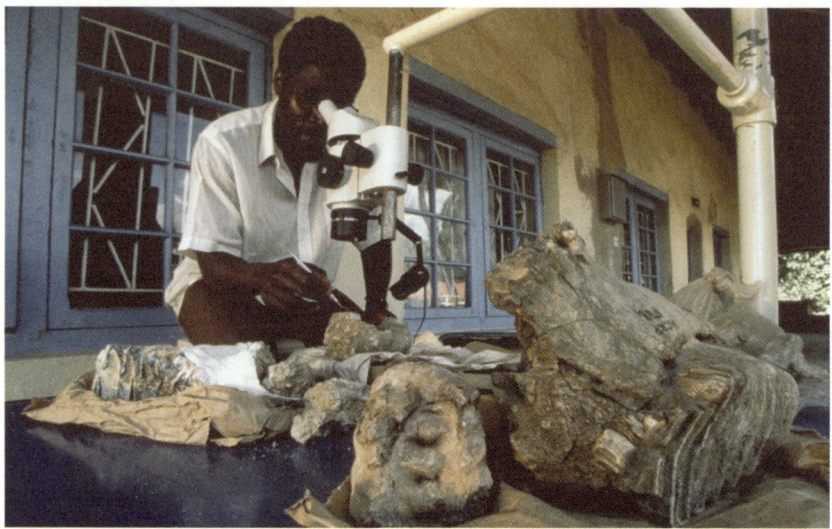

Abb. 64: Fossilien am Fundort genauer unter die Lupe nehmen wäre zwar für uns ideal – real ist es aber leider anders. Die meisten der rund 1500 gefundenen und beschriebenen Fossilien unseres Projekts wurden, so wie auf dem Bild, in einem Museum, einer Universität oder einem Labor untersucht.

satellitengesteuerten *Global Positioning Systems* (GPS) exakt lokalisiert. Diese Vorgehensweise ermöglicht später das physische Zusammenfügen von Fragmenten, die in unterschiedlichen Jahren, aber an ein und derselben Stelle gefunden wurden. Die unzähligen Antilopen- und Schweinefunde, die wir machten, brachten unserem Unternehmen in der Anthropologenwelt – wie schon erwähnt – den Spitznamen des „Schweine- und Antilopenkorridor-Projektes" ein, was wir lustig fanden und uns nicht weiter störte, denn Antilopenfunde waren für unseren Forschungsansatz ganz hervorragende ökologische Indikatoren. Grund dafür ist die evolutive Entwicklung der Antilopen, die überwiegend bereits vor mehr als 4 Millionen Jahren ablief. Seither haben sich diese Vierbeiner nur recht wenig verändert. Viele der Arten, denen wir schon als Fossilien begegnen, gibt es heute praktisch unverändert immer noch, was man am Feinbau der Zähne nachweisen kann.

124 Für uns eine hilfreiche Feststellung, denn je ähnlicher die heute

Abb. 65: Dinotherien, Büffel, Antilopen, Schweine und Giraffen haben mit den Hominiden ihr Savannendomizil geteilt. Je nach Fundzusammensetzung können wir anhand von Antilopenfragmenten die Ökologie des damaligen Lebensraumes interpretieren: In und um Uraha war es wohl eher buschig, während *Paranthropus boisei* in Malema eher der schattenlosen Hitze einer Savannenlandschaft ausgesetzt war.

lebenden Verwandten den fossilen Tiere sind, desto genauer kann deren ehemaliger bevorzugter Lebensraum bestimmt werden. Bei Untersuchungen in afrikanischen Tierparks stellte sich heraus, daß die meisten der heutigen Antilopen sehr eng an bestimmte Habitate gebunden sind. Zumindest eine grobe Unterscheidung Antilopen, die in offen-trockenen, geschlossen-trockenen und geschlossen-feuchten Habitaten leben, ist recht gut möglich. Eine Analyse der bevorzugten Habitate heutiger Antilopen erlaubt es daher, darauf zu schließen, wie der Lebensraum der fossilen Arten einst ausgesehen haben dürfte.

Aus der Verteilung der Antilopenfunde in Nord-Malawi konnten wir also folgern, daß die nördlichen Gebiete des rund 100 Kilometer langen Fundgebietes neben ausgesprochen offen-trockenen auch geschlossen-feuchte Habitate aufgewiesen haben müssen. Die lokale Umgebung im Süden muß einen etwas größeren Anteil an typisch geschlossen-trockenen Habitaten aufgewiesen haben. Gestützt wird unsere These auch von Christians durchgeführten sedimentologischen Arbeiten, bei denen er Hinweise auf ehemalige Flüsse, Lagunen und Deltas in den 3 bis 2 Millionen Jahre alten Schichten nachweisen konnte. Heute erstrecken sich im Karonga-Distrikt lange Grundgebirgsrücken, die mehr oder weniger parallel zum Ufer des Lake Malawi verlaufen und mit Busch und Unterholzdickichten bewachsen sind – einer Vegetation, die auch für die Grabenschultern charakteristisch ist. Ein sehr auffälliger Grundgebirgsrücken, der sich bis auf die Luromo-Halbinsel bei Chilumba erstreckt, hat schon zur Chiwondo-Zeit existiert, und im Gebiet zwischen der Halbinsel und den Vorbergen im Westen lagen Sümpfe und feuchtes Grasland in der Nähe eines sich entwickelnden Deltas – einer Flußmündung.

Das Geheimnis der Schweinezähne

Neben der Rekonstruktion des ehemaligen Lebensraumes spielt auch die Datierung eine außerordentlich wichtige Rolle bei der Interpretation von Fossilien, denn die zeitliche Einordnung der Fossilien ist nun einmal der alles ordnende Faktor in der Paläontologie. Die fossilen Reste werden spätestens anläßlich ihrer Bergung aus dem ursprünglichen geologischen Zusammenhang entfernt. Natürlich kann dies auch ohne Zutun des Menschen geschehen, beispielsweise durch Umlagerung oder Erosion einer Fundschicht. Um Fossilien zeitlich einordnen zu können, ist es daher wichtig, ihre ursprüngliche Lage in der geologischen Schichtfolge (Stratigraphie) zu rekonstruieren.

Interessanterweise sind es Schweinefossilien, die den Schlüssel für die Datierung von Hominidenfunden bilden. Warum das so ist, ist schnell erklärt: Datierungsfähiges Material für radiometrische Altersbestimmungen – also die Messung von Substanzen z. B. vulkanischen Ursprungs, die Strahlung abgeben – gibt es in Nord-Malawi nicht. Daher kommt eine sogenannte relative Faunendatierung – also die Datierung von tierischen Fossilien – zum Einsatz. Dies funktioniert aber nur, wenn Fossilien gefunden werden, die einer sich rasch verändernden Tiergruppe angehören. Und

jetzt kommen die Schweine ins Spiel. Besonders die dritten Bak-
kenzähne der urzeitlichen Busch- und Riesenschweine haben sich
in den letzten 4 Millionen Jahren deutlich verändert, und zwar
von breiten, aber dafür relativ niedrigen Zähnen zu extrem hoch-
kronigen, schmalen Kauwerkzeugen. Für uns war es also selbstverständlich, unsere Forschungsbemühungen auch, wenn nicht
gar ausschließlich auf die Schweine zu konzentrieren.

Der Schweine-Papst in unserem Projekt war und ist Ottmar
Kullmer. Von ihm wird später noch die Rede sein, da er im vergangenen Jahrzehnt in unterschiedlichen Funktionen im Gelände
und im Labor für das *Hominid Corridor Research Project* tätig
war. Ottl, wie er genannt wird, quantifizierte in seiner Doktorarbeit die Zahnschmelzmuster von fossilen Schweine-Backenzäh-
nen. Er wertete die komplexen Schmelzmuster mittels digitaler
Bildverarbeitung aus. Seine Berechnungen ermöglichten ihm, die
Backenzähne verschiedenen Entwicklungslinien zuzuordnen sowie
das Evolutionsstadium und das relative geologische Alter zu bestimmen. Praktisch an dieser Methode ist, daß auch Einzelzähne
und Teile solcher Zähne auf diese Weise mit dem bestehenden bio-
stratigraphischen Modell verglichen und chronologisch eingeordnet werden können. Mit seiner Zahnmusteranalyse konnte Ottl
im Zeitraum der letzten 5 Millionen Jahren in Afrika fünf verschiedene Entwicklungslinien von Schweinebezahnungen unterscheiden. Er wies nach, daß die Veränderungen in der Bezahnung
es den Schweinen erlaubte, nun auch härtere Nahrung zu sich zu
nehmen und der starken Abnutzung auf der Zahnoberfläche entgegenzuwirken. Dieser Entwicklungstrend scheint bei den fossilen
Schweinen vor etwa 5 Millionen Jahren in einer Evolutionslinie
einzusetzen, verstärkt sich vor circa 3 Millionen Jahren und paßt
somit gut zu der Annahme, daß sich die Savannenlandschaften in
Ost- und Südafrika weiter ausbreiteten, in der solche härtere Nahrung für Schweine gedieh.

Dank der Schweinechronologie konnten wir auch die Sedimente der Chiwondo-Beds sehr genau datieren: Die älteste Einheit
ist älter als 4 Millionen Jahre, die mittlere zwischen 3,76 und
2 Millionen Jahre und die jüngste jünger als 1,6 Millionen Jahre   *127*

Abb. 66 u. 67: Mit Schweinezähnen des Karonga-Distrikts verhält es sich eigentlich wie mit Ammoniten der Schwäbischen Alb. Sie sind Leitfossilien und helfen uns Paläontologen bei der Datierung von Fossilfunden. Schweinezähnen haben sich in den letzten vier Millionen Jahren von niederkronig breiten zu hochkronig schmalen Mahlwerkzeugen entwickelt, und das in einem geologisch gesehen relativ kurzen Zeitraum.

alt. Dies sind also alles Schichten aus der geologischen Epoche des Plio-Pleistozäns. Das Pleistozän umfaßt in Europa das Eiszeitalter. Dessen Auswirkungen machten sich in Afrika weniger drastisch als in Europa bemerkbar, und daher unterscheidet sich die heutige afrikanische Tierwelt wenig von der des Pliozän. In Afrika spricht man daher meist von einem einheitlichen Plio-Pleistozän.

So essentiell die Meßmethoden und ihre Ergebnisse für die Wissenschaft auch sein mögen, so bleiben geologische Zeiten ebenso wie geologische Veränderungen der Erdoberfläche wegen ihrer unvorstellbaren Dauer für uns Menschen meist unbegreiflich. Die Diskrepanz zwischen dem, was wir nachempfinden können, und

Abb. 68: Verschiedene Schweine-
typen, aber mit ähnlicher Ent-
wicklungsrichtung: Ob *Phacochoe-
rus, Metridiochoerus* oder *Noto-
choerus* – alle Schweine außer
den heute noch existierenden ge-
meinen Buschschweinen haben
ihre Bezahnung so verändert, daß
sie die zunehmend härter werdende Nahrung fressen konnten.

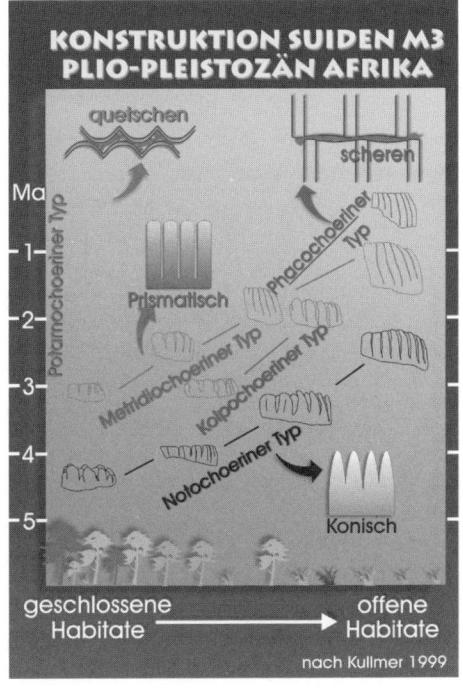

jenem, was technisch gemessen werden kann, führt oft zu Vorbehalten gegenüber geologischen Zeittafeln, die Hunderte von Millionen Jahren zurückreichen. Menschen können nur wenige Gene-
rationen aus eigener Lebenserfahrung überblicken. Selbst für uns
Paläontologen ist ein Zeitraum von Millionen von Jahren nur ab-
strakt zu erfassen.

Während eines Campaufenthalts in Malawi wurde uns dieses
Problem der Zeitwahrnehmung auf afrikanische Art deutlich. Ein
Anhänger der *Seventh Day Adventist Church* (Sieben-Tage-Ad-
ventisten) besuchte unser Lager, schaute sich interessiert die Fossilien an, lehnte aber deren Alter von mehreren Millionen Jahren
mit Hinweis auf die Aussagen der Bibel entschieden ab. Da afrikanische Missionare mit dem Fahrrad unterwegs sind, um bei
den Menschen Fragen einzusammeln, die dann zentral bearbeitet werden, einigten wir uns darauf, ihm folgende Frage an seinen Chef mitzugeben: *How long was one of God's days when he*   129

created the Earth? (Wie lange dauerte der Tag für Gott, als er die Erde schuf?) Die Antwort kam einige Tage später per Fahrrad: 24 hours! – 24 Stunden.

Molaren und Moneten, oder: warum sich auch im Camp alles rund ums Geld dreht

Vielleicht erklärt sich durch den Ausflug in die Welt der Datierung, warum der Fund eines Schweinefossils bei der Grabungscrew beinahe genauso begrüßt wird wie der eines Hominidenfragments. Überhaupt freut sich unsere Grabungscrew über jeden Fund, sei er auch noch so klein und unauffällig, denn jedes Fragment wird von uns – natürlich abhängig von seinem Zustand – mit einem Extrabonus für den Finder gewürdigt. Gerade in den Anfangsjahren unseres Projektes hatte diese Motivationsstrategie allerdings fatale Folgen: Simon Mtambo, einer unserer zuverlässigsten Fossiljäger, hatte bereits nach einer Grabungssaison ein Gespür dafür entwickelt, wann es sich wirklich lohnte, Fossilien zu finden. In seinen Hosentaschen sammelte er alle möglichen Zahnfragmente, die nicht dokumentiert wurden. Zumeist waren diese Fundstücke zu verwittert oder nur unvollständig erhalten, so daß sich eine Dokumentation nicht lohnte. An Tagen aber, an denen die Grabungscrew keinen einzigen Fund machte, waren selbst bruchstückhaft erhaltene Fossilien ein Lichtblick. Jetzt kamen Simons Taschenschätze zum Einsatz. Zumeist kurz vor Survey-Ende präsentierte er Tim und mir einen Zahn, den er angeblich gerade hinter einem Hügel gefunden haben wollte. Dreimal schaffte er es, mit diesem Trick ein paar Kwacha mehr zu verdienen. Beim vierten Mal allerdings flog der Schwindel auf. Simon hatte mir einen Antilopenzahn gezeigt, dessen Kaufläche jedoch zu abgenutzt war, um die Art der Antilope genauer zu bestimmen. Ich bat ihn deshalb, das Fossil wieder dorthin zu legen, wo er es gefunden hatte. Simon allerdings, schlau wie er ist, ließ das Fragment in seiner Tasche verschwinden und wartete auf einen geeigneteren Moment. Und der kam bereits zwei Tage später. Nach fünf erfolglosen Stunden Suche brach Tim einen Grabungstag ab, und schon stand Simon vor uns und präsentierte stolz den vermeintlich ersten und letzten Fund des Tages. Tim hatte schon 50 Kwacha Prämie in der Hand, als mir auffiel, daß ich diesen Zahn schon mal gesehen hatte. Simon gestand sofort, und wir hatten unsere Lektion gelernt: Traue nie einem Fragment, das Du nicht selbst gefunden hast. Aber Spaß beiseite. Ohne den jahrelangen Einsatz unseres malawischen Grabungsteams hätten wir die Arbeit in dem zum Teil unübersichtlichen Gelände überhaupt nicht leisten können. Gerade das Team, die Gastfreundschaft, die Aufgeschlossenheit und vielleicht auch die Schlitzohrigkeit der Malawier sind es, was uns immer wieder gerne nach Malawi zurückkehren läßt.

Mit den Nachbarn rund um unser Camp unter den Mangobäumen der Ipyana-School schlossen wir sehr schnell Freundschaft. Neben dem Direktor der Schule und den vielen Kindern besuchte uns immer wieder Archibald Kololokesia, um sich über unsere Arbeit und die Funde zu informieren. Kololokesia war ein angesehenes Mitglied der Dorfgemeinschaft. Als „Member of Parliament" – also Abgeordneter im malawischen Parlament – hatte er einen der höchsten Posten des Landes inne. Trotz seines beruflichen Erfolges blieb er jedoch immer seiner Heimat, Karonga, verbunden. Er half uns, wann immer er in Karonga war. Seine Hilfe war besonders stets dann von Nöten, wenn es darum ging, die Bewohner Karongas über unsere Arbeit zu informieren. In der Anfangszeit unseres Projektes galt es vor allem, Gerüchten entgegenzuwirken, wir würden Leichen ausgraben und diese dann zerstückeln. Hier war es immer Kololokesia, der die Aufklärungsarbeit in Sachen HCRP übernahm. In Erklärungsnöte kamen wir allerdings, als wir zu Forschungszwecken einen toten Affen im Camp häuteten, ihn kochten und anschließend das Skelett als Vergleichsobjekt für fossile Primatenfunde nutzten. Das gehäutete Tier muß von weitem ausgesehen haben wie der Leichnam eines Kleinkindes, und schon waren wir wieder Dorfgespräch. Kololokesia lud daraufhin alle Dorfältesten zu einem Informationsgespräch bei uns im Camp ein. Ich kann mich noch genau an dieses Ereignis erinnern. Wir saßen im Schatten des großen Mangobau-

mes – Timothy und ich mitsamt der Grabungscrew auf der einen
Seite, uns gegenüber etwa 70 Oberhäupter der Gemeinschaft und
dazwischen, wild agierend, Kololokesia. Seine Rede muß so imposant und überzeugend gewesen sein, daß am Ende alle Väter
davon überzeugt waren, wir seien die richtigen Schwiegersöhne.
Bereits eine Stunde nach dem Zusammentreffen wurden uns
potentielle Ehefrauen ins Camp geschickt. Zwar lehnten wir das
Angebot der Dorfältesten dankend ab, doch war für uns gerade
diese Geste ein Zeichen, daß wir in der Gemeinschaft als voll-
wertige Mitglieder angesehen wurden. Bis heute besteht dieses
Vertrauensverhältnis zwischen uns, den Bewohnern des Karonga-
Distrikts und unserem Kooperationspartner, der malawischen Regierung. Es ist nicht so sehr das Verdienst von uns, daß aus vielen
„Geschäftsbeziehungen" inzwischen Freundschaften erwachsen
sind; diese verdanken wir vielmehr der Aufmerksamkeit und Of-
fenheit, mit der man uns hier begegnet. Ich möchte fast sagen,
kein anderes Grabungsteam auf der Erde hat ein so gutes Verhältnis zu den lokalen Partnern wie wir. Und darauf sind wir schon
ein wenig stolz.

Trotz aller noch so guten Beziehungen wurde uns immer noch
auf Schritt und Tritt bewußt, daß wir uns in einer für uns fremden
Kultur befanden: „Hexenflugzeug aus Mozambique setzt Zauberer ab". Zeitungsschlagzeilen wie diese sind nicht selten in Malawi. Der Glaube an schwarze Magie – „Witchcraft" – scheint
ungebrochen. Selbst nach mehr als hundert Jahren Missionars-
arbeit, unzähligen Krankenhausbauten und Schulen ist der Gang
zum Witchdoctor selbstverständlicher als der zum Pfarrer, Arzt
oder Lehrer. Der Rat des *African Doctor* heilt Skorpionstiche,
bringt verloren geglaubte Kühe zurück oder hilft, den schon lange
gesuchten Schweinedieb zu finden. Neben der Fähigkeit, zu heilen
oder einfach nur zur Aufklärung bestimmter Umstände beizutra-
gen, beherrscht ein Witchdoctor außerdem die Kunst des Verwün-
schens – eine besonders gefürchtete Begabung, wenn es darum
geht, Diebe wie Petrus Lungus zu enttarnen.

Petrus Lungus war unser Campkoch, in meinen Augen der beste, den wir je hatten. Er schaffte es immer wieder, aus ein paar

Kürbisblättern, Erdnüssen und Kartoffeln ein wohlmundendes Nachtmahl zuzubereiten. Sein Talent als Koch soll uns hier jedoch nicht weiter beschäftigen. Als Wissenschaftler kann ich nachvollziehen, wie und warum ein Gericht besser schmeckt als ein anderes und warum gewisse Menschen einfach besser geeignet sind als andere, den Kochlöffel zu schwingen. Nicht nachvollziehen kann ich allerdings, wie ein Mensch mithilfe eines braunen Pflanzensaftes, eines weißen Blattes Papier und der Anwesenheit eines Assistenten Petrus Lungus als Dieb enttarnt. Zu der Zeit, als ich die ersten Diebstähle bemerkte, war Friedemann gerade in Tansania unterwegs, was für mich bedeutete, daß ich die Abrechnungen zu machen hatte und nicht, wie sonst üblich, er. Es fing damit an, daß ich keine Quittungen mehr beziehungsweise weniger Geld in der Tasche hatte, als ich eigentlich haben sollte. Ich machte mir darüber weiter keine Gedanken, denn der Kwacha war in den 90er Jahren kaum etwas wert. Es fiel also nicht weiter auf, daß mir eine Woche später wiederum 70 Kwacha abhanden gekommen zu sein schienen. Ich schob es auf meine Vergeßlichkeit. Oft hatte ich es einfach versäumt, nach erledigtem Einkauf nach einer Quittung für die Abrechnung zu fragen. Es war also durchaus realistisch, daß ich es war, der das Geld einfach verbaselt hatte. Als bei einer meiner nächsten Abrechnungen jedoch auf einmal 200 Dollar fehlten, wurde ich skeptisch. Ich konnte diesmal keinen Fehler gemacht haben, wenn es darum ging, mir eine Quittung für den Umtausch von Fremdwährung geben zu lassen. Der Umtausch von *foreign currency* war damals kein ganz leichtes Unterfangen. Die Bankpolitik Bandas sah es vor, jeden Umtausch von Fremdwährung in die heimischen Kwacha mindestens zwei Tage im voraus bei der Bank anzumelden, und ich war mir mehr als hundert Prozent sicher, weder einen Umtausch angemeldet noch das Geld wirklich umgetauscht und damit ausgegeben zu haben. Ich beriet mich mit Charter Mwanyongo, unserem Campmanager. Beide wußten wir, daß es keinen Sinn hatte, mit unserem Anliegen zur hiesigen Polizei zu gehen und Anzeige gegen Unbekannt zu erstatten. Also griffen wir zu einem – wie mir damals versichert wurde – sehr effektiven einheimischen Mittel. Wir konsultierten einen Witchdoctor. Natürlich waren mir die Geschichten um die schwarze Magie hier im Norden Malawis geläufig, hatte ich doch nur allzuoft vergeblich versucht, meine Jungs dazu zu bewegen, einen einsamen Tontopf in einem Dorf bei einem unserer Grabungsorte zu berühren. Jedesmal, wenn wir mit unserer Crew an dem Dorf des dortigen Witchdoctors vorbeizogen, machte ich mir einen Spaß daraus und berührte diesen ominösen Topf, und jedesmal wurde mir prophezeit, ich würde daraufhin auf der Stelle tot umfallen – ein Ereignis, das jedoch zum Glück nie eintrat. Witchcraft konnte also nur dann funktionieren, wenn man auch daran glaubte, das war zumindest meine Schlußfolgerung. Doch ich wurde eines Besseren belehrt.

Die Entscheidung, ins etwa 30 Kilometer entfernte Lupembe zu fahren, war schnell getroffen. Der dort zu konsultierende Witchdoctor hatte einen weit über die Grenzen Karongas bekannten Ruf, den es zu verteidigen galt. Mit meiner lokalen Delegation, bestehend aus Charter, dem Campmanager, und Samson, dem Küchengehilfen, kamen wir mit unserem Bluestripe Landrover in Lupembe an. Der Weg zum Haus des Witchdoctors war mit allerlei Knochen und äußerst interpretationsbedürftigen Schildern gekennzeichnet. An seiner Hütte angekommen, schilderte ich ihm mithilfe von Samson und Charter unser Problem und machte ihm deutlich, daß ich mich durchaus glücklich schätzen würde, seine Dienste in Anspruch nehmen zu dürfen. Auf meine Ausführungen hin hatte ich eigentlich mit allem gerechnet, nur nicht mit einem klaren Nein. Ich fühlte mich etwas vor den Kopf gestoßen, hatte aber durchaus Verständnis dafür, daß er einem „ungläubigen" weißhäutigen Wissenschaftler nicht unbedingt seine Dienste erweisen wollte. Ich sah ihn, wie er zu seiner Frau ging und mir ihr redete. Irgendwie hatte ich das Gefühl, daß ich warten sollte. Und das tat ich auch. Ich bemerkte, wie seine Frau, nachdem er seine Ausführungen beendet hatte, auf ihn einredete. In eindringlichen Worten bat sie ihn darum, mir den Gefallen zu tun und den Dollardieb zu stellen. Ich weiß bis heute nicht, was sie ihm sagte, um ihn davon zu überzeugen, mir behilflich zu sein, aber es wirkte. Der Witchdoctor gab mir die Anweisung, am nächsten Sonntag die gesamte Crew ins Camp einzubestellen. Der Deal war perfekt, ich mußte sicherstellen, daß alle Teammitglieder versammelt waren, den afrikanischen Zauberer abholen, und dann würden die gestohlenen 200 Dollar wieder auftauchen. So einfach war das. Ich muß zugeben, daß ich bis dahin nicht an ein Erfolgserlebnis geglaubt hatte, und verbuchte meine Bemühungen daher unter „Abenteuer Malawi".

Vielleicht wollte ich die Aufregung, die ich im Camp mit der Nachricht verbreitete, der Witchdoctor käme am Sonntag, nicht wahrnehmen; Fakt war jedoch, daß ich mit der ernstgemeinten Inanspruchnahme lokaler Dienstleistungen eines Zauberers einen immensen Druck auf den vermeintlichen Dieb ausübte. Petrus ging mir von da an aus dem Weg, was mir jedoch erst auffiel, als ich schon wieder in New York und Petrus in Tansania war. Anyway, an besagtem Sonntag fuhr ich also ins 30 Kilometer entfernte Lupembe, holte den Witchdoctor mitsamt seinem Assistenten und jeder Menge geheimnisvoller Utensilien ab und brachte ihn in unser Camp. Die dort versammelte Menge staunte nicht schlecht über die eindrucksvolle Ausstattung des Wunderheilers. Noch größer wurde das Erstaunen, als der Witchdoctor mit seinem Assistenten, Samson und mir in einer nahegelegenen Hütte verschwand. Die Spannung stieg ins Unerträgliche, und ich muß an dieser Stelle gestehen, daß auch ich die ganze Zeremonie mit einer gewissen Anspannung verfolgte. In der Hütte angekommen, ließ sich Dr. Fumuzapansi – so der Name des Magiers – zuallererst den Ort des Geschehens beschreiben: Das Aussehen des Zelts, des Koffers und das der Geldbörse waren schnell skizziert. Was dann folgte, dauerte allerdings. Der Doktor ließ sich von Samson ein weißes Blatt Papier bringen, das an einer Wand in der dunklen Hütte aufgehängt wurde. Dem Assistenten gebot er, ihm die Colaflasche zu reichen, die er mitgebracht hatte. Ich ahnte Schlimmes. Schon beim bloßen Anblick des braunen Gesöffs, das in der Colaflasche hin und her waberte, wurde mir schlecht. Noch übler wurde mir allerdings, als ich sah, wie Dr. Fumuzapansi einen kräftigen Schluck aus der Flasche nahm und diese seinem Nachbarn, Samson, weiterreichte. Mein Verlangen, sofort aus der Hütte zu

rennen, die Zeremonie abzubrechen und Friedemann den Verlust von 200 Dollar zu erklären, wurde größer, je näher die Flasche kam. Wie durch ein Wunder blieb ich verschont. Der Kelch war, sprichwörtlich, an mir vorbeigegangen. Wem oder was ich diese unvorhergesehene Wendung des Schicksals zu verdanken hatte, weiß ich bis heute nicht, was aber auch nichts zu dem weiteren Verlauf der Geschichte beitragen würde.

Abb. 69, 70, 71 u. 72: Die überaus reichhaltige Auswahl von Medikamenten der Buschapotheke des *African Doctors* half uns, so manchen giftigen Skorpionstich zu heilen. Darüber hinaus war der Rat des Wunderheilers gefragt, wenn es darum ging, Diebe – wie beispielsweise Petrus Lungus – zu überführen.

Nach etwa 15minütigem Schweigen öffnete der Witchdoctor seine geschlossenen Augen und starrte angestrengt in die Richtung des weißen Papiers. Seine Anstrengung erklärte sich mir durch die fast nächtliche Dunkelheit, die in der Hütte herrschte. Man sah kaum die Hand vor Augen, wie sollte er dann das weiße Papier an der Wand erkennen können? Es dauerte erneut etwa fünfzehn Minuten, bis Fumuzapansi anfing zu reden. Ich traute

137

meinen Ohren nicht: Die Beschreibung des Diebes traf genau auf Petrus zu. Er hatte abstehende Ohren, seine Haare waren etwas länger als die des durchschnittlichen Malawiers, und seine Nase war eher lang als kurz. Ich starrte angestrengt in die Runde. Samson verzog keine Miene, der Assistent lauschte andächtig den Worten seines Meisters, und ich wurde mit jedem Detail, das Fumuzapansi erzählte, nervöser. War er es, oder war er es nicht, fragte ich mich immer wieder. Meine Zweifel waren geschwunden. Mit einem Mal glaubte ich fest daran, daß wir mit Hilfe malawischer Magie die 200 Dollar wieder auftreiben und den Dieb dingfest machen konnten. Und so war es auch. Nach der geheimen Prozedur in der Hütte trat unser African Doctor vor die versammelte Gemeinde und sagte, daß er nun wisse, wer das Geld genommen habe. Um einer gerechten Strafe zu entgehen, müsse der Dieb binnen drei Tagen das Geld genau an den Platz zurücklegen, wo er es gefunden habe. Während seiner Ausführungen beobachtete ich Petrus Lungus, wie er da stand, zappelte und lachte und offensichtlich nicht den Prophezeiungen Fumuzapansis lauschte. Ob seines Verhaltens war ich mir nicht mehr ganz so sicher, daß er der Dieb war. Es blieb also spannend. Die folgenden drei Tage war ich damit beschäftigt, allen bei der Zeremonie Anwesenden Auskunft darüber zu geben, ob das Geld an seinen Ort zurückgekehrt sei oder nicht. Und siehe da, ein Tag vor Ablauf der Frist waren sowohl die Kwacha als auch die gestohlenen Dollar wieder in meinem Portemonnaie, und der Dieb hatte sich auch gefunden: Petrus gestand, das Geld an sich genommen zu haben. Er war ängstlich, verstockt und wollte nicht mit mir reden. Ich brachte ihn zur Polizei und holte ihn am darauffolgenden Tag wieder ab. Einen Tag und eine Nacht im Gefängnis Karongas verbringen zu müssen war meines Erachtens Strafe genug für einen geständigen Dieb. Petrus wußte, daß er entlassen war, als ich ihn wieder abholte. Er entschuldigte sich, packte seine Siebensachen im Camp zusammen und verschwand nach Tansania. Ich hörte ein Jahr später, daß er sein Geld damit verdiente, Zement über die Grenze nach Malawi zu schmuggeln. Doch das ist wieder eine andere Geschichte.

Das Leben im Camp ging von da an also ohne Petrus weiter. Samson stieg zum Chefkoch auf, Jolly wurde sein Assistent, und die Crew war erleichtert, nicht mehr lügen zu müssen. Nicht, daß die Männer gewußt hätten, daß es Petrus war, der das Geld stahl, nein, es waren vielmehr die kleinen Sünden, die sich unser Ex-Koch während meiner Abwesenheit im Feld erlaubt hatte und durch das Team „decken" ließ. Da war zum Beispiel die Sache mit dem Walkman. Ich hatte mich eigentlich immer mehr geärgert als gewundert, daß das Band nicht den Song spielte, bei dem ich am Vorabend aufgehört hatte zu lauschen. Zumeist spulte ich einfach zurück und machte die Firma Sony dafür verantwortlich, mir einen offensichtlich defekten Walkman verkauft zu haben. Daß es Petrus war, der die Kassette weiterspulte und Musik hörte, wurde mir erst nach seinem Untertauchen in die Niederungen der malawisch-tansanischen Schmuggel-Connection zugetragen. Es gab auch noch ein paar andere – mehr oder minder gewichtige – Verstöße gegen die Campordnung, an die ich mich aber nicht im Detail erinnern kann. Sei es drum, Petrus war ausreichend bestraft, die 200 Dollar wurden wie geplant verwendet, und der Witchdoctor strahlte, als ich ihn mit einem Sack Zucker und 20 Kwacha für seine Dienste bezahlte. Noch mehr strahlte er, als ich ihn zum Abschied mit meiner Polaroidkamera fotografierte. Nicht ahnend, daß er mit dieser Technik „sofort im Bilde" war, drückte ich ihm den Abzug in die Hand und sagte ihm, er solle sich das Bild genau anschauen und warten. Es dauerte eine Minute, bis er begriffen hatte, was sich da in seiner Hand entwickelte: „That's real witchcraft" – das war unsere sehr viel einfachere Art zu zaubern. Doch bei allem Erfolg beim Aufspüren des Diebes und bei der Rekonstruktion der frühmenschlichen Lebensräume – das, was uns in unserer Fossiliensammlung bis dahin immer noch fehlte, war ein Ureinwohner dieser Gegend; und um den zu finden, hätten selbst wir als Wissenschaftler manchmal gerne Witchcraft angewendet.

5. Zwei Hominiden und eine Zahnecke –
aller guten Dinge sind drei

Es ist einfach unbeschreiblich, den Unterkiefer eines 2,5 Millionen
Jahre alten Menschen in der Hand zu halten. Und doch wollen
wir im folgenden Kapitel versuchen zu beschreiben, wie es ist,
am Ziel der Träume angekommen zu sein und einen Hominiden
sein „eigen" nennen zu können. Denn im Jahr 1991 gelang unserem Team ein Spitzenfund, der einigen „paläoanthropologischen Staub" aufwirbelte und der unser wissenschaftliches Leben
verändern sollte.
Es war Tim, der an diesem 11. August 1991 den Survey leitete.
Wir hatten eine Art Arbeitsteilung entwickelt: Pro Grabungssaison führte einer von uns beiden die Oberflächenbegehung durch,
und der andere beaufsichtigte die Grabung. In diesem – für uns
historischen – Jahr war ich mit dem Survey an der Reihe. Tim dagegen sollte die Grabung an einer anderen Fundstelle, Malema,
leiten, die einige Jahre später ebenfalls zu Berühmtheit gelangte.
Da es meistens anders kommt, als man es plant, hatten wir bereits
nach zwei Wochen Grabung einen kleinen finanziellen Engpaß. In
dieser Sache mußte wohl oder übel die kleine National Bank Karongas konsultiert werden. Wer in Afrika bereits einen Dienstgang
zur Bank hinter sich gebracht hat, wird die wahre Bedeutung
dieser Bemerkung einzuschätzen wissen. So zuvorkommend die
Regierung von Malawi mit allen Grabungsgenehmigungen und
administrativen Regelungen ist, so umständlich ist sie allerdings
in ihren Geldangelegenheiten. Ein Bankbesuch, selbst in einer so
kleinen Provinzstadt wie Karonga, konnte mitunter einen halben,
wenn nicht sogar einen ganzen Tag dauern. Mit rund 60 bis
100 Kunden stand man in einer streng überwachten Schlange vor
den zwei kleinen Holzschaltern der Bank an. Da Tim Menschenansammlungen dieser Art scheute und ich eine Abwechslung vom
tagtäglichen Fossiliensuchen gebrauchen konnte, fiel das Los auf

mich. Tim freute sich riesig, denn auch er konnte nach zwei Wochen Grabung etwas Abwechslung gebrauchen. Inwieweit diese Abwechslung unser ganzes Team und unsere ganze Arbeit verändern sollte, stellte sich bereits zwölf Stunden nach der Entscheidung „Friedemann – Bank", „Tim – Survey" heraus. Ich lasse jetzt Tim weitererzählen, denn immerhin war er live dabei. Ich hingegen stand in einer meterlangen Menschenschlange und wartete und wartete und wartete ...

Uraha – der große Coup

Was es war, was mich so sicher machte, weiß ich bis heute nicht. Es mag in der Rückschau überheblich klingen, wenn ich behaupte, ich hätte geahnt, daß etwas Außerordentliches geschehen würde. Und doch war es so. Wie jeden Abend besprachen Friedemann und ich bei einem Glas Cognac am Lagerfeuer das Programm des kommenden Tages. Er war bester Laune. Denn Friedemann war mit dem Team an jenem Tag auf ein regelrechtes Knochenlager gestoßen, ein sogenanntes „Bone-bed". Hier war die Fossildichte mindestens 10mal höher als an normalen Fundstellen. Als ich zu Bett ging, fühlte ich mich fantastisch. Ich war ausgeglichen, ruhig und doch in einer gespannten Erwartungshaltung. Ich habe mir oft überlegt, wie ich diesen Zustand beschreiben kann. Als einziger Vergleich ist mir die Geburt eines Kindes eingefallen. Man ist froher Erwartung und weiß, das bald etwas Großartiges geschehen wird. Die Schmetterlinge im Bauch hatten sich über Nacht vermehrt, und als ich gegen fünf Uhr am nächsten Morgen aufwachte, war ich mir sicher, daß wir einen Hominiden finden würden. Ich stand ein bißchen später auf als Friedemann, befreite mich aus meinem Moskitonetz, zog T-Shirt, Shorts und Socken an und setzte mich auf die Strohmatte vor meinem Zelt. Wie jeden Morgen schnürte ich dort im Sitzen meine Boots, erhob mich und stapfte zum Frühstückstisch. Dort saßen schon Friedemann, Christian, unser Sedimentologe, und Uwe, der Tektoniker. Ich weiß sogar noch, wie sie am Tisch saßen. Friedemann saß an der Stirnseite, seinen Tee mit beiden Händen festhaltend,

Uwe rechts von ihm und neben ihm – mit einigem Abstand – Christian.

Ich setzte mich Uwe gegenüber und sagte in die Runde: „Heute wird ein großartiger Tag." Einen solchen Satz hatte ich noch nie zuvor in meinem ganzen Leben von mir gegeben, weder in Malawi noch in den USA. Ich kann mich auch nicht erinnern, diese Worte nach diesem Tag jemals wieder gesagt zu haben.

Anyway, es war wirklich ein phantastischer Tag: Die Luft war noch kühl, die Sonne kam langsam über die Hügel der Chiwondo-Beds, und ich fühlte mich gut. Ich packte den Grabungskoffer, stieg in unseren Landrover und sammelt die Grabungscrew auf dem Weg nach Uraha ein. Nach mehreren hundert Schlaglöchern und einer etwa eineinhalbstündigen Fahrt waren wir bei Sonnenaufgang im Gelände angekommen. Das Dorf Uraha liegt an einem kleinen Hügel, der sedimentologisch für uns interessant war. Hier war die Stelle, an der Friedemann mit dem Team am Vortag auf das „Bone-bed" gestoßen war. Deshalb ließen wir das Auto am Fuße des Hügels stehen und zerstreuten uns wie immer im Gelände – in gebeugter Haltung, die Arme und Hände verschränkt auf dem Rücken und den Blick fest auf den Boden gerichtet. In der ersten Stunde fanden wir extrem viele Boviden, also Überreste von Antilopen, 10 bis 15 Fragmente auf circa 10 Quadratmetern, in dieser Häufung eine Seltenheit. Leider haben wir bis heute keine Gelegenheit gefunden, hier Ausgrabungen zu machen. Meines Erachtens würde es sich lohnen, denn die Fossildichte ist bereits an der Erdoberfläche zehnmal höher als in anderen Gebieten.

Wir fanden also diese unzähligen Zähne urzeitlicher Antilopen und dokumentierten sie: GPS-Position bestimmen, Polaroidfoto vom Fundort machen, Einnordung des Fundes auf einer Karte und schnell noch eine kleine Skizze der Fundumgebung anfertigen. Auch wenn das Finden von Fragmenten noch so schön ist, das Zeichnen von solchen *Scatchmaps* und das Dokumentieren der Fossilien kosten Zeit und in der Hitze Malawis vor allem Schweiß. Nach nur drei Dokumentationen fühlt man sich gerädert, sucht den Schatten oder die Thermoskanne mit kaltem Wasser. Auch mein Enthusiasmus verließ mich, allerdings erst nach

Abb. 73 u. 74: Fast so spannend wie Ostereiersuchen: Tyson Mskika, Empfänger der Gratulationen von Tim, war es, der UR 501 zwischen Steinen, Sand und Grasbüscheln entdeckte. Der Unterkiefer, gespalten in zwei Teile, ist nicht gerade leicht zu erkennen, oder haben Sie ihn gleich entdeckt?

dem sechsten Antilopenzahn. Da die Stimmung in der Truppe trotz guter Fossilausbeute eher gedämpft war, versuchte ich Stephen, Samson und Co. mit einem Witz aufzumuntern: „Okay, Jungs, wir haben jetzt genug Antilopen gefunden, laßt uns jetzt den Hominiden suchen." Ich wußte, daß das Team diese Bemerkung als nette Aufmunterung verstand, doch wie alle Vermutungen und Äußerungen, die ich an diesem Tag machte, nahm ich meine Worte sehr ernst. Ich glaubte daran und sollte schon zwei Minuten später recht behalten: Genau in der Minute, in der ich zu unserem HCRP-Team sprach, senkte Tyson Mskika seinen Kopf und schaute auf den Boden vor seinen Füßen. Er stand nur etwa drei Schritte entfernt von mir. Ich sah, daß er sich bückte, ein Fragment aufhob. Er drehte das Fossil in seinen Händen herum, säuberte es und gab es mir. Er wußte ebensowenig wie ich, was er da in den Händen hielt. Normalerweise geschieht die Bestimmung des Fossils noch in der Sekunde, in der man es findet: Bovide, Hippo, Schwein, Krokodil, Elefant oder Fischwirbel. Nach zehn Jahren konnten wir Fossilen im Schlaf bestimmen. Tyson konnte nicht wissen, was er da gerade vom Boden aufgehoben hatte. Was ein Hominide war, wußte auch er nur von unseren Erklärungen. Hingerissen von dem Gegenstand, den ich in Händen hielt, war ich zu keiner Äußerung fähig. Ich wußte, daß es der Überrest eines Hominiden war, doch wenn man zehn Jahre nach einem Hominiden sucht, macht sich Skepsis breit, genau in dem Moment, da man am Ziel seiner Träume angekommen war. Während meiner Starre suchte Tyson weiter und fand den zweiten Teil eines Hominidenunterkiefers: „Schau, hier ist noch ein Teil", sagte er zu mir und reichte mir das Fragment. Wie in Trance setzte ich die beiden Teile zusammen. Mir kommen diese Sekunden heute noch wie Stunden vor. Ich erinnere mich an jeden einzelnen Gedanken, der mir damals durch den Kopf ging. Ich sehe das fragende Gesicht Tysons vor mir und sehe mich, wie ich diesen Gegenstand andächtig in der Hand halte. Ich hörte mich sagen: „Das ist ein Hominide." „Was meinst Du damit?" fragten mich die Grabungshelfer, die um mich herumstanden. Sie hörten dieses Wort seit zehn Jahren: Ho-mi-ni-de. Wie oft hatten wir diesen Begriff an einem Tag fallenlassen? Dreimal, siebenmal, zwanzigmal? Ich weiß es nicht mehr. Ich wiederholte meine Aussage noch einmal: „Wir haben einen Hominiden gefunden!" In diesem Moment löste sich die Anspannung – das Team jubelte, tanzte, hüpfte umher. Wir umarmten uns. Die Freude und die Aufregung über den seltenen Fund waren unbändig. Jeder wußte, wie wichtig dieser Fund für uns war und wie lange wir insgeheim auf ihn gewartet hatten.

Um mich herum bildete sich ein Kreis. Wir setzten uns auf den Boden, und ich erzählte ihnen die ganze Geschichte. Wie Friedemann und ich uns in Johannesburg kennengelernt und welchen Entschluß wir am Strand von Nizza gefaßt hatten. Ich erzählte ihnen mein ganzes Leben. Mir schien es, als hätte ich genau dieses Leben lang auf genau diesen Augenblick gewartet – auf den Augenblick, erzählen zu können, in welch großartigem Zusammenhang der Hominidenfund in der Wissenschaft und im Leben eines Wissenschaftlers, genauer gesagt in meinem Leben, stand.

Leider hatte unser Fund aber einen kleinen Schönheitsfehler: Ein ganzes Viertel des rechten Backenzahnes fehlte. Die Ränder des Bruches waren so scharfkantig, daß ich auf der Stelle in Panik verfiel. Das „missing piece", das fehlende Stückchen, konnte nicht weit sein. Die fieberhafte Suche verlief jedoch erfolglos. Die hereinbrechende afrikanische Nacht ließ uns keine Zeit. Wir machten uns auf den Heimweg. Allen voran der Hominide. Ein Crewmitglied hatte in Windeseile ein kleines Körbchen aus Stroh gebastelt und es wie ein Nest mit Gras ausgelegt. Ich verschloß es sorgfältig und trug es zum Landrover. Hinter mir die singende Crew, die sich auf dem Weg zum Auto für die Feier im Camp schmückte. Sie rupften Grünzeug von den Büschen und Bäumen ab und steckten sich die Blätter hinter die Ohren, in die Taschen und die Schuhe.

Hupend und singend kamen wir in Ipyana an. Ich parkte den Landrover wie immer unter dem Cashewnußbaum, nahm das kleine Nest und ging zum Tisch, wo Friedemann und ich uns erst einmal hinsetzten. Ich glaube nicht, daß uns beiden in diesem Moment klar war, was genau es bedeutete, einen Hominiden gefunden zu haben. Nach all den Jahren unserer Knochenarbeit in den Chiwondo-Beds war es für uns fast schon selbstverständlich, daß wir Unmengen von Boviden, Krokodilen und Schweinen zutage förderten. Nicht, daß wir nie daran geglaubt hätten, einen Hominiden zu finden, doch jetzt, wo der Moment da war, fühlten wir uns einfach nur sprachlos, ahnungslos und waren völlig überrascht. Wir schienen zu keiner anderen Tätigkeit fähig, als das Fragment einfach nur in den Händen zu halten und anzustarren. Es war, als säßen wir in einem Vakuum, die Zeit schien stillzustehen. Die Aktivitäten um uns herum nahmen wir nicht wahr. Selbst

als die Trommeln und der Gesang lauter wurden, Frauen und
Kinder um uns herumtanzten, hatten wir noch immer nicht reali-
siert, daß jedes einzelne Mitglied unseres Teams eine schnellere
Auffassungsgabe hatte als Friedemann und ich: Unsere 16 Fossilienjäger setzten das Fundergebnis „Hominide" sofort in die Tat
um und organisierten innerhalb von nur zwei Stunden ein unver-
geßliches Ereignis. In der Mitte des Schulhofes in Ipyana hatten
sich mehr als 500 Menschen versammelt, die staunend und gespannt den Aktivitäten unserer Blätterkranz-tragenden Crew zu-
schauten. Ob der Wichtigkeit des Fundes hatten Samson, der
Koch, und Charter, der Campmanager, die gesamte Mwanyongo-
Sippe zusammengetrommelt, um bei den Vorbereitungen des
Festes zu helfen. Die Mwanyongos stellen seit mehr als dreihun-
dert Jahren den Villageheadman – den Dorfvorsteher – von Ipy-
ana-Village. Er entscheidet, wann gesät wird, wann die Ernte erfolgt, nimmt die Mittlerfunktion zwischen Regierungsangestellten

Abb. 75: Okay, es gab keine digitale Kamera, die das Ereignis hätte tau-
sendfach festhalten können. Aber meine Faszination beim Anblick des
Fragments läßt sich auf diesem Schnappschuß zumindest auf den zweiten
Blick erkennen: Sogar das Mittagessen hatte ich stehenlassen – was schon
etwas heißen will –, um mich unserem 2,5 Millionen Jahre alten Schatz zu
widmen.

wie dem Landrat – *District Commissioner* – oder dem Bürger-meister – *Chief Executive of Karonga Town Council* – ein, orga-nisiert Beerdigungen und, last but not least, Festivitäten wie un-sere Fossilparty.

Andrew Mwanyongo ist damit wohl der erste Villageheadman in ganz Malawi, der von sich behaupten kann, Ausstatter einer Hominidenfundparty gewesen zu sein, und die Mwanyongos hatten sich alle Mühe gegeben, dieses Event wirk-lich zu etwas ganz Besonderem zu machen.

Als Gästen in Malawi hatte man uns schon oft traditionelle Tänze vorgeführt. Unzählige Male zeigte man uns in den acht Jah-ren bis zu diesem Fund die Traditionen des Malipenga- und Vim-buzatanzes, doch noch nie war ich so ergriffen und so beeindruckt von Musik, Tanz und Menschen wie an jenem 29. Juli 1991. Viel-leicht war ich auch noch nie so offen dafür, wie Friedemann es war. Er schien jedesmal in Menschen, Musik und Tanz zu baden. Diesmal tat ich es ihm gleich, was nicht schwer war. Der Rhyth-mus der Trommeln, der tiefe, kehlige Gesang der Männer, der Ge-ruch des Staubes, die untergehende Sonne – all das war einfach zu intensiv, um auch nur eine Sekunde lang an etwas anderes zu den-ken, etwas anderes zu fühlen, zu erleben. Der Kreis um uns herum schloß sich, und wir wurden in einem langen Kreistanz umarmt und gefeiert. Die Ndingara-Drums, Trommeln, die ausschließlich zur Inauguration eines Dorfvorstehers geschlagen werden, ertön-ten; der Kreis öffnete sich, und hinein sprang ein junger Mann. Behängt mit Stoffetzen, Flaschendeckeln und Palmwedeln, gab er sich dem immer hämmernder werdenden Rhythmus der Trom-meln hin. Seine Füße wirbelten Sand auf, seine Glieder zuckten, schweißgebadet streckte er seinen Kopf dem Himmel entgegen. Seine Gesichtszüge waren, wie jeder andere Muskel seines schwar-zen Körpers, angespannt. Kein Lachen, kein Laut, keine Regung – reine Hingabe an eine Macht, die nur er sehen konnte: Vimbuza. Ein Tanz, der nur Menschen mit der Fähigkeit zu heilen vorbehal-ten war. Keinem anderen Mann und keiner anderen Frau war es erlaubt, diesen spirituellen Ritus auszuüben, er verlöre sonst sei-nen Zauber – sagen die Malawier. Inwieweit das zutrifft, weiß ich natürlich nicht, doch die Menschen glauben daran. Bis der Tänzer in Trance fällt und zuckend auf dem Boden liegt, soll die Kraft der Götter den mitgebrachten Kranken geheilt haben. Je nach Schwere der Krankheit kann eine solche Session bis zu einem ganzen Tag dauern. So lange dauerte der uns dargebotene Tanz natürlich nicht: Nach etwa einer Stunde fiel der Tänzer zu Boden und bewegte sich nicht mehr. Aus dem Publikum sprangen alsbald vier Männer auf und trugen den regungslosen Körper unter einen Baum, wo der Tänzer auf die Rückkehr aus der spirituellen Welt wartete. Unser Warten auf das Event verkürzte sich indes durch zwölf Malipenga-Dancer. Malipenga ist ein Kriegstanz, der ausschließlich im Norden Malawis von den Nkondes und Tumbukas getanzt wird – mit sehr viel Passion, schiefer Musik und Kostümen, die an unsere Faschingsbekleidung erinnern. Heute wird dieser Formationstanz vor allen Dingen zur Ernte und zu anderen feierlichen Anlässen – wie beispielsweise dem Fund eines Hominiden – praktiziert.

Wir hatten gar nicht bemerkt, daß uns inzwischen unser „Heiligstes" abhanden gekommen war. Charter hatte klammheimlich den Unterkiefer aus Friedemanns Schoß genommen und ihn dem ersten Malipenga-Tänzer, dem Anführer der Truppe, in die Hand gedrückt. Wir staunten nicht schlecht, als dieser mitsamt seinen Kalebassen-blasenden Musikanten, das Fossil in einem Blätternest in die Luft haltend, auf uns zu getanzt kam. Dieser Malipenga war allein für einen ganz besonderen Bewohner Karongas, der mit Sicherheit noch nie ein solches Spektakel erlebt hatte: Der 2,5 Millionen Jahre alte Unterkiefer eines Urmenschen aus Uraha bei Karonga war die Kriegsbeute, die durch den Tanz nach Hause gebracht und Frau und Kindern vorgeführt wurde.

Als Andenken an den Tag bekamen wir die gesamte Tanzausstattung – Kostüme, Trommeln und Rasseln – vermacht, die wir schon wenige Tage später in unsere Koffer verfrachteten und mit auf den Weg nahmen – auf den Weg gen Lilongwe. Dort angekommen, informierten wir stante pede unsere Freunde im *Antiquities Department*. Die Genehmigung zur vorübergehenden Ausfuhr des Stückes erhielten wir vom Kulturminister persönlich. Auf dem Weg nach Deutschland besuchten wir dann unseren alten

Abb. 76: Spannung in jedem Muskel, Ekstase bis zum Umfallen: Behängt mit Stoffetzen, Flaschendeckeln und Palmwedeln, tanzt sich ein Vimbuza-Tänzer in Trance. Kein anderer Tanz ist so spirituell, so geheimnisvoll wie Vimbuza, the healing dance – der heilende Tanz.

Lehrer Phillip Tobias in Johannesburg. Er hatte vor Jahren in einer wissenschaftlichen Arbeit die Prophezeiung gewagt, daß eines Tages irgendwo im Gebiet zwischen Ost- und Südafrika Hominidenfunde zutage treten würden. Er genoß die Freude über unseren Fund und vermachte uns eine Kopie seiner damaligen Arbeit mit der Widmung: „To Friedemann & Tim, who made my prophecies come true." (Für Friedemann und Tim, die meine Prophezeiung Wirklichkeit werden ließen.) Er war begeistert, das Originalfundstück in Händen zu halten; gerade er wußte um die Besonderheit, ein Fundstück außerhalb des Fundlandes in Händen halten zu können, denn kein anderes Land – außer Malawi – erlaubte die Ausfuhr von Hominidenfragmenten. Selbstverständlich kehrte der Unterkiefer wieder in das Land seines Ursprungs, in seine Heimat zurück, doch sollte es nach seiner Entdeckung erst einmal zwei Jahre Präparations- und Untersuchungsarbeiten kosten, bis er – natürlich mit uns – wieder nach Malawi zurückkehren konnte.

Das Bild ist komplett

In Deutschland angekommen, versuchten wir erst einmal, die vorhandenen Fragmente unseres Hominiden zu sichten, zu präparieren und zu bestimmen. Die Qualität des Fundstücks war hervorragend. Der Kiefer war mit einer Eisenkruste überzogen, und das war vermutlich der Grund, warum er trotz der langen Zeit der Verwitterung an der Oberfläche so gut erhalten geblieben war. Wir dachten uns eine chemische Methode aus, um das Eisen in eine Verbindung zu verwandeln, die dann praktisch abgewaschen werden konnte. Diese Prozedur dauerte mehrere Monate, aber schließlich lag der Unterkiefer in voller Pracht vor uns – die Detailarbeit konnte beginnen.

Bis auf die abgeschliffenen Vorderzähne fehlte dem Unterkiefer nur jenes bereits erwähnte Viertel Backenzahn. Nur durch die Analyse aller Zahnhöcker dieses zweiten Backenzahnes aber war die Artbestimmung des Hominiden eindeutig möglich. Was nun? Ein Jahr warten auf das Unmögliche? 365 Tage darauf hoffen, daß ein Millionen Jahre alter Rest eines hominiden Kauwerkzeugs noch auffindbar ist? Wie und vor allem wer sollte dieses ein Quadratzentimeter große Stück jemals finden? Spontane Hilfe kommt zumeist unverhofft. Der in fast allen deutschen Zeitungen diskutierte Fund und die Geschichte um den verlorenen Zahnhöcker weckte die Abenteuerlust von drei Mainzer Paläontologiestudenten. Oliver Sandrock, Ottmar Kullmer und Rainer Abel bewarben sich per Brief um den Job des Fossilienjägers in Malawi. Die Mischung der drei Rheinland-Pfälzer hätte nicht besser sein können: Oliver, unternehmungslustiger Geologe, Ottl, der eher gewissenhafte und detailverliebte Paläontologe, und Rainer, pfälzisches Urgestein und genauso zupackend, wie er aussah – genau diese drei ungleichen Studenten machten das Unmögliche möglich. Im Spätsommer 1992 reisten sie an und starteten das Unternehmen Zahnsuche. Arbeitsgrundlage war ein Gipsabguß des Unterkiefers, den wir im Vorjahr gefunden hatten und an dem eine Ecke fehlte.

Nach Ankunft im gelobten Land fackelten die drei arbeitsamen Studenten nicht lange, krempelten die Ärmel hoch und schafften, was es zu schaffen galt. Innerhalb von sechs Wochen bauten sie eine Straße, trugen mit unseren afrikanischen Grabungshelfern die Sedimentoberfläche um den Fundort bei Uraha ab, hievten die insgesamt 90 Sandsäcke mit einem Gesamtgewicht von sieben Tonnen nach und nach in altersschwache Landrover und transportierten sie an den Strand des Malawisees. Dort angekommen, begann die Sieb- und Schlämmarbeit. Eine selbstgebaute Siebanlage war das Zentrum der Operation. Die Maschenweite der übereinander angeordneten Siebe wurde nach unten zu immer kleiner, so daß unterschiedliche Korngrößen herausgeschlämmt werden konnten. Die Rückstände wurden jeweils Krümel für Krümel – meist per Mikroskop – durchkontrolliert. Der Bedarf an Wasser ist beim Herausschlämmen sehr groß, daher war die einzig mögliche Stelle für diese Arbeit das Ufer des Malawisees. Dieser Arbeitsplatz – bestimmt ein ganz einmaliger für ein achtwöchiges Praktikum – hatte selbstverständlich einen großen Vorteil: Die mühevolle Arbeit endete nicht selten damit, daß sich die ganze Crew für eine kurze Arbeitspause in die Fluten des Malawisees stürzte, um für die nächste Stunde „Sieben-in-sengender-Sonne" wieder fit zu sein. Bei der allerersten dieser Arbeitspausen stolperte unser Urgestein Rainer leider über seinen eigenen Mut. Trotz aller Warnungen stürzte er sich vom Felsen in die rauheren Wasser am Chilumba-Kliff. Er steckte mit dem Fuß im weichen Sand fest, wurde von der nächsten Welle überrollt und herumgedreht. Das Ergebnis war ein entzweigerissener Unterschenkelknochen, den die Kraft der 4 Meter hohen Welle direkt unterhalb des Knies abgeschert hatte.

Olli und Ottl trugen ihn zum Camp zurück, das wir in nächster Nähe zum Strand unter mächtigen Mangobäumen errichtet hatten. Es war nicht besonders schwierig zu sehen, daß Rainer ein ernstes Problem hatte, obwohl wir nicht wußten, daß das Bein gebrochen war. Am nächsten Morgen war das Knie auf die Größe eines Fußballs angeschwollen. Er brauchte ärztliche Versorgung. Die Aussicht, ins Krankenhaus nach Karonga zu fahren, war nicht gerade aufbauend – denn das verlassen die meisten Menschen wieder mit den Füßen voran. Zuerst suchen sie ihr Glück in traditioneller Medizin, und wenn es zu spät ist, gehen sie ins staatliche Krankenhaus. Zwar war das Karonga-Hospital gerade erst aus den Mitteln eines europäischen Entwicklungshilfeprogramms neu errichtet worden, aber es gab natürlich wie in jedem anderen afrikanischen Krankenhaus nur in den ersten Wochen nach der Eröffnung Medikamente. Bis zum heutigen Tag beschränkt sich die verfügbare Arznei auf Aspirin gegen Schmerzen jeder Art und Quinin gegen Malaria und alles andere, was mehr oder minder schlimm aussieht. Außer der beschriebenen angespannten Medikamentensituation waren es aber vor allem die Ärzte, die diesem Krankenhaus fehlten. Der einzige diensthabende medizinische Assistent mußte – trotz fehlender ärztlicher Aufsicht – alle anfallenden Arbeiten selbst verrichten, vom Austeilen des Aspirins bis zu chirurgischen Eingriffen. Als wir im Krankenhaus angekommen waren, stellte sich allerdings heraus, daß sich der wichtigste Mann des Hospitals ein paar Bier in einer Bar genehmigte und deshalb eher weniger ansprechbar war für unser Problem. Wir ließen nichts unversucht und machten den betrunkenen ärztlichen Hilfssheriff samt weiblichem Anhang im Fuka-Fuka-Bottlestore in Karonga Old-Town ausfindig. Nach Schilderung der Lage strengte er sich sichtlich an, um einigermaßen aufrecht in den Landrover zu klettern. Zwar waren wir mit Nadeln, Spritzen und antiseptischer Lösung medizintechnisch besser ausgestattet als das Krankenhaus, aber was wir brauchten, war jemand, der wußte, wie und wo genau die Nadel angesetzt werden mußte. Erstaunlicherweise brachte der angetrunkene Gesell es jedoch fertig, dem Knie Rainers einen halben Liter Flüssigkeit zu entziehen – eine saubere Punktion! Wenn auch mit vielen Schmerzen auf seiten Rainers verbunden – denn selbstverständlich fehlte es dem nagelneuen Distrikthospital auch an Anästhetika –, machten wir uns einigermaßen erleichtert auf den Weg zurück ins Camp. Es folgten acht ungemütliche Wochen für Rainer. Ganz rheinische Frohnatur, machte Rainer jedoch aus der Not eine Tugend und gab seine Arbeitsanweisungen fortan vom Krankenbett aus. Mit Stock und Hut im Schatten ließ es sich für ihn trotz seines Gipsbeins gut aushalten. Selbst Autos reparierte er in diesem Zustand. Für die

Abb. 77: Der Beginn einer wundervollen Leidenschaft: 1992 stießen unsere drei Musketiere – Oliver, Ottl und Rainer – zu uns. Die drei Mainzer Studenten, voller Tatendrang, brachten es doch wirklich, wie in ihrem Brief versprochen fertig, das fehlende Viertel des Backenzahns von UR 501 zu finden. *Mission impossible?* Keineswegs.

Inspektion eines unserer Landrover hatten wir ihm eine Art fahrbaren Untersatz gebaut, auf dem er wie ein Brett unter das Auto geschoben werden konnte. Die Siebarbeit beaufsichtigte er von seiner aus Baumstämmen konstruierten Trage aus, was die Grabungshelfer nicht weiter störte.

Tim und ich waren nach diesem Vorfall Malawi untreu geworden. Wir waren ins Nachbarland gereist, um einen Survey in Südtansania durchzuführen. Weder Tim noch ich hatten jedoch Zweifel, daß unseren drei Musketieren, wie wir Olli, Ottl und Rainer spaßeshalber nannten, die Mission gelingen würde. Und so war es auch – der zweite Fund, der den ersten noch einmal für die Wissenschaft bedeutend aufwertete, gelang in unserer Abwesenheit. Oliver fand am letzten Tag der Saison und im letzten Sack das Objekt der Begierde: 80 × 90 Millimeter Hominidenzahn wurden Tim und mir dann beim Abendessen zu unserer Rückkehr aus

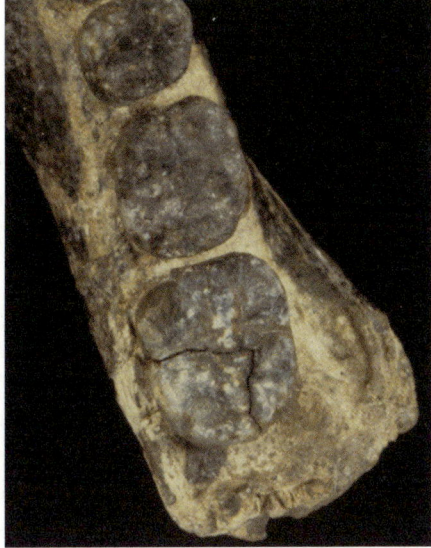

Abb. 78, 79 u. 80: Schlamm, schlämmen, am schlimmsten: Als schlimm haben unsere drei Musketiere Oli, Ottl und Rainer ihre Aufgabe, das fehlende Viertel des Hominidenbackenzahnes zu finden, nie empfunden. Sie machten aus der Not eine Tugend, bauten Schlämmstationen kurzerhand direkt in den See und hatten so das perfekte Arbeitssetting: Strand, See und Sonne inklusive. Und der gefundene Viertelzahn paßte perfekt.

Tansania präsentiert. Getarnt unter einer Puddinghaube, wurde uns nach einem üppigen Mahl ein angebliches Dessert serviert. Mit der Bemerkung „Enjoy it!" (Genieß es!) übergab uns ein breit grinsender Samson Kanyika, unser Koch, die Spezialität des Abends – ein Viertel Zahnfragment, eingebettet in einen Unterkieferabguß aus Gips.

Wieder zurück in Deutschland, entpuppte sich unser somit vervollständigter Gesamt-Unterkiefer als wahres Goldstück für die paläoanthropologische Forschung. Nach wochenlangen Untersuchungen und einigen Nachtschichten wußten wir nun, mit wem wir es zu tun hatten. Der Viertelzahn lieferte die entscheidenden Hinweise. Durch den Bruch waren wir in der glücklichen Lage, die Feinstruktur des Zahnschmelzes analysieren zu können. Der Zahnschmelz wies im Feinbau Ähnlichkeiten mit den Australopithecinen auf, während die relative Größe einzelner Molarenflächen – also der Flächen der Backenzähne – eher eine Beziehung zur Gattung *Homo* nahelegte. Wie bereits erwähnt, war es die Höckerstruktur auf genau diesem zweiten Backenzahn, die wir zur zahnanatomischen Analyse brauchten; und jetzt hatten wir sie: Das nun vollständige Kauutensil trug aufgrund der Analyse sämtlicher Zahnhöcker zur genauen taxonomischen Einordnung des Fundes bei. Doch selbst nach dieser Einordnung ließ uns das Fundstück keine Ruhe. Mittels Computertomographie blickten wir in jede einzelne Wurzel der Zähne, vermaßen Tiefen und Kanten und bekamen so ein genaues Bild der Kauoberfläche unseres Urahns. Nach unseren Untersuchungen stand fest: Der Kiefer mußte einem Artgenossen der Gattung *Homo* gehört haben. Mit den Rückschlüssen, die wir aus der Fossilfauna ziehen konnten, hatten wir zudem die endgültige Bestätigung über die Lebens- und Essensgewohnheiten unserer Vorfahren. Im Unterschied zu seinen Mitbewohnern im Karonga-Distrikt schien der Malawi-Urmensch Fleischnahrung gegenüber harten Früchten und Gräsern bevorzugt zu haben.

Trotz seiner späteren wissenschaftlichen Bezeichnung als *Homo rudolfensis* (s. S. 173 ff.) und trotz genauer Beschreibung seiner kulinarischen Vorlieben benötigte unser Unterkiefer einen eigenen

Namen. Dieser setzt sich bei einem Fossil zumeist aus der Katalogfundnummer und einer Lokalitätsbezeichnung zusammen. Die Abkürzung für das Fundgebiet Uraha war UR. Aber UR wieviel? Die eigentliche Katalognummer war langweilig, und daher überlegten wir, eine noch nicht vergebene Zahl zu benutzen. 500 war die nächste runde Nummer im Katalog, aber das schien auch nicht besser. Die Entscheidung fiel schließlich auf die Nummer 501. Sie schien doch sehr passend, zumindest fand das unser einziger Amerikaner im Camp – Tim: Als permanenter Jeansträger dachte er natürlich sofort an die nächstliegende 500er-Nummer, denn immerhin hießen seine Levis *501* – und das war das „Original" unter allen Jeans – na ja, und wir hatten doch den ältesten und in der Tat „original" *Homo*! Was lag also näher, als den Kiefer UR 501 zu nennen, was im Englischen soviel heißt wie: „You are the Original." Immerhin war und ist unser Unterkiefer der älteste Nachweis der Gattung *Homo* überhaupt, und außerdem ist bis heute kein anderer Hominidenfund so umfassend untersucht und beschrieben worden wie unser Original: UR 501.

Malema: Malaria, Primaten und andere Überraschungen

Erwünschte, erhoffte und erträumte Situationen wie den Fund von UR 501 waren in unserer Grabungsgeschichte nicht besonders zahlreich – eher schon manch unerwünschte, aber auch die eine oder andere erwünschte Nebenwirkung. Von ihnen gab und gibt es meist jede Menge und sicher zu viele, um sie hier schildern zu können. Dennoch will ich einen kleinen Überblick über die erfreulichen und unerfreulichen Momente der letzten 20 Jahre in Malawi geben. Da war zum Beispiel unser erster Primatenfund. Mit ihm verbinde ich neben einem unbeschreiblichen Glücksgefühl auch die Erinnerung an meine erste Malariaattacke.

Es war im Sommer 1983. Wir hatten uns inzwischen zu einer außergewöhnlichen Fundstelle nahe des Ortes Malema vorgearbeitet. Mit unserem englischen Vierradantrieb kamen wir dort jedoch nicht weit. Zum Glück, denn bei unserem anschließenden Marsch durch das weitläufige Gelände nutzten wir die Gelegen-

Abb. 81: Was haben UR 501, Levis 501 und Tyson Mskika gemeinsam? Na, ganz einfach: Alle drei sind echte Originale – unser Hominide ist echt und einzigartig, ebenso die Jeans, die sich schon seit mehr als hundert Jahren unter dem Label „The Original" verkauft, und Tyson Mskika ist mehr als einzigartig, denn er war es, dem der 2,5 Millionen Jahre alte Unterkiefer zu seinen Füßen auffiel.

heit, um uns die Gegend genauer anzuschauen. Und mit *genau* meinen wir wirklich *genau*: Quadratzentimeter für Quadratzentimeter suchten wir als angehende Hominidenjäger die steinige Oberfläche nach fossilen Überresten ab. Was wir fanden, war überwältigend: Circa 2,5 Millionen Jahre alte Knochen- und Zahnfragmente von Urzeitschweinen, Antilopen, Giraffen, Dinotherien und – ein Novum in der Grabungsgeschichte Zentralafrikas – Primatenreste. Was Tim nach nur zwei Stunden im Gelände in den Händen hielt, waren Reste eines Gebisses, genauer gesagt die Backenzähne eines Pavians. Vielleicht ist es Einbildung, aber an den meisten Stellen, an denen Paläontologen später einen Hominiden fanden, entdeckten sie zuvor Fragmente von Primaten. Damals begriffen wir noch nicht, welche Bedeutung dieser Fund für unsere zukünftigen Grabungen haben würde.

Die Freude über den gefundenen Paviankiefer war groß. Ich kann mich noch erinnern, daß Tim und ich wie besessen um den kleinen Fund herumbürsteten, um vielleicht noch einen Überrest des Kiefers zu finden. Während des Bürstens wurde mir von der einen auf die andere Minute schlecht. Mein erster Gedanke war: raus aus der Sonne. Also schleppte ich mich an den einzigen Ort, der schattig war – unter unseren Landrover. Ich bekam Durchfall, mir wurde heiß und kalt. Tim dachte sofort an Malaria, und ich ahnte es ebenso. Zehn Tage zuvor hatten wir ohne Moskitonetze und ohne Malariaprophylaxe in einem Resthouse in Lilongwe übernachtet. Dort mußte mich eine der zahllosen Anopheles-Mücken in unserem Zimmer mit dem Malariaerreger infiziert haben. Die Zeit unter dem Landrover kam mir vor wie eine kleine Ewigkeit. Irgendwann kam Tim, schaute unter das Vehikel und entschied, daß er mich nun sofort in ein Krankenhaus einliefern würde. Schwach wie ich war, konnte ich diesem Entschluß nichts entgegensetzen, und so kam ich nach unserem ersten Primatenfund in das Krankenhaus in Karonga. Dort gab es zwar keine Ärzte, doch jede Menge malariaerprobte *Medical Officers*, die sich rührend um mich kümmerten. Mit Hilfe von Fischdosen mit der Aufschrift „Donated from European Community" – Geschenk der Europäischen Gemeinschaft –, Getränken und Tabletten ging es mir nach einigen Tagen schon wieder besser. Unser gemeinsamer Geländeaufenthalt war damit jedoch leider beendet. Tim mußte nach Toronto zurück, wo er damals an seiner Dissertation arbeitete, und ich setzte meine Untersuchungen in den bekannten Höhlen von Makapansgat fort, und zwar mit dem Erfolg, daß ich eine Woche später das *General Hospital* in Johannesburg kennenlernen durfte. In der Höhle hatte ich nämlich einen erneuten Malariaschub; also fuhr ich schnurstracks ins nächste Krankenhaus, ließ mein Auto im Parkverbot stehen und legte mich vorschriftsmäßig in ein Bett. Soviel zu den unerfreulichen Nebenwirkungen eines Geländeaufenthaltes.

Einige Jahre später und um einen Hominidenfund klüger, stellte sich für uns Malema als das heraus, was man als Schatzgrube für Paläoanthropologen bezeichnet – mithin ein wiederum eher erfreulicher Moment unserer Grabungstätigkeit. Der Ort und seine nähere Umgebung boten alle Voraussetzungen, die eine potentielle Fundstelle aufweisen sollte: Nur wenn ein Gebiet weiträumig von Sediment überlagert und so die angeschwemmten Skelettreste vor weiterer Verwitterung geschützt werden, kann ein Fossilisationsprozeß in Gang kommen, der uns das bietet, was wir suchen, nämlich Fossilien. Ein solches Sedimentationsgebiet ist beispielsweise ein großes absinkendes Becken, wie es im Afrikanischen Graben durch das Auseinanderdriften der kontinentalen Erdkruste entstanden ist. In einem Flußtal bei Malema entdeckten unsere damaligen und als Zahnquadrantenfinder bereits vorgestellten Doktoranden Oliver, Ottmar und Rainer ein regelrechtes Eldorado eines solchen Sedimentationsgebietes mit Tausenden von Knochenfragmenten, zusammengespült auf engstem Raum; ein regelrechtes Knochenbett lag vor ihnen. Sofort begannen sie eine erste Probegrabung. Sie legten 7 Grabungsquadrate an, die jeweils 1 × 1 Meter Seitenlänge maßen. Markiert mit Schnur und selbstgeschnitzten Holzpflöckchen, wurden so die Stellen gekennzeichnet, an denen Fossilien gefunden wurden. Die Oberfläche wurde in 10 cm tiefen Lagen abgegraben, und das Team hielt jedes gefundene Fossilfragment auf Millimeterpapier fest – eine Prozedur, die über all die Jahre hin beibehalten wurde. Immerhin kamen in diesem ersten Grabungssommer in Malema 1993 schon mehr als 30 katalogisierbare Fossilfunde zum Vorschein. Es war dann Oliver, der Zahneckenfinder, der beschloß, in Malema intensiv weiterzuarbeiten, als hätte er eine Vorahnung gehabt, was diese Fundstelle noch alles bieten würde, inklusive seiner späteren Doktorarbeit. Die Decke des Knochenbetts war noch nicht „zurückgeschlagen", und das war es, was Oli reizte: Hippos lagen neben Krokodilen, Giraffen und Boviden – fossile Schätze im Schneewittchenschlaf unter fünf Meter hohem Sandgestein. Ein Bulldozer wäre die Lösung unseres Problems gewesen, doch sosehr wir diesen herbeisehnten, so unmöglich war es, ihn herbeizuschaffen. In den Weiten Afrikas sind Bulldozer Mangelware. Die Ideen wurden explosiver: Warum nicht einfach sprengen? Eine Aktion, die zwar spektakulär in der Wirkung, aber fatal in ihren unvorhersehbaren Folgen erschien. Das fünf Meter hohe Sandgestein wäre auf diese Weise zwar mit sprichwörtlich einem

Schlag und ein für allemal aus dem Weg geräumt, doch damit wäre unser Ziel, die Lage und den Zusammenhang der Knochenfragmente exakt zu dokumentieren, in keiner Weise mehr zu erfüllen gewesen. So begannen Oliver und das Team – und was blieb ihnen auch anderes übrig –, die insgesamt 1800 Tonnen Gestein, die die Fundstelle bedeckten, mühsam per Hand abzutragen. Das Arbeitsmotto war denkbar einfach: Der Hügel muß weg. Also Ärmel hochgekrempelt, Sieb in die Hand und Stauben, was das Zeug hält. Auch das ein Weg zu gesunder Körperbräune ... Seither ist Malema eine der wenigen Fundstellen in den Chiwondo-Beds, an der mehrere Jahre hindurch Ausgrabungen durchgeführt wurden.

Die erste großangelegte Grabung begann dann 1996 mit Erreichen der eigentlichen Fundschicht. Auf Grund der lokal begrenzten Fossildichte erwiesen sich die hier gezogenen 2×2 Meter Quadrate als ausreichend groß. Die gefundenen Knochen und Zähne aus Malema waren fast immer von dicken Kalkkrusten – also Kohlenstoffverbindungen – umhüllt, die nach der Ablagerung der Knochen und während ihrer Umwandlung zu Fossilien entstanden waren. Ein Teil des Karbonates stammt aus den Knochen selbst, ein anderer löste sich aus dem Boden und fällte um die Knochen herum aus. Mit Kelle und Pinsel mußten die Fossilien deshalb in mühevoller Schweiß- und Staubarbeit innerhalb der 15 abgegrenzten Quadrate herausgearbeitet werden. Die einheimische Grabungscrew erwies sich auch bei dieser nicht gerade angenehmen Arbeit als äußerst gutgelaunt und sangesfreudig. Gemeinsame Erlebnisse aus der langen Geschichte unserer Expeditionen wurden immer und immer wieder zum besten gegeben. Bei manchem gelegentlichen Gelächter blieb uns mangels Fortgeschrittenen-Kenntnissen des Chitumbuka – der ortsüblichen Sprache – allerdings der hintergründige Sinn verborgen. Angeblich wurden Träume diskutiert, die sich mit der bei einem Hominiden zu erwartenden Fundprämie verwirklichen ließen.

Außer Wunschträumen, einem Sonnenbrand und einer Staublunge konnte man jedoch auch durchaus exotischere Andenken an die mühevolle Arbeit am Mount Malema, wie wir unseren Hügel

Abb. 82: Der erste erfolgreiche Schritt ins gelobte Grabungsland führte in Malema immer in ein genau abgegrenztes Grabungsquadrat. In dem wurde dann gegraben, gepinselt und gelüftet, was der Boden der Chiwondos hergab.

Abb. 83: Planquadrat Nummer 37 hielt mehr als zweihundert Fossilien parat. In den zwei mal zwei Meter großen Quadraten wurde die Erde zehn Zentimeter tief abgegraben, jedes einzelne Fossil in seiner Lage und Ausrichtung exakt dokumentiert und danach geborgen. Was bei dieser Knochenarbeit herausgekommen ist, kann sich sehen und interpretieren lassen. Die unterschiedlichen Farben spiegeln unterschiedliche Fundtiefen im Sedimenthorizont des Bone-Beds Malema wider.

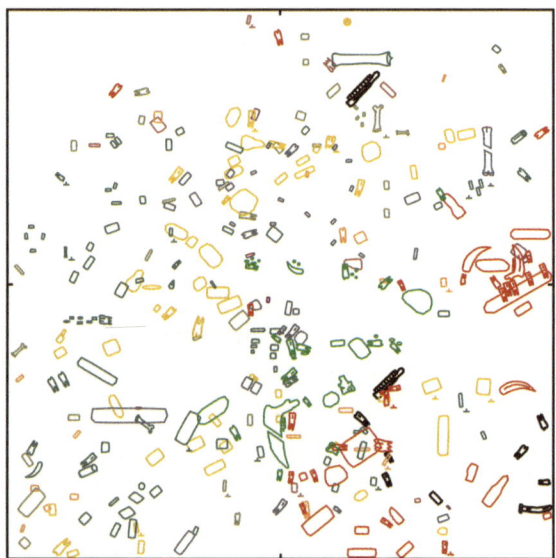

Abb. 84: Charter und Samson ganz geschäftstüchtig: Ihr neuer Arbeitsplatz ist die altbekannte Hominidenfundstelle in Malema. Der Einsatz eines Bulldozers von Murray and Roberts machte jetzt erst, im Jahre 2002, eine neue Grabung in Malema möglich. Die südafrikanischen Straßenbauer waren leicht davon zu überzeugen, daß in dem neuen, etwa 30 Meter langen und 20 breiten Sedimentstreifen neue Hominiden zum Vorschein kommen müßten. Die fünf Meter Erdoberfläche über dem Fossillager waren schnell beseitigt; jetzt liegt es an uns, die Erwartungen von M & R zu erfüllen.

Abb. 85: Ma-lem-a – drei Silben und ein Hominide im Jahr 1996. Die Fundstelle von RC 911 – dem robusten Australopithecinen – brachte uns einen Vormenschen mehr in der Sammlung und Oliver Sandrock ein Thema für seine Dissertation.

nannten, finden: Skorpione und Schlangen fühlten sich durch unsere Arbeit auf das empfindlichste gestört und verteidigten auf ihre Weise die von uns zerstörte Unterkunft. Sieben Skorpionstiche waren die Ausbeute unseres Malema-Hügel-Projekts. Unser African Doctor, Meister in Voodoo und Heilkunst, kannte nach einigen Wochen fast unser gesamtes Team! Und die Medizin der Buschdoktoren ist wirklich unübertroffen. Ihr wichtigstes Kapital bei der Heilung von Menschen ist die genaue Kenntnis der Wirkung von Heilpflanzen. Egal, ob Durchfall oder Halsschmerzen, Entzündungen oder Kopfweh, für jedes Problem existiert – zumindest in Malawi – das entsprechende Heilkraut. Wichtig aber ist vor allem die Zeremonie bei der Gewinnung der Pflanzen und der Herstellung der Medikamente. Zum Beispiel ist ein Stück Rinde eines Mangobaums unbrauchbar, wenn es zwar richtig bei Mondschein abgeschlagen wurde, aber dann mit der falschen Seite auf den Boden gefallen ist.

So rätselhaft wie die Pflanzenheilkunde blieben uns vorerst auch die Entstehungsgeschichte und die Taphonomie der Fundstelle Malema. Eines der vielen Geheimnisse ist bis heute ungeklärt: Geochemische Analysen zeigen, daß das Kalzium-Phosphor-Verhältnis, abgesehen von Fossilien aus der Olduvai-Schlucht in Tansania, so hoch wie in keiner anderen ostafrikanischen Fundstelle ist. In Zusammenarbeit mit französischen Forschern fand Oliver dann heraus, wie sich der Chemismus von Fisch-, Reptilien- und Säugetierknochen je nach Ablagerungsmilieu ändert. Auch erschwert das Karbonat die Fossilbestimmung erheblich. Jede dieser Karbonatkonkretionen (Verkrustungen), die ein Fossil enthielt, mußte zunächst mit Essig gelöst werden, damit schon im Gelände eine erste Identifikation der Funde vorgenommen werden konnte.

Parallel zur Ausgrabung führte Oliver eine geologische Kartierung durch, um einen Überblick über die Sedimentologie des Großraumes von Malema zu erhalten. Auf Grund der schlechten Aufschlußverhältnisse – also der sich bietenden Oberfläche des Untersuchungsgebiets – schlugen er und seine Helfer 17 sogenannte ‚Sections‘, also Gräben und Profile, in die Hänge der kleinen Erosionstäler und nahmen diese feinstratigraphisch auf. Dies

war reinste Knochenarbeit, bei der er jedoch herausfand, daß die
· meisten der Ablagerungen in Malema höchstwahrscheinlich ehemaligen Deltasedimenten, also Schwemmstoffen aus Flußmün-
dungen, zuzuordnen sind. Vor circa 2,5 Millionen Jahren durch-
zog ein verzweigtes System kleinerer Flußläufe die Gegend. Sie
mündeten nicht weit von der Fundstelle entfernt in den damaligen
See. Der Malawisee selbst ist bis in die heutige Zeit immer wieder
Seespiegelschwankungen unterworfen. Auch damals kam es zu
sogenannten Transgressionen, der Seespiegel stieg an, und Seese-
dimente mit Schneckenlagen lagerten sich zwischen den Flußsedi-
menten ab.

Ende August 1996 hatten Oliver und sein Team die fossilfüh-
rende Schicht von oben nach unten um einen Meter abgegraben. Inzwischen waren sie darin geübt, auch kleinste Karbonatkonkretionen auf Fossilien zu untersuchen. An der südlichsten
Stelle lag die besagte Schicht nur einen halben Meter unter der
Oberfläche – die Fossilienfundlage war hier jedoch eher spärlich.
Drei der malawischen Mitarbeiter hatten sich eines Morgens
vorgenommen, an diesem Südzipfel mit ihrer Ausgrabung fertig
zu werden und sich dem erfolgreicheren Rest der Truppe anzu-
schließen. Dann geschah das, womit keiner an diesem Tag und
schon gar nicht in dieser Schicht gerechnet hatte. Ein kleiner un-
scheinbarer Karbonatbrocken stellte alles auf den Kopf. Lauthals
gestikulierten unsere drei Grabungshelfer, das gesamte Team
rannte zu ihnen, und die Aufregung war groß. Der Fund war äu-
ßerlich so angewittert, das wir Angst hatten, er würde total zer-
fallen. In einem T-Shirt brachten sie das wertvolle Stück samt
des umgebenden Sedimentes ins Camp und betteten alles in
Sand. Vorsichtig wurde der Fund bis auf die Zahnwurzeln präpariert. Der Anblick lohnte sich: vier Wurzeln, riesige Zähne, dicker
Zahnschmelz.

Stephen Mwanyongo, einer unserer langjährigen malawischen
Grabungshelfer und Schlangenbezwinger, war der erfolgreiche
Finder eines Oberkieferfragments, das immerhin zwei Backenzähne aufwies. Glücklich war er allerdings nicht unbedingt darüber, wußten wir doch damals noch nicht, daß es sich bei dem

5. Zwei Hominiden und eine Zahnecke – aller guten Dinge sind drei

Abb. 86: Die Voraussetzung für sedimentologische Profiluntersuchungen ist das profane Graben von Gräben. Neun davon durchziehen noch heute das Malema-Tal.

Abb. 87: „Dreimal so groß wie die Backenzähne Ihres Nachbarn" – diese Erklärung, die ich bei nahezu allen meinen Vorträgen zur Beschreibung der beiden Molaren des Australopithecinenfragments RC 911 verwende, ist nach wie vor zutreffend. Der Vormensch war einfach von Kopf bis Fuß und zurück zum Zahn *robust*. Er verwendete seine Zähne zur Aufspaltung der harten Nahrung. Nachbar *Homo rudolfensis* griff dagegen lieber auf die handlichen Steinwerkzeuge zurück – eine Lösung, die sich als nachhaltig und zukunftsweisend herausstellte.

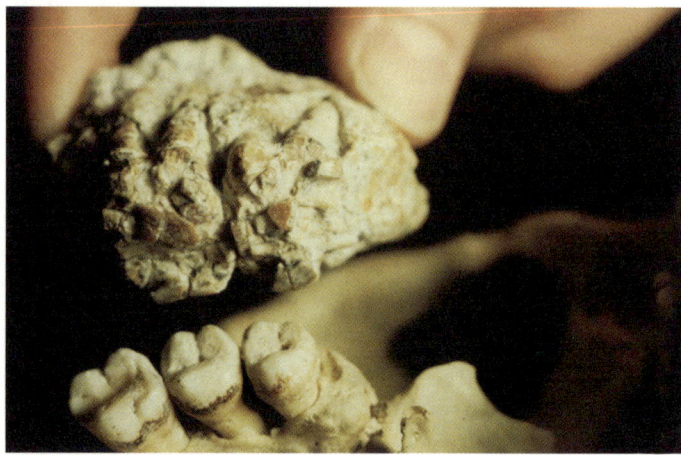

Zahnfragment um das Kauwerkzeug eines Hominiden handelte. Die Zähne waren rundherum mit einer dicken Kalkschicht bedeckt. Die Vorahnung konnte ohne präzise Präparation im Labor nicht bestätigt werden. In dieser Situation ist es erfahrungsgemäß am besten, nicht mehr darüber nachzudenken – je höher die Erwartung, desto tiefer die Enttäuschung. Aber insgeheim, vor allem in den seltenen tristen Momenten einer Grabungsroutine, klammert sich natürlich doch jeder emotional an dieses eine Fossil. Unsereins träumt von der Eintragung des Fundpunktes in die offiziellen paläoanthropologischen Karten genauso wie Stephen von der Fundprämie. Wieder nichts, dachte er sich wohl, doch ein Jahr später sollte er schließlich mit 500 Kwacha für seinen Fund belohnt werden. Die überdimensional großen Kauwerkzeuge gingen als RC 911 in unseren Fossilienkatalog ein. Erst nach der Präparation stellte sich heraus, wie grandios Stephens Fund für unsere bisherige Forschung war: Nach der Vermessung und einer eingehenden Untersuchung mit dem Rasterelektronenmikroskop waren wir uns sicher. Nur spezialisierte Pflanzenfresser konnten dreimal so große Zähne haben wie heutige Menschen, und nur die sogenannten robusten Australopithecinen wiesen im Zahnschmelz der Backenzähne Furchen und Kerben auf. Dieses Charakteristikum entsteht nämlich nur bei der Zermahlung von Pflanzen, die immer mit der Aufnahme von harten Partikeln wie beispielsweise Quarzteilchen, also Sand, verbunden ist. Wir hatten einen weiteren Hominiden gefunden.

Doch so wertvoll ein Hominidenfund auch ist, ohne die assoziierte Fauna, d. h. die Tierwelt, in der der Vor- oder Frühmensch lebte, ist ein Rückschluß auf die Paläoökologie, also den Gesamtzusammenhang der damals existierenden Lebensformen, schier unmöglich. Ein Jahr später wurde die Grabung noch größer angelegt, und schließlich wurden 49 Grabungsquadrate bearbeitet. Es war das bislang ertragreichste Jahr für unser Projekt. Oliver und sein Team katalogisierten in Malema fast 250 Fossilien, die Oli dann schlußendlich in seiner Doktorarbeit – neben der Geologie und der Entstehungsgeschichte der Fundstelle – wissenschaftlich bearbeitete.

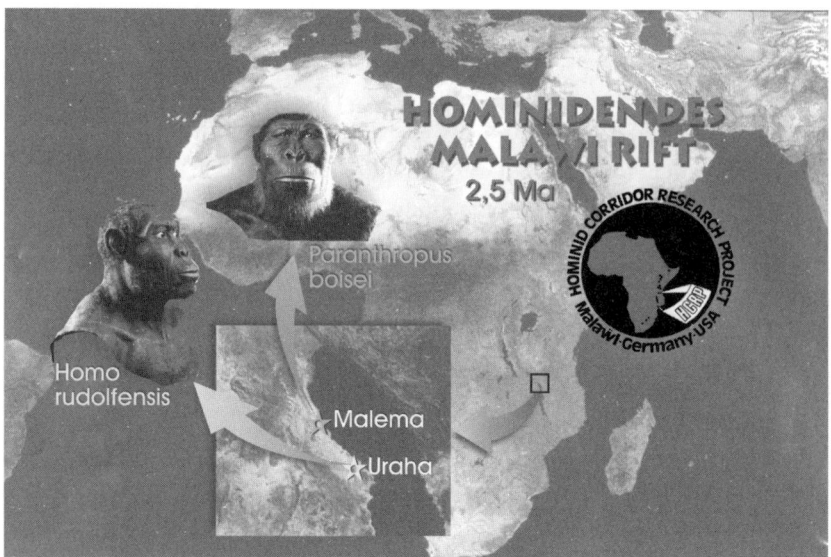

Abb. 88: Ob sie sich kannten, können wir leider nicht rekonstruieren. Die beiden Zeitgenossen – *Homo rudolfensis* und *Paranthropus boisei* – lebten jedoch, soviel steht fest, zur gleichen Zeit und am gleichen Ort. Die beiden Fundstücke zeugen mithin erstmals in der Evolutionsgeschichte von der Koexistenz der beiden Gattungen.

Das Ergebnis seiner Dissertation füllt ganze 300 Seiten: Der Großteil der Urzeitfauna in und um Malema bestand aus Boviden (rinderartigen Lebewesen), gefolgt von *Hipparion*, dem Vorläufer der heutigen Pferde, Giraffen, Flußpferden, Elefanten, Schweinen sowie Affen. Die Fauna wurde damit insgesamt von recht großen Landsäugern dominiert; Reste von Kleinsäugetieren fanden sich hingegen nicht. Insgesamt konnte Oliver zwanzig unterschiedliche Arten identifizieren, achtzehn davon Huftiere, die auch von anderen plio-pleistozänen Fundstellen Afrikas bekannt sind. In Sachen Ökologie glichen die damaligen Verhältnisse in Grassavannen und offenem Buschland dem heutigen Afrika. Der Großteil der gefundenen Boviden besteht nach Ollis Untersuchung aus Gnu- und Gazellenverwandten, Arten, die heute in offenem Grasland heimisch sind. Der Mangel an Flußpferden und Wasserböcken an einem Seerand ist untypisch und unterstreicht, daß die Fundstelle

wahrscheinlich nur ein Mikro-, also ein Kleinst-Habitat, repräsentiert. Die gesamte „Wohnkultur" der Säuger nahe des Seeufers
stimmte mit Hominidenfundstellen am Turkana-See/Kenia über-
ein, an denen ebenfalls robuste Australopithecinen lebten, darunter der berühmte KNM-ER 406, der uns hier jedoch nicht weiter
interessieren soll, denn immerhin war es der außerordentliche
Reichtum der Tierfunde an diesem Hügel, der die genaue Rekonstruktion der Ökologie und des Lebensraumes der damaligen Zeit
an diesem Ort ermöglichte und nicht RC 911, das Fragment unseres zweiten Bewohners im Karonga-Distrikt der Urzeit.

6. Wege der Menschwerdung

Bedenkt man, daß Grabungen nur etwa fünf Prozent im Arbeitsleben eines Paläontologen einnehmen, fragt man sich natürlich, wie der Wissenschaftler die restlichen 95 Prozent seines von Steuergeldern finanzierten Daseins verbringt. Ganz einfach – er interpretiert. So bescheiden sich das anhört, so schwierig ist dieses Unterfangen in der Praxis. Denn Interpretation ist nicht gleich Interpretation, schon gar nicht bei Fossilien.

Ein Hilfsmittel bei der Interpretation ist die biologische Systematik. Voraussetzung hierfür ist die Beschreibung und Abgrenzung biologischer Arten. Im Idealfall wird eine Art dabei durch charakteristische, zum Beispiel anatomische Merkmale definiert, die mit entsprechenden Merkmalen einer anderen Art verglichen werden können. Das Spezialgebiet der phylogenetischen – also die Artentwicklung betreffenden – Systematik wertet diese Merkmale als entweder „ursprünglich" oder „spezialisiert" in bezug auf andere systematische Gruppen und erhellt dadurch die komplizierten Verwandtschaftsbeziehungen zwischen Gattungen und Familien oder die Aufspaltung von Arten.

Die wichtigsten Aspekte menschlicher Lebensweise, die in der Paläoanthropologie durch Fossilienfunde konstruktiv und funktionell erschlossen werden können, sind Fortbewegung, Nahrungsaufnahme und Handfunktion sowie Gehirnentwicklung und Sprechfähigkeit. Selbst anatomische Merkmale der fossilen Funde werden mit denen des heutigen Menschen verglichen und sind so interpretierbar. Kein Wunder also, daß wir deshalb in jedes Fossil buchstäblich eintauchen und jede auch noch so kleine Information aufnehmen und untersuchen wollen.

Fossilfunde sind zweifelsohne eine wichtige Voraussetzung für die Interpretation der Vergangenheit, leider interpretieren sich die fossilen Reste jedoch nicht von selbst. Um „sprechen" zu können, bedürfen sie unserer Hilfe: Im allgemeinen nehmen wir deshalb zunächst eine Beschreibung der Morphologie (Gestalt) des Fossils vor. Leider fehlt dabei eine allgemeingültige Norm für die anatomische Beschreibung von Fossilien. In der Diskussion um Herkunft und Ausbreitung der Neandertaler und der frühen modernen Menschen hatte dieses Fehlen fatale Folgen. Es kursierten verschiedene Listen mit anatomischen Merkmalen. Wen wundert es, daß die Verfasser dieser Listen dabei zu jeweils unterschiedlichen Ergebnissen kamen. Tatsächlich beruht die Auswahl einer Liste und damit auch das Ergebnis mehr auf einer zugrundeliegenden Annahme und weniger auf einem objektiven Rückschluß. Dies gilt erst recht bei der Beschreibung eines einzelnen Fundstückes. Einerseits müssen die beschriebenen morphologischen Merkmale für die systematische Einordnung des Stückes maßgeblich, also entweder für die Art oder die Gattung typisch und einzigartig sein. Andererseits muß das Merkmal so beschreibbar sein, daß es für alle anderen Wissenschaftler eindeutig und somit für alle in derselben Weise definierbar ist. Eine derartige Liste von Merkmalen wurde zum Beispiel für jene Gruppe von Fossilien nie erstellt, der heute „Lucy" und alle anderen Funden von *Australopithecus afarensis* zugeordnet werden. „Lucy" und ihre fossilen Kumpanen gelten somit bis heute als nicht ordnungsgemäß wissenschaftlich beschrieben.

Der erste umfassend beschriebene Hominidenfund war unser Unterkiefer aus Malawi. Mit dem Wissen um eine fehlende Liste der Beschreibungsmerkmale im Hinterkopf, suchten wir eine ganze Zeitlang nach einem geeigneten System, das bei der wissenschaftlichen Beschreibung die zwei oben erwähnten Anforderungen erfüllen würde. Interessanterweise waren im Jahr des Fundes unseres Unterkiefers zwei dicke Publikationen mit Dokumentationen und Beschreibungen zu frühen Hominiden erschienen, die wir als Beispiel hätten nehmen können. Das zweibändige Werk von Phillip Tobias war eine vergleichende Untersuchung zu *Homo habilis*. Etwas allgemeiner und für unsere Zwecke besser geeignet war das Buch von Bernard Wood. Er verfaßte eine recht brauchbare Übersicht zu allen Hominiden des Koobi-Fora-Gebietes in Ost-Turkana. Wir nahmen das System von Bernard Wood zur Grundlage, denn es war in einer ganzen Reihe von systematischen Untersuchungen in den Jahren zuvor entwickelt worden, die das Ziel hatten, taxonomisch – also für die Einordnung – relevante Merkmale mit Hilfe objektiver Parameter (kennzeichnender Größen) zu beschreiben. Wir erweiterten dieses Schema durch Untersuchungen von internen Strukturen mit Hilfe der Computertomographie, bei der ein Gegenstand scheibchenweise durch Röntgenaufnahmen erfaßt wird, und durch mikroanatomische Untersuchungen des Zahnschmelzes. So ist UR 501 bis heute das am genauesten beschriebene Hominidenfossil, und zwar nicht nur aus Afrika.

Wenn es um die Deskription, also die Beschreibung, bekannter Hominiden geht, sollten Tim und ich jedoch vielleicht erst einmal mit *Homo habilis* – dem *Fähigen Menschen* – beginnen. In der Wissenschaft wurde dieser erstmals 1964 in Olduvai Gorge in Tansania beschriebene und auf circa 2 Millionen Jahre datierte Fund als ältester Urmensch gehandelt. Vor allem aufgrund der unterschiedlichen Schädel-, Zahn- und Zahnwurzelverhältnisse zahlreicher weiterer Funde vom Ostufer des Turkana-Sees in Kenia wurde aber im Laufe der Zeit klar, daß es neben ebendiesem *Homo habilis* eine weitere Art des frühen Menschen gegeben haben muß. Für seine Bezeichnung, die von dem russischen Anthropologen Alexeev stammt, mußte der damalige habsburgische Thronfolger Rudolf herhalten, der auch schon Namenspate für den Turkana-See (früher Rudolf-See) war: *rudolfensis* sollte das ebenfalls 2 Millionen alte Kind fortan heißen. Wesentliche Erkennungszeichen des *Homo rudolfensis* waren ein recht großer Kiefer und ein großes Gehirn. Diese Kombination war ziemlich ungewöhnlich, denn große Gehirne wurden im allgemeinen mit *Homo habilis* assoziiert, während große Kiefer typisch waren für die robusten Australopithecinen.

Auch Bernard Wood hatte bei seiner Gesamtanalyse der Hominiden von Koobi Fora eine zweite Art der Gattung *Homo* beschrieben, allerdings ohne ihr einen Namen zu geben. Bei Einbeziehung aller *Homo-habilis*-Funde aus Koobi Fora in eine umfassende Merkmalanalyse stellte er fest, daß die Unterschiede nicht

Abb. 89: Die Schneidezähne waren bei der 2,5 Millionen Jahre langen Reise des Hominidenfragments von der Einbettung bis zu seiner Entdeckung am 29. Juli 1991 zwar ausgebrochen, aber das kümmerte uns wenig. Der Beweis unserer praktischen Suche nach dem bis dahin nur theoretisch möglichen Hominiden im Malawi-Rift war erbracht. Wen kümmern da schon kleine Schönheitsfehler?

nur in den geschlechtsspezifisch variierenden Merkmalen auftreten, sondern quer durch den gesamten Bauplan vorkommen. Erst später stellte er fest, daß Alexeev ihm zuvorgekommen war. Daraufhin fügte Bernard Wood dieser neuen Art, die zunächst nur auf der Beschreibung eines Schädels – des berühmten Schädels KNM-ER 1470 aus Koobi Fora – beruhte, vier fossile Unterkiefer hinzu. Sie waren es, mit denen wir unseren Malawi-Kiefer UR 501 vergleichen konnten.

Die Hauptfrage bei allen Untersuchungen zum Thema Menschwerdung ist jedoch für uns Wissenschaftler die Frage nach den Unterschieden oder, wie der Fachbegriff lautet, nach der Variabilität. Wieviel Variabilität können bzw. müssen wir innerhalb einer Art erwarten? Die Unterschiede im Knochenbau sind hierbei weniger aussagekräftig als diejenigen des Zahnschmelzes. Weitgehend unbestritten ist, daß die Entwicklung von Zahnschmelz im Organismus sehr viel unabhängiger von direkten äußeren Einflüssen abläuft als die von Knochensubstanz. Daher

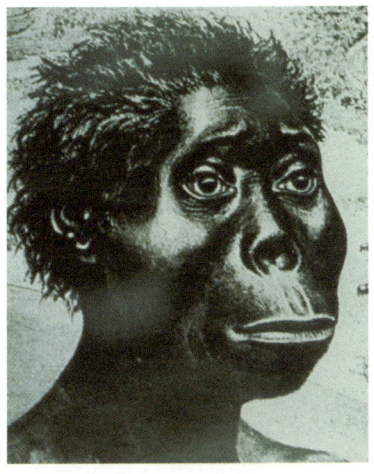

Abb. 90 u. 91: Rekonstruktionen sind stets vom jeweiligen Weltbild beeinflußt; das galt schon für den Klagenfurter Lindwurm aus der mittelalter-
lichen Mythologie. Der trübe dreinblickende *Homo rudolfensis* (links) war
Mitte der neunziger Jahre Favorit der Zeitschrift FOCUS, der intellektuelle
Typus (rechts) die Vorstellung vom *Homo rudolfensis* des SPIEGEL. Die Haut-
farbe von *Homo rudolfensis* war jedoch mit an Sicherheit grenzender
Wahrscheinlichkeit dunkel, da erst mit Besiedlung der nördlichen Breiten-
grade durch *Homo erectus* die Notwendigkeit bestand, die Pigmente der
Haut zu reduzieren, um die Vitamin-D_3-Bildung zu ermöglichen. Da kann
der SPIEGEL-Vormensch auch noch so intelligent dreinschauen – die Rekonstruktion ist schlichtweg falsch.

Abb. 92: ‚Karius und Baktus' hatten keine Chance bei dem dicken Zahnschmelz. Um so besser, denn die Untersuchung eines intakten Zahnschmelzes wie dem von UR 501 brachte uns neben der Auswertung von dessen
anatomischem Feinbau auch jede Menge Erkenntnisse über die Verwandtschaftsverhältnisse von *Homo rudolfensis* in der Stammesgeschichte der
Vormenschen ein.

sind Größe, Form und mikroskopische Struktur des Zahnschmelzes fast ausschließlich über das Erbmaterial, also genetisch bedingt. Unterschiede im Zahnschmelz sind damit immer noch der verläßlichste Hinweis auf unterschiedliche Arten. Es ist also der Zahnschmelz, der klar belegt, daß es sich bei den frühen Angehörigen der Gattung *Homo* mit großer Sicherheit um zwei verschiedene Arten handeln muß. Denn während einige Merkmale gleich sind, sind bei den *Homo rudolfensis* zugeordneten Stücken auch Merkmale vorhanden, die denen der robusten Australopithecinen gleichen. Genau dies fanden wir bei UR 501 und den anderen der neuen Art *Homo rudolfensis* zugeordneten Fossilien vor. Die Größe der Zähne und der Kiefer sprechen damit zwar für eine eng verwandte, aber nicht dieselbe Art wie *Homo habilis*.

Der bekannteste Verwandte unseres UR 501 stammt aus dem kenianischen Koobi Fora, das etwa 800 Kilometer nördlich von Nairobi, am Ostufer des Turkana-Sees, liegt. KNM-ER 1470, der 1972 von Richard Leakey gefundene *Homo rudolfensis*, wurde von ebenseinem Finder auf 2,5 Millionen Jahre geschätzt. Mit diesem Alter setzte Leakey die Entstehung der Gattung *Homo* fest. Obwohl er mit seiner Altersschätzung für KNM-ER 1470 um eine halbe Million Jahre danebenlag, sollte er mit der Behauptung, die Gattung *Homo* – also der erste Mensch im eigentlichen Sinn des Wortes – sei vor 2,5 Millionen Jahren entstanden, recht behalten. Allerdings dauerte es noch zwanzig Jahre, bis wirklich ein 2,5 Millionen Jahre alter Urahn der Gattung *Homo* gefunden wurde: Erst unser UR 501 belegte Leakeys Theorie. Sein Dank war uns sicher, denn was ist mehr Balsam auf der Seele eines irrenden Forschers, als daß sich die auf falschen Grundlagen errichtete Theorie letztendlich doch bewahrheitet?

Die Interpretation des Fundes von Malema war – verglichen mit der Erforschung von UR 501 – einfach. Fast schon zu einfach, denn sowohl die Größe der Zähne als auch die Dicke und die Feinstruktur des Zahnschmelzes ließen von Anfang an nicht den geringsten Zweifel aufkommen, daß es sich bei dem Fund um den Rest eines Oberkiefers eines robusten Vormenschen – einen von Adams Großonkeln – handeln mußte. Die Datierung war mit

Abb. 93: Nicht Weibchen und Männchen, sondern zwei ganz unterschiedliche Hominidenarten: Das war das Ergebnis jahrelangen Brütens über den Fundstücken KNM-ER 1470 und KNM-ER 1813. Erst durch unsere Funde in Malawi ließ sich das vermeintliche Männchen als geologisch älteste Art der Gattung *Homo* einordnen.

KOOBI FORA: HOMO		
KNM-ER 1813		KNM-ER 1470
Homo habilis		*Homo rudolfensis*
~ 610 cm³	- - Gehirnvolumen - -	~ 750 cm³
schwach	- Supraorbitaltorus -	- fehlt
kurz	- Gaumen -	- lang
2 Wurzeln	- o. Prämolaren -	- 3 Wurzeln
1 Wurzel	- u. Prämolaren -	- 2 Wurzeln
reduziert	- P4 Talonid -	- vergrößert
schmal	- untere Molaren -	- breit
reduziert	- M3 -	- nicht reduziert

☆ Südafrika (1,7 - 1,5 Ma)
☆ Olduvai (1,8 - 1,6 Ma)
☆ Koobi Fora (2,2 - 1,7 Ma) ☆
Malawi (2,5 Ma) ☆

2,5 bis 2,3 Millionen Jahren Alter ähnlich wie für UR 501. Wir gesellten RC 911, so seine Katalognummer, zur Art *Paranthropus boisei*, einer bereits 1959 aufgrund des Fundes des Nußknackermenschen in der Olduvai-Schlucht beschriebenen Art. Die Oberflächen der Backenzähne von robusten Australopithecinen wie RC 911 waren gemeinhin mit kleinen Kratzern und Kratern übersät, die darauf hindeuten, daß damit hauptsächlich Pflanzennahrung zerkaut wurde. Pflanzen enthalten viele Silikatpartikel (Sandkörnchen), die ihre Spuren dauerhaft auf den Zahnoberflächen hinterlassen. Neben diesem „beißenden" Merkmal ist es aber vor allem auch die Konstruktion des Schädels, die einen robusten Australopithecinen als solchen auszeichnet: Der Gesichtsschädel ist sehr breit, die Jochbögen sehr kräftig und weit ausladend. Selbst für den Laien erkennbar ist allerdings die Ausbildung eines Scheitelkammes an der Oberseite des Schädels. Dieser Kamm kommt durch die stark ausgeprägte seitliche Kaumuskula-

tur zustande. Alle aufgezählten Merkmale und auch die mega-
donte Bezahnung – also die Ausstattung des Individuums mit großen und kräftigen Zähnen – deuten darauf hin, daß es vor allem
harte und grobe pflanzliche Nahrung war, die *Paranthropus boisei* zu sich genommen haben muß. Ein Vetter unseres robusten
Australopithecinen aus Malema ist *Paranthropus aethiopicus*.
Sein Auftreten wird im Zeitraum zwischen 2,5 und 2,3 Millionen
Jahren vermutet. Das Gehirn ist mit circa 410 ccm relativ klein,
das des *Homo rudolfensis* beträgt stattliche 750 und das des
Homo habilis immerhin bereits circa 610 ccm. Das breite flache
Gesicht und der Kiefer wirken äußerst massiv, gegenüber *Paranthropus boisei* mußte er jedoch geradezu graziös gewirkt haben. *P. boisei* übertraf zum Zeitpunkt seiner Entdeckung (*Zinjanthropus*) an Robustheit alle bis dahin bekannten Australopithecinen. Die Gehirngröße liegt mit 530 ccm leicht über der von
P. aethiopicus. Das Gesicht ist sehr breit und der Knochenkamm
kräftig ausgeformt. Seine Backenzähne sind teilweise, wie bei RC
911 – dem ältesten bekannten Fundstück dieser Art –, über 2 cm
breit.

Abb. 94: Die Backenzähne von RC 911 sind mit Kratzern und Kratern übersät. Dies weist darauf hin, daß mit diesen Beißern zumeist Pflanzennahrung zerkaut wurde, die allerlei harte Partikel wie etwa Sandkörner enthielt.

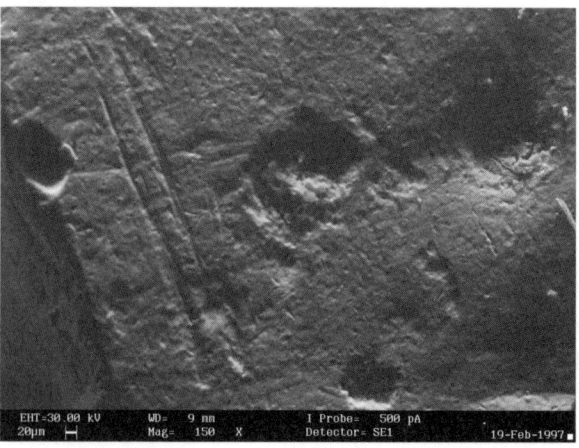

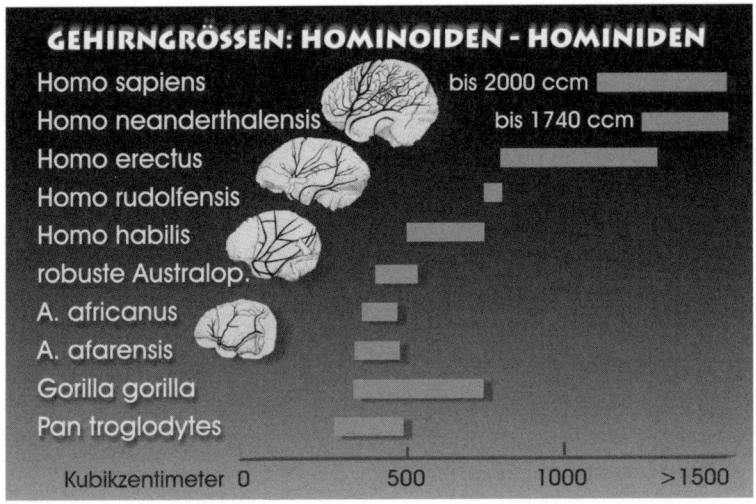

Abb. 95: Wer wohl intelligenter war? Gehirngrößen der Hominiden im Vergleich.

Während der Ursprung der robusten Australopithecinen vor circa 2,5 Millionen Jahren in das Weltbild der Paläoanthropologie relativ einfach einzubauen war, bedeutete das gemeinsame Vorkommen von *Homo habilis* und *Homo rudolfensis* in Koobi Fora Altersgleichstand. Was nun? Mit einemmal gab es zwei unterschiedliche Vertreter des „hominiden Ältestenrates", die beide den Anspruch darauf erhoben, Urahn der Gattung Mensch zu sein. Seither geht ein Riß durch die paläoanthropologische Wissenschaft. Eine Spaltung in zwei Lager war unvermeidbar: Für Phillip Tobias und seine Anhänger gilt bis zum heutigen Tage der fast in den Rang einer Glaubensfrage erhobene Anspruch des *Homo habilis*, ältester Stammhalter der Menschheit zu sein. Damit würde *Homo rudolfensis* allenfalls als Unterart der Art *Homo habilis* anerkannt werden. Timothy und ich dagegen sind der Ansicht, daß *Homo rudolfensis* der Urvater der Menschheit ist und *Homo habilis* auf einer der vielen Seitenlinien des menschlichen Stammbaumes ausgestorben ist. Doch woher nehmen wir diese Sicherheit?

Diese Hypothese beruht zum einen auf der Datierung unseres Unterkieferfundstückes UR 501, und Schlüssel zu der Datierung des Unterkiefers sind, wie bereits ausführlich dargelegt, Schweine – genauer gesagt, die hinteren Backenzähne der Urschweine, die sich im Laufe der letzten 5 Millionen Jahre stark verändert haben. Diese Schweinezähne stammen aus derselben Fundschicht und belegen somit das Alter des Unterkiefers: 2,5 Millionen Jahre – damit ist *Homo rudolfensis* mit einem Vorsprung von einer halben Million Jahre Sieger im Wettbewerb um die Urvater- und Urmutterschaft der Gattung Mensch. Zum anderen aber beruht die Interpretation von *Homo rudolfensis* auf einer Gesamthypothese zur ökologischen und biogeographischen Entwicklung des gesamtafrikanischen Lebensraumes.

Klima & Nahrungsveränderungen

Ein Grund für die vielfältigen Entwicklungslinien der Hominiden ist offensichtlich die Veränderung des Lebensraums und der Nahrungsgrundlagen in Afrika in den letzten 5 Millionen Jahren. Durch Sauerstoff-Isotopen-Messungen an den Kalkschalen einzelliger Wassertierchen aus Tiefseesedimenten kann seit dem Eozän – also jenem Erdzeitalter, das vor circa 50 Millionen Jahren einsetzte – eine globale Abkühlung nachgewiesen werden. Damals wuchsen noch Wälder in der Arktis und sogar Regenwälder in der Antarktis. Es gab nur wenige Wüsten und Grasländer, jahreszeitliche Wechsel waren wenig ausgeprägt, und die Tiefwassertemperaturen der Ozeane waren im Durchschnitt 10 Grad wärmer als heute. Seither wurde das Klima weltweit schrittweise kühler mit besonders einschneidenden Veränderungen vor 33, 14 und vor 2,8 Millionen Jahren. Die Wassertemperaturen in den Tiefen der Ozeane sanken ab, und auf den Kontinenten bildeten sich Eismassen.

In Afrika hatte zudem die Entwicklung des Afrikanischen Rifts Auswirkungen auf das regionale Klima: Durch die Hebung der Riftschultern entstanden am Rande des Grabenbruchs mächtige Gebirgszüge, an denen sich die vornehmlich von Westen kommenden Winde abregneten. Dadurch lag ein großer Teil des östlichen Afrika im Regenschatten – bekam also nur wenig Nieder-

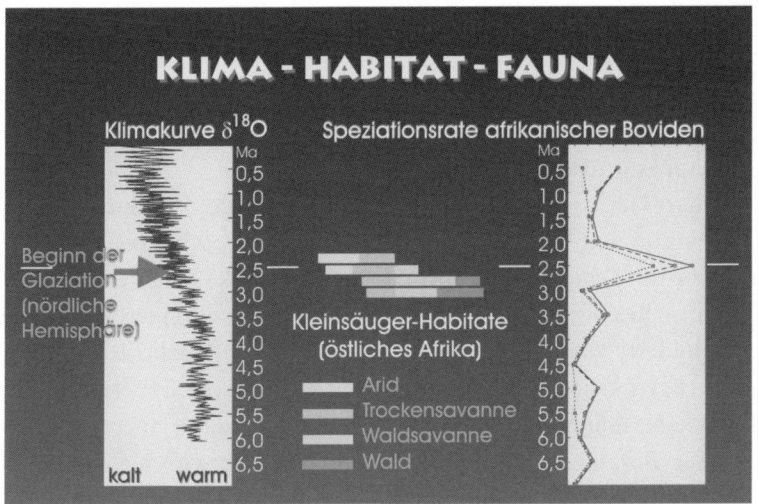

Abb. 96: Der Gleichklang von Veränderungen des Klimas und der Tierwelt ist Grundlage der Habitat-Theorie Elisabeth Vrbas: In der Zeit vor drei bis zwei Millionen Jahren begannen die Eiszeiten auf der nördlichen Hemisphäre, während im östlichen Afrika viele neue Antilopenarten entstanden und alle Kleinsäuger verschwanden, die bis dahin in feuchten Lebensräumen vorkamen.

schlag ab. In Afrika wurde es zwar nur um wenige Grad kühler, dafür aber relativ trocken. Die fossilen Belege für diese Annahmen finden sich in den jüngeren Schichten unseres Arbeitsgebietes. Je jünger die untersuchten Chiwondo-Beds in Nord-Malawi, desto eher lassen sich darin Fossilien von Tieren finden, die in der offenen Savanne lebten.

Offene Lebensräume mit einem höheren Anteil an Pflanzen, die gut mit der Trockenheit zurechtkamen – trockenresistent waren –, dehnten sich aus; die verbleibenden Bänder von üppigen Flußauenwäldern wurden schmaler. Viele Tierarten kamen damit nicht zurecht; es entstand ein sogenannter Selektionsdruck. Und dieser Selektionsdruck infolge der Veränderung des Lebensraums, also der Habitatänderung, erhöhte die Überlebenschancen für Säugetiere mit großen Mahlzähnen, die sich das nun härter gewordene Nahrungsangebot der Savannen erschließen konnten. Bereits ohne den Fund auch nur eines einzigen Hominiden konnten wir also

Hypothesen über dessen Lebensgewohnheiten wagen. Der Klima-wechsel mußte Auswirkungen auf den täglichen Speiseplan der Hominiden gehabt haben. Es wurde kühler, trockener, und die Nahrung wurde härter, folglich stiegen die Anforderungen an den Kauapparat unserer Vorfahren. Charakteristisch für die robusten Australopithecinen ist im Gegensatz zur Gattung Mensch die bereits beschriebene Ausbil-dung eines Scheitelkammes an der Oberseite des Schädels. Die im-posante Bezahnung unseres ausgestorbenen Großonkels kann, wie geschildert, vor allem auf harte und grobe pflanzliche Nahrung zurückgeführt werden. Australopithecinen waren Experten in der Zerkleinerung harter Nahrung ohne Besteck, dafür aber mit über-großer Bezahnung. Diese Erklärung ist einerseits einleuchtend. Andererseits belegen die Funde der Gattung *Homo* aus Malawi, daß mit den ältesten Angehörigen der Gattung *Paranthropus* vor cirka 2,5 Millionen Jahren zeitgleich auch die ältesten Angehöri-gen der Gattung *Homo* im gleichen Gebiet lebten. Aus der Gleich-zeitigkeit des Vorhandenseins dieser robusten Australopithecinen und der Entstehung des Menschen, also der Gattung *Homo*, ergab sich für uns eine spannende Frage, auf die es nur eine Antwort ge-ben konnte: Ist diese Gleichzeitigkeit nur Zufall oder Notwendig-keit aufgrund ökologischer Rahmenbedingungen? Gab es zur Ent-wicklung der megadonten Zähne der robusten Australopithecinen eine Alternative? Es mußte eine gegeben haben, wie sonst ließe sich das Aussterben der beschriebenen Australopithecinen und das Überleben der Gattung *Homo* erklären?

Paläobiogeographie der Malawi-Hominiden & Zambesi-Ökozone

Der globale Klimaumschwung hatte nicht nur Auswirkungen auf den Speiseplan der Lebewesen. Ebenso bedeutsam war die Ver-schiebung ihrer gewohnten Lebensräume. Dies läßt sich für alle diejenigen Säugetiere nachvollziehen, die ausgesprochen standort-treu waren und kein Nomadenleben führten. Unsere Funde in Nord-Malawi boten uns wegen ihrer geographischen Mittelposi-

Abb. 97: Ausbreitung als Effekt von Klimaveränderungen: Während zu Zeiten warmen Klimas vor mehr als drei und vor weniger als zwei Millionen Jahren sich viele Tierarten, aber auch Vor- und Urmenschen vom Äquator weg und in Ost-West-Richtung ausbreiteten, fand in dem dazwischen liegenden Zeitraum eine Einengung des Lebensraums zum Äquator hin statt.

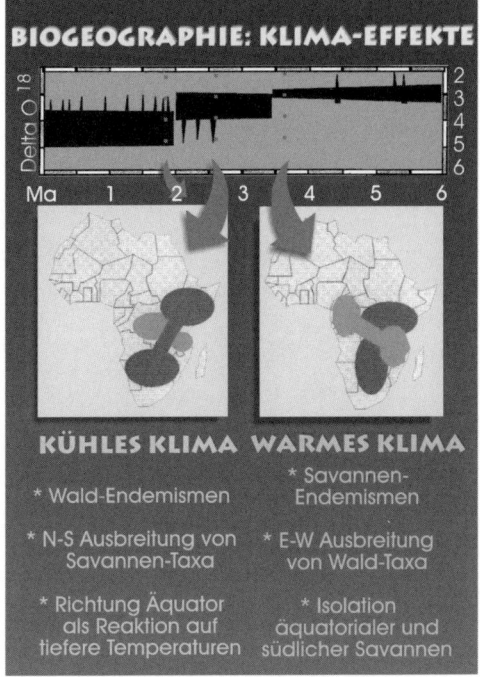

tion in Afrika damit die einmalige Chance, Wanderungsbewegungen der Tierwelt zwischen dem östlichen und dem südlichen Afrika zu erforschen.

Im heutigen Afrika muß die äquatoriale Klimazone von den Gürteln des tropischen und subtropischen Wechselklimas unterschieden werden. Tim und ich denken, es ist recht wahrscheinlich, daß neue Hominidenarten stets im äquatorialen Bereich Afrikas ihren Ursprung hatten. Denn die kleinteilige Gliederung des Lebensraums in den Tropen bietet zumindest statistisch bessere Voraussetzungen für geographische Isolation von Populationen – die einzelnen Gruppen bleiben dabei eher unter sich – und führt daher mit höherer Wahrscheinlichkeit zur Bildung neuer Arten.

An spezielle Habitate (Lebensräume) gebundene Arten konnten beziehungsweise wollten unserer Meinung nach die angrenzenden Bereiche nur dann durchqueren, wenn ökologische Extrembedingungen Verschiebungen ihres Lebensraumes erzwangen. Dies ist

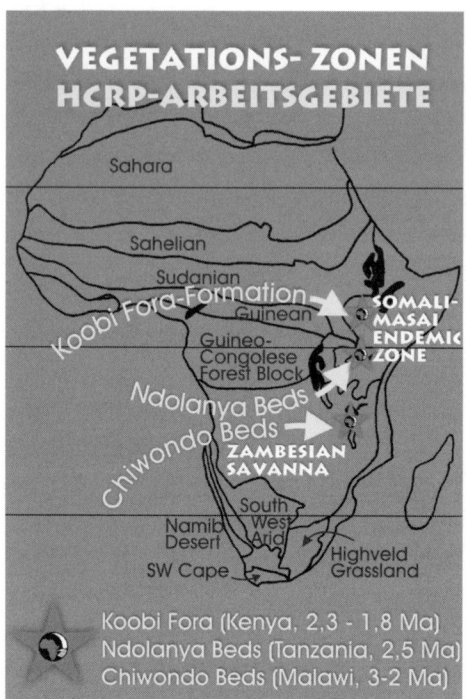

VEGETATIONS- ZONEN
HCRP-ARBEITSGEBIETE

Sahara

Sahelian

Sudanian

Koobi Fora-Formation
Guinean

Guineo-
Congolese
Forest Block

Ndolanya Beds

Chiwondo Beds →

SOMALI-
MASAI
ENDEMIC
ZONE

ZAMBESIAN
SAVANNA

Namib
Desert
SW Cape

South
West
Arid

Highveld
Grassland

Koobi Fora (Kenya, 2,3 - 1,8 Ma)
Ndolanya Beds (Tanzania, 2,5 Ma)
Chiwondo Beds (Malawi, 3-2 Ma)

Abb. 98: Vegetationszonen in Afrika auf Wanderschaft: Um das Wie und Warum einer Verschiebung von Vegetationszonen wie der Somali-Masai- und der Zambesi-Ökozone zu klären, verbinden wir die Ergebnisse der Geländearbeit in Kenia, Tansania und Malawi zu einem Gesamtbild. Um dann wiederum verstehen zu können, was sich vor Millionen von Jahren abgespielt hat, müssen wir die heutigen Merkmale der unterschiedlichen Ökozonen mit den damaligen in Beziehung setzen.

eine der Kernaussagen in der sogenannten Habitat-Theorie von Elisabeth Vrba, die wir mit unseren Daten aus dem Hominiden-korridor bestätigen konnten.

Unser Grabungsgebiet liegt in der sogenannten Zambesi-Öko-zone des südöstlichen Afrikas. Um deren besondere Rolle als zentrale afrikanische Vegetationszone und ihre biogeographischen Beziehungen zu den umliegenden Lebensräumen zu klären und ein Gesamtbild der damaligen Umwelt unserer Vorfahren zu rekonstruieren, versuchten wir in den ersten Jahren unserer Forschungsaufenthalte, die in den jüngeren Schichten der Chiwondo-Beds gefundenen Großsäuger, vor allem Schweine und Antilopen, nach ihrem jeweiligen Herkunftsgebiet im Süden und im Osten des Kontinents zu ordnen. Dabei zeigte sich, daß 14 Arten dieser Säugetiere sowohl im östlichen als auch im südlichen Afrika vorkommen, 17 Arten dagegen rein ostafrikanischer und 3 rein südafrikanischer Herkunft sind. Die größte Gruppe unter den gefundenen Säugern ist gewissermaßen eine Rift-Korridor-Tierwelt, die typischerweise in den Hoch- und Tieflagen Ostafrikas vorkommt. Da die Ver- und Ausbreitung der Großsäuger sicherlich nicht in enge Grenzen gepreßt war, ist dieser Korridor als eine Aneinanderreihung miteinander verbundener Lebensräume zu verstehen, die sich vom nordöstlichen Afrika bis in das südöstliche Afrika erstreckte.

Unser Untersuchungsgebiet hatte demnach eine gewisse Eigenständigkeit, stand jedoch auch mit dem südlichen und östlichen Afrika im Austausch. Eine Phase des Austauschs und der Verschiebung von Lebensräumen begann vor rund 2,8 Millionen Jahren. Im Zusammenhang mit der zunehmenden Vereisung der arktischen Gebiete wurde es damals auch für die Vormenschen in Afrika kühler und trockener. Diese Klimaveränderungen müssen zu einer Verschiebung der Grasland- und Waldgebiete geführt haben, was wir anhand von unseren gefundenen Wirbeltierfossilien belegen können. Diese Fragmente liefern – wie bereits erwähnt – auch ohne Hominidenfund wichtige Daten für die Paläoanthropologie. Das wurde jedoch nicht immer so eingeschätzt. In der Hominidenforschung der achtziger Jahre stand ausschließlich das einzelne Hominidenfundstück im Vordergrund. Der Arbeit unseres Projektes ist es mit zu verdanken, daß die Paläoanthropologie heute ein wesentlich größeres Gewicht auf die Erarbeitung evolutionsökologischer Modelle und auf die Gesamtentwicklung des Lebensraums der Hominiden legt.

Fossile Gefolgschaften: Weitere Meilen- und Mosaiksteine auf der Suche nach Adams Vorfahren

Das vergangene Jahrzehnt gehört zu den glanzvollsten Epochen in der Geschichte der Paläoanthropologie in Afrika. Die Suche nach dem Ursprung des Menschen wurde erheblich ausgeweitet, und eine Vielzahl von Funden half bei der Rekonstruktion unserer Vergangenheit. Fragen nach dem letzten gemeinsamen Vorfahren von Menschenaffen und Menschen, nach Entstehung des aufrechten Ganges, nach dem Beginn der Kultur und nach der ersten Auswanderung aus Afrika sind einer möglichen Beantwortung nähergebracht worden.

Irgendwann vor 7 bis 5 Millionen Jahren spalteten sich in Afrika die ältesten Vorfahren der Menschen, der Hominiden, aus der Gruppe der Schimpansen ab. Soviel scheint festzustehen. Wie dies genau passierte, war bis vor kurzem ein Rätsel, für dessen Lösung es nicht den geringsten fossilen Hinweis gab. Das ist um so erstaunlicher, als – wie berichtet – aus den jüngeren Zeiten Hunderte von Vor-, Früh- und Urmenschenresten in Afrika gefunden wurden. Theoretisch wußte man, welche fossilen Reste man mindestens brauchen würde, um Funde dieses hohen Alters einigermaßen plausibel auf dem zu den Hominiden führenden Ast und nicht bei den äffischen Vorfahren oder den bereits abgespaltenen Schimpansen anzusiedeln: Anatomische Hinweise auf den menschenähnlichen dauernden aufrechten Gang sollten kombi-

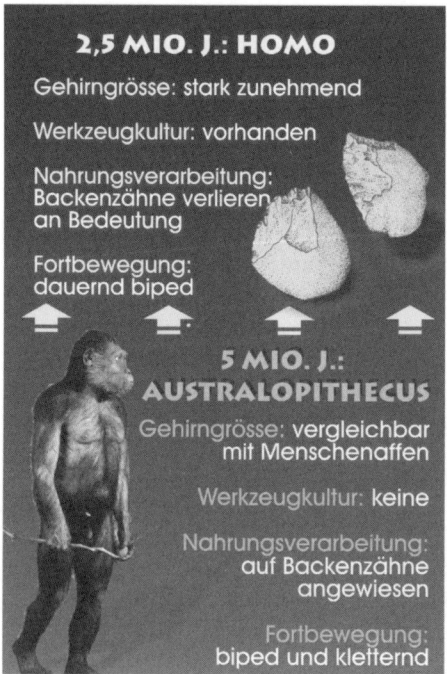

2,5 MIO. J.: HOMO
Gehirngrösse: stark zunehmend
Werkzeugkultur: vorhanden
Nahrungsverarbeitung: Backenzähne verlieren an Bedeutung
Fortbewegung: dauernd biped

5 MIO. J.: AUSTRALOPITHECUS
Gehirngrösse: vergleichbar mit Menschenaffen
Werkzeugkultur: keine
Nahrungsverarbeitung: auf Backenzähne angewiesen
Fortbewegung: biped und kletternd

Abb. 99: Fahndungssache Mensch: Der Steckbrief der Vor- und Urmenschen ist schnell geschrieben. Die wesentlichen Merkmale der beiden von Paläoanthropologen so häufig gesuchten und so selten gefaßten Hominiden sind Fortbewegungsart, Nahrungsverarbeitung, Werkzeugherstellung und Gehirngröße.

niert sein mit einem noch affenähnlichen, sehr dünnen Zahnschmelz.

Auf die dunklen Wurzeln des Stammbaums der Menschen fiel Ende 2000 ein erster Lichtstrahl, als Brigitte Senut und Martin Pickford vom *College de France* in sechs Millionen Jahre alten Schichten Kenias den bereits aufrecht gehenden Milleniummenschen (*Orrorin tugensis*) entdeckten.

Inzwischen gibt es auch aus Äthiopien Hinweise auf die sehr lange zurückreichende Geschichte der Menschheit: Zwischen 5,8 und 5,2 Millionen Jahre alt sind die neuesten Funde von *Ardipithecus ramidus* aus dem Middle-Awash-Gebiet, die von Yohannes Haile Selassie gefunden wurden. Die Hominidengattung *Ardipithecus* wurde bereits 1994 von seinem Doktorvater Tim White und Kollegen für 17 Vormenschenfragmente aus demselben Gebiet kreiert, die 1992 zunächst als *Australopithecus ramidus* beschrieben wurden. Als zwei Jahre später viele neue *Ramidus*-Reste zutage traten, wurden diese zwar kurzerhand der neuen Gattung *Ardipithecus* zugeordnet, anatomisch beschrieben sind sie jedoch bis heute nicht. *Ardipithecus ramidus* reicht nun durch die neuen Funde nicht nur etwas über 4, sondern fast 6 Millionen Jahre zurück. Und plötzlich gibt es neben dem Millenium-Menschen noch einen zweiten Anwärter auf den Platz des ältesten Vormenschen mit dem Anspruch, der erste auf der Hominidenlinie und am nächsten beim letzten gemeinsamen Vorfahren zu sein.

Immerhin bevölkert sich nun mit dem neuen Fund auch der Zeitraum zwischen 6 und 5 Millionen Jahren, der bis vor kurzem hoffnungslos leer erschien. Von beiden Gattungen, *Orrorin* aus Kenia und *Ardipithecus* aus Äthiopien, liegen eine ganze Reihe von Skelett- und Zahnfragmenten vor. Die entscheidenden anatomischen Faktoren „aufrechter Gang" und „dünner Zahnschmelz" sind daher auch die Hauptargumente bei der durch die neuen Äthiopien-Funde entbrannten Diskussion um den „wahren" ältesten Vorfahren in der Hominidenlinie. Auf der Basis der bislang publizierten Argumente steht es eindeutig unentschieden. Beide Funde tragen Anzeichen für dauerndes aufrechtes Gehen, bei *Or-*

rorin deutet die Dicke des Oberschenkelknochens, bei *Ardipithecus* eine Furche in einem Zehenknochen darauf hin. Der Zahnschmelz ist in beiden Fällen deutlich dünner als bei den späteren Vormenschen.

Die wahrscheinlichste Erklärung für diese Situation ist, daß es bereits in der frühesten Phase der Menschwerdung verschiedene geographische Varianten der Vormenschen in Afrika gab. Wahrscheinlich sind nur die wenigsten bislang entdeckt, und die Schlußfolgerungen sind stets eine Frage der Interpretation: Da Hominidenfunde selten und die Lücken in der Überlieferung groß sind, besteht immer die Gefahr, daß die anatomischen Variationsmöglichkeiten innerhalb einzelner Arten unterschätzt werden. Bei neuen Funden mit abweichenden Merkmalen stellt sich die Frage, ob diese noch in das ursprünglich beschriebene Raster passen.

So wurde zum Beispiel die Art *Australopithecus afarensis*, die mit dem Skelett von „Lucy" weltberühmt wurde, zwei Jahrzehnte in den Wurzeln fast aller Stammbäume der Hominiden verortet; von hier aus sollten alle nachfolgenden Entwicklungen abzuleiten sein. Am Anfang der 70er Jahre erweiterte diese Hypothese das paläoanthropologische Weltbild sowohl in geographischer als auch in zeitlicher Hinsicht ganz enorm. Spätere Entdeckungen brachten eine Fülle neuer morphologischer und geographischer Varianten der Vormenschen aus dem Zeitraum zwischen 4 und 3 Millionen Jahren zum Vorschein. Der Stammbaum wurde zum Stammbusch.

Die ältesten bekannten Fossilien der Vormenschen (Australopithecinen) sind knapp über 4 Millionen Jahre alt. Es war die Kenianerin Meave Leakey, die mit ihren Mitarbeitern in Nordkenia am Rande des Turkana-Sees auf die Überreste von *Australopithecus anamensis* stieß. Bereits in den sechziger Jahren hatte man in Lothagam (circa 6–7 Millionen Jahre) und in Kanapoi (4 Millionen Jahre) erste Hominidenfossilien geborgen. Meave Leakey, die Frau von Richard Leakey, und ihr Team entdeckten 1994 und 1995 mehrere 4 Millionen Jahre alte Unter- und Oberkiefer sowie Einzelzähne von Hominiden, die als *Australopithecus ana-*

Abb. 100: Meave ist, paläoanthropologisch gesehen, inzwischen erfolgreicher als ihr Mann Richard. Ihr bekanntester Fund sind Skeletteile von *Australopithecus anamensis*, einem über vier Millionen Jahre alten Vormenschen aus Kenia, der als Rekonstruktion jetzt im Hessischen Landesmuseum Darmstadt bewundert werden kann.

mensis bezeichnet wurden; Anam bedeutet „See" in der Sprache der Turkanas.

Die Entdeckungen brachten etwas Ordnung in die Funde des *Australopithecus afarensis*, zu denen das etwa 3 Millionen Jahre alte Skelett von „Lucy" gehört. Warum das so war? Die Funde haben durch zwei unterschiedlich konstruierte Beinknochen Verwirrung gestiftet. Vielleicht wurden die 3,6 Millionen Jahre alten Fußspuren von Laetoli gar nicht von Lucy-Typen mit Watschelgang, sondern von dem bereits ganz aufrecht gehenden *Australopithecus anamensis* hinterlassen. Gewagter ist es, die Gattung *Homo* direkt auf den *Australopithecus anamensis* zurückzuführen, wonach die Lucy-Gruppe nur eine Seitenlinie wäre. Klar scheint immerhin, daß auch der aufrechte Gang nicht ganz so einmalig war wie früher angenommen.

In den neunziger Jahren wurde auch die geographische Fundbasis der Australopithecinen stark erweitert. Ein Unterkiefer des

Australopithecus bahrelgazali, den Michel Brunet von der *Université de Poitiers* 1995 im Tschad fand, belegt die Verbreitung der Australopithecinen bis in das westliche Afrika. Auch im nordöstlichen Afrika entwickelte sich eine geographische Variante. Die Funde von *Australopithecus garhi* in Hata/Äthiopien, erstmals 1999 von Tim White und seinen Mitarbeitern beschrieben, sind etwa 2,5 Millionen Jahre alt. *Australopithecus garhi* könnte durchaus dem Ursprung der Gattung *Homo* nahestehen.

Aus südafrikanischen Höhlen wurden seit 1924 mehr als tausend Australopithecinen-Fragmente bekannt. 1998 entdeckten Ron Clarke von der *University of Witwatersrand* in Johannesburg und seine Mitarbeiter das erste vollständige Skelett mit dazugehörigem Schädel eines Vormenschen in der Sterkfontein-Höhle. An diesem einzigartigen Fundort, der inzwischen auf der Weltkulturerbe-Liste der Unesco steht, lassen sich jetzt sogar demographische Besonderheiten der Australopithecinen-Familien ergründen.

Während die bislang genannten Vormenschen alle der Gattung *Australopithecus* – jahrzehntelang unangefochten die Ausgangsgruppe für die Entstehung der Gattung *Homo* – zugeordnet wurden, bekam diese selbst kürzlich ebenfalls Konkurrenz: Hominidenfossilien, die von Meave Leakeys Team seit 1998 in den Fundgebieten am Westufer des Turkana-Sees in Nordkenia entdeckt wurden, werden nicht nur einer neuen Art, genannt *platyops*, also „Flachgesicht", sondern auch einer neuen Gattung, *Kenyanthropus* (Keniamenschen), zugerechnet.

Eine ganze Reihe fossiler Fragmente wurden 1998 und 1999 in der Gegend um Lomekwi entdeckt, darunter ein fast vollständiger Schädel, zwei Unterkiefer und viele Einzelzähne. Ihr Alter wurde mit Hilfe von radiometrischen Datierungen auf zwischen 3,5 und 3 Millionen Jahre eingegrenzt. Das Hauptfundstück, der Schädel KNM-WT 40000, stellte sich – kurz gesagt – als weitgehend robuster Australopithecine mit sehr kleinen Zähnen heraus. Diese Mischung verblüfft, denn nach gängiger Auffassung entstanden die robusten Vormenschen erst vor circa 2,5 Millionen Jahren. Außerdem wirkten bei diesen spezialisierten Pflanzenfressern

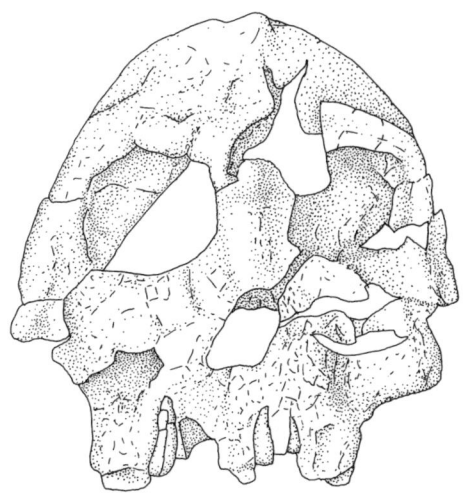

Abb. 101: Vom Stammbaum zum Stammbusch: Vielfalt und Gleichzeitigkeit der frühen Hominiden konnten dank entsprechender Funde in den letzten Jahren erheblich besser dargestellt werden. Jüngst wurde sogar eine neue Gattung, *Kenyanthropus*, aufgrund von Funden des Teams von Meave Leakey in West-Turkana beschrieben. Auffällig ist die Mischung von kleinen Zähnen mit einem Knochenkamm, wie er vorher nur von den großzähnigen Nußknackermenschen bekannt war.

große Zähne und kräftige Kaumuskulatur im Sinne einer Mahlwerkskonstruktion zusammen. Offensichtlich paßt nicht jedes Fossil in eine der drei seither akzeptierten Gattungen: bis vor 2,5 Millionen Jahren der Vormenschen (*Australopithecus*), danach der robusten Vormenschen (*Paranthropus*) und der Urmenschen (*Homo*).

Neben der Entdeckung immer älterer Vor- und Urmenschenfossilien brachten archäologische Forschungen die ältesten Relikte altsteinzeitlicher Werkzeuge zutage: Die ältesten Steinwerkzeuge sind inzwischen aus Äthiopien und Tansania bekannt. Wenig östlich der Hominidenfundstellen von Hadar in Äthiopien, bei Gona, wurden sehr urtümliche Geröllwerkzeuge entdeckt, die circa 2,6 Millionen Jahre alt sind. Auch neue Funde am Westufer des Turkana-Sees bestätigen, daß vor circa 2,5 Millionen Jahren die ersten Werkzeugkulturen etabliert waren – zeitgleich mit der Entstehung der Gattung *Homo*. Im Middle-Awash-Gebiet Äthiopiens wurden 1994 Steinwerkzeuge zusammen mit Resten des frühen *Homo* gefunden. Bereits vor rund 2,5 Millionen Jahren gab es damit nachweislich die ersten Werkzeugkulturen – zeitgleich mit der Entstehung der Art *Homo rudolfensis*.

Schließlich gelangen in den letzten Jahren Nachweise für eine sehr frühe Auswanderung aus Afrika: Die ältesten Nachweise der Besiedlung Javas und Chinas gehen heute bis circa 1,8 Millionen Jahre zurück. In Südspanien (Orce) wird ein ebenso hohes Alter vermutet, gefolgt von Dmanisi in Georgien und Ubeideja in Israel.

Wenn wir im Nachfolgenden versuchen, unsere eigenen Forschungsergebnisse mit diesen neuen Erkenntnissen zu einem Szenario der Menschwerdung zu verbinden, so basiert dies ganz bewußt auf klima- und biogeographischen Überlegungen. Denn die Ergebnisse unserer langjährigen Grabungsarbeit in den Chiwondo-Beds Malawis zeigen, wie wichtig es ist, Veränderungen des Klimas, der Umwelt und des Lebensraums unserer Vorfahren zu erforschen, wenn man ein Gesamtbild der Entwicklung der Menschheit entwerfen will. Glücklicherweise gewinnen in den letzten Jahren solche Forschungsansätze immer größere Bedeutung. Wir verstehen diese Entwicklung als kleine Anerkennung unseres Projektes, des *Hominid Corridor Research Projects* in Afrika. Nur auf diesem Kontinent lassen sich Fragen zum Ursprung der Menschheit beantworten, und nur hier besteht die einmalige Chance, großräumige Entwicklungstendenzen zu verfolgen. Daher sollte sich unserer Meinung nach das wissenschaftliche und öffentliche Interesse weniger auf Einzelfunde oder Einzelfundstellen richten. In einer modernen paläoanthropologischen Wissenschaft kann und muß es um eine ganzheitliche Interpretation gehen.

Abb. 102: Stammbäume können nie richtig sein. Sicher ist nur – bei richtiger Datierung – die zeitliche und geographische Ordnung der Funde. Fest steht bislang auch, daß kein einziger der bis heute gemachten Hominidenfunde, die älter sind als etwa 2 Millionen Jahre (unterhalb des dunklen Horizonts), NICHT aus Afrika kommt. Mit jedem weiteren Fund vom schwarzen Kontinent nimmt der Wahrscheinlichkeitsgrad weiter zu, daß die Wiege der Vor-, der Ur- und der Frühmenschen in Afrika stand.

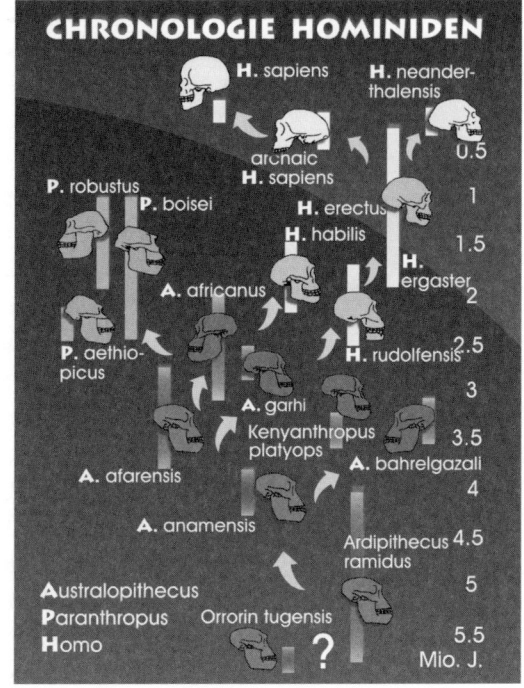

Wie Adams Eltern Adam zeugten: Szenario der Menschwerdung

Ursprung der Hominiden (Orrorin, Ardipithecus). Auch wenn viele Menschen noch immer denken, sie stammten von den Affen ab, muß die Wissenschaft, also wir, sie eines Besseren belehren. Die heute lebenden Menschenaffen und der Mensch hatten gemeinsame Vorfahren. Die Entwicklungslinie dieser Vorfahren von Menschenaffen und Menschen spaltete sich vor etwa 7 bis 6 Millionen Jahren auf – zwei eigenständige Stränge entstanden, deren Vertreter in zwei recht unterschiedlichen Habitaten siedelten. Warum das so war, läßt sich – wie viele Entwicklungen – mit weitreichenden Klimaveränderungen erklären. Der tropische Regenwald ging stark zurück, und es entstanden Baumsavannen und damit eine größere Vielfalt an Lebensräumen. So fanden sich manche Menschenaffen-Populationen nach einiger Zeit auf einmal am

193

Orrorin

Rande des tropischen Regenwaldes wieder. Die angrenzende baumbestandene Savanne bot andere, neue und attraktive Lebensräume für Menschenaffen. Das Hangeln wie im dichten Urwald war hier zwar nicht mehr möglich, aber die Bäume boten immerhin sichere Schlafplätze. Einziger Nachteil dieses Baumhabitats war, daß die geschlossenen Bereiche durch weite baumlose Gebiete voneinander getrennt waren. Die hier lebenden Menschenaffen müssen diesen Nachteil jedoch als Vorteil genutzt haben. Eine der Strategien, die weit auseinanderliegenden Gebiete zu überbrücken, muß, so denken wir zumindest, die Entwicklung des aufrechten Gangs gewesen sein. Was Schimpansen nur ab und zu tun, wurde für unsere ältesten Vorfahren zum normalen Verhalten: das zweibeinige „Gehen". Während eines Zeitraums von mehr als einer Million Jahre waren somit Körperkonstruktion und Verhalten durch das Leben sowohl auf den Bäumen als auch am Boden unterschiedlichen Anforderungen ausgesetzt. Der aufrechte Gang brachte zudem Vorteile in

Ardipithecus

offenen Gebieten, weil sich bei dieser Fortbewegungsart nicht mehr der ganze Körper so erhitzte, wie wenn die Bauchseite an klaren Tagen der abstrahlenden Erdwärme und der Rücken der vollen Sonne zugewandt war. Als vor 6 bis 5 Millionen Jahren die saisonalen Trockenzeiten länger und ausgeprägter wurden, mußten unsere Vorfahren, um sich zu ernähren, wohl oder übel auf Bodenfrüchte wie Knollen und Speicherwurzeln zurückgreifen, während ihnen in den Regenzeiten weiterhin die verschiedenartigsten Früchte und Kerne der Waldgebiete zur Verfügung standen.

Daß diese Vorfahren am Rande des tropischen Regenwaldes gelebt haben müssen, kann aus den in ihrem Umfeld gefundenen Tierfossilien geschlossen werden. Die immer noch propagierte Savannentheorie, wonach der aufrechte Gang erst bei der Besiedlung der Savanne entstand, kann somit getrost aufgegeben werden.

Stammgruppen der Vormenschen: *Australopithecus anamensis/Australopithecus afarensis/Kenyanthropus.* Unsere Hypothese zur Entstehung und Verbreitung früher Hominiden in Afrika geht davon aus, daß alle frühen Hominiden im tropischen ostafrikanischen Bereich entstanden sind. Wie bereits bei der Entstehung der Hominiden 2 Millionen Jahre zuvor existierten verschiedene Vormenschentypen gleichzeitig nebeneinander in geographisch getrennten Lebensräumen. *Australopithecus* und *Kenyanthropus* gehörten – nach dem Zahnschmelz zu urteilen – zu den Allesfressern. Auf ihrem Speiseplan standen Früchte, Beeren, Nüsse, Samen, Sprößlinge, Knospen und Pilze – Futter, das regelmäßig in ihrem Lebensraum zur Verfügung stand. Kleine Reptilien, Jungvögel, Eier, Weichtiere, Insekten und kleine Säugetiere wurden von ihnen, soweit sie dessen

*Australopithecus
anamensis*

habhaft werden konnte, wohl ebenfalls verzehrt. Die Vormenschen entwickelten Strategien, mit denen sie das vielfältige Nahrungsangebot bestmöglich nutzen konnten. Neben reichlich Pflanzennahrung gehörte also auch Fleisch zum Speiseplan. Da es keine Anzeichen für Jagdverhalten wie etwa Schnittspuren auf den gefundenen Knochenresten gibt, wurden wohl nur kleinere Tiere gejagt, wenn dies ohne Gefahr möglich war. Viel häufiger als die Jagd pflegte *Australopithecus* das Fleddern schon gerissenen Wildes – ein auch für Schimpansen nicht unübliches Verhalten. Gerade in den Trockenzeiten war frisch-totes Fleisch zum Beispiel von verhungerten Tieren reichlich zu finden. *Australopithecus* jedoch als Jäger zu bezeichnen wäre alles andere als zutreffend; als Aasfresser war er mehr Gejagter als Jäger. Die Vormenschen lebten in kleinen Gruppen mit vielleicht 20 bis 25 Individuen in den Randbereichen des sich ausdünnenden tropischen Regenwaldes am Rande der sich ausbreitenden Grassavanne. Es gibt keine Hinweise auf Nahrungsteilung, daher ist anzunehmen, daß auch die Nahrungssuche individuell bestimmt war. Das Gehirnvolumen der Vor-

*Australopithecus
afarensis*

menschen war nur wenig größer als bei ihren Vorfahren – kurz gesagt, sie waren also nichts anderes als aufrecht gehende Menschenaffen.

Geographische Varianten der Australopithecinen (3,5 bis 3 Millionen Jahre.): *Australopithecus bahrelgazali, Australopithecus garhi, Australopithecus africanus.* Das Verhalten der Stammgruppe der Australopithecinen im tropischen Bereich war zunächst darauf ausgerichtet, eine enge Verbindung zu den breiten Uferzonen der Flüsse und Seen aufrechtzuerhalten. Über einen längeren geologischen Zeitraum kam es jedoch zur Ausbreitung einiger Populationen entlang von Uferzonen-„Korridoren" in das westliche, das nördliche und das südliche Afrika, und zwar in Zeiten relativ feucht-warmen Klimas vor circa 3,5 Millionen Jahren.

Australopithecus africanus

Die Hominiden blieben auch weiterhin ihren bewaldeten Habitaten treu, und das besonders in gemäßigteren Klimazonen und in geographischer Isolation am äußersten Rand ihres Verbreitungsgebietes. Vor 3,5 Millionen Jahren entstanden also die ersten geographischen Varianten der Vormenschen. Im westlichen Afrika war dies *Australopithecus bahrelgazali* und im nordöstlichen Afrika *Australopithecus garhi.* Als vor etwa 3,5 Millionen Jahren eine Verlagerung der bisherigen Lebensräume begann, führte dies auch zur Entstehung von *Australopithecus africanus* als Teil der Faunen des südlichen Afrika. Die Ausbreitung in das südliche Afrika hinein wurde durch die Entstehung des Paläo-Lake Malawi – also des Ur-Malawisees – und durch das Vordringen des Malawi-Rifts in die gemäßigten Bereiche Afrikas ermöglicht. In den vergangenen Jahren ist also offenkundig geworden, daß die Menschwerdung ein pan-afrikanisches Phänomen war. Adams Eltern – und damit auch unser aller Vorfahren – waren also in jedem Fall Afrikaner; soviel zum Thema Rassismus und Ausländerfeindlichkeit.

Robuste Australopithecinen (Paranthropus). Vor ungefähr 2,8 Millionen Jahren setzte eine allgemeine Phase der Abkühlung und zunehmenden Trockenheit ein, die vor circa 2,5 Millionen Jahren ihren Höhepunkt erreichte. Während dieser Zeit waren die Vormenschen des östlichen und des südlichen Afrika jeweils unterschiedlichen Folgen dieser sich kontinentweit ausbreitenden Trockenheit ausgesetzt. *Australopithecus afarensis* aus dem östlichen Afrika zwang jener Umschwung, seinen Lebensraum zu verlagern. Er breitete sich in die weiter entfernt liegenden Lebensräume der Fluß- und Seeufer aus. Die Veränderungen der Umwelt hatten zur Folge, daß sich Savannen, mit einem höheren Anteil an gegenüber Trockenheit resistenten, hartfaserigen und hartschaligen Pflanzen, ausdehnten. Die verbleibenden üppigen Flußauenwälder wurden schmaler. Der Selektionsdruck dieser

Paranthropus

Umweltveränderungen erhöhte die Chancen für Tiere und Hominiden mit größeren Zähnen, die sich das Angebot an härterer Nahrung in den Savannen erschlossen hatten. Vor ungefähr 2,5 Millionen Jahren spaltete sich der Hominidenstamm in zwei Linien auf. Die eine Linie führt zum *Homo sapiens*, die andere – die der robusten Australopithecinen (*Paranthropus*) – starb vor etwa einer Million Jahren aus.

Homo rudolfensis und der Beginn der kulturellen Evolution. Während *Paranthropus* durch einen robusten Kauapparat grundsätzlich auf zähe Nahrung spezialisiert war, zeigte sich *Homo rudolfensis* von einer flexibleren Seite: Seine Fähigkeit zur Anpassung an die klimatischen Veränderungen ging einher mit der Entwicklung eines größeren und leistungsfähigeren Gehirns. Hierbei vollzog sich ein Wechsel zur Aufnahme einer weniger abrasiven Nahrung – d. h., daß diese Nahrung nicht so hart war, daß sie die Zähne stark abnutzte –, wobei sich eine zunehmende Tendenz zu einer omnivoren (allesfresserischen) Ernährungsweise zeigte, die sich bis heute beim Menschen gehalten hat. Offensichtlich gab es demnach neben dem kraftvollen Kauapparat der robusten Austra-

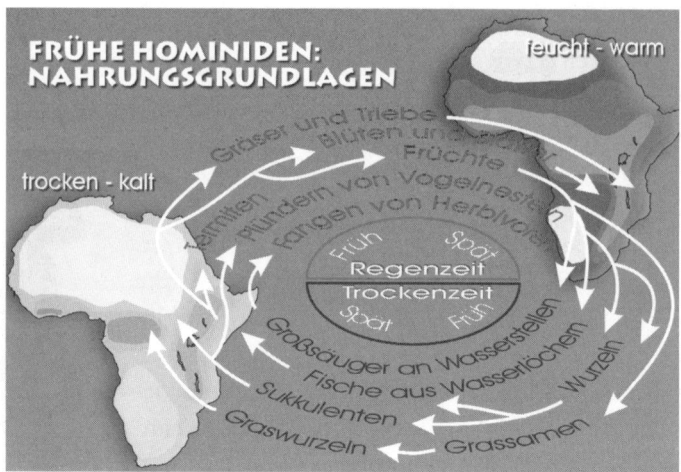

Abb. 103: Jahreszeiten gibt es in Afrika erst seit 9–7 Millionen Jahren. Das Nahrungsangebot ist in Trockenphasen sehr viel eintöniger und im allgemeinen hartfaseriger als in den Regenzeiten. Hominiden begannen daher sehr früh, sich ,je nach Angebotslage' von allem zu ernähren, was gerade verfügbar war, legten also eine sogenannte *opportunistische* Ernährungsweise an den Tag.

Abb. 104: Viele Tiere benutzen Hilfsmittel; eine gezielte Werkzeugherstellung ist nur vom Menschen bekannt, der damit vor circa 2,5 Millionen Jahren begann. Diese ausschließliche Zuordnung eines Kulturakts zur Gattung Mensch wird jedoch immer fraglicher, da inzwischen auch regelrechte Kulturleistungen der Schimpansen beschrieben werden.

lopithecinen eine andere Möglichkeit, die bei steigender Trockenheit zunehmend härtere Nahrung zu bewältigen: Die ersten Werkzeugkulturen entstanden zeitgleich mit der Entstehung der Gattung *Homo*. Mit Hilfe der Werkzeuge wurde ein Teil der Nahrungsverarbeitung nach außerhalb des Körpers verlegt. Der Einsatz der ersten Hammerwerkzeuge zum Aufbrechen harter Nahrung brachte Vorteile in unvorstellbarem Ausmaß. Zufällig entstehende scharfkantige Abschläge wurden als Schneidewerkzeuge eingesetzt – und das war eine technische Revolution für die Hominiden. Kadaver konnten so leichter zerlegt und Fleisch einfacher gegessen werden. Durch die Benutzung von Werkzeugen war der Mensch erstmals unabhängig von direkten Umwelteinflüssen. Allerdings führte die damit wachsende Unabhängigkeit vom Lebensraum zur Abhängigkeit von Werkzeugen – ein bis heute charakteristisches Merkmal des Menschseins. Wer überall zurechtkommen will, braucht Hilfsmittel, mit denen er den Anforderungen der jeweiligen Region und Situation gewachsen ist. Unter dem Druck der Umweltveränderungen war es also vor allem die Fähigkeit der Hominiden zu kulturellem Verhalten – Werkzeugnutzung und -herstellung –, die die Gattung Mensch entstehen ließ.

Homo
rudolfensis

Die beginnende Werkzeugkultur kompensierte die Auswirkungen des Klimawechsels so lange, bis *Homo rudolfensis* weitere Nahrungsquellen besser als jede andere Hominidenart jemals zuvor nutzen konnte.

Eine wichtige Voraussetzung für die weitere kulturelle Evolution lag in der Verfeinerung der Kommunikationsmöglichkeiten. Die differenzierten Nuancen kultureller Erscheinungen setzen ein ebenso differenziertes Kommunikationsmedium voraus: die Sprache. Mit ihrer Hilfe ist es möglich, kulturelle Erfahrungen zu tradieren und weiterzugeben. Auch wenn Sprache nicht fossilisiert, sind doch zunehmend verfeinerte Werkzeuge ein Hinweis auf eine möglicherweise komplexer werdende Sprache. Mit der Gattung Mensch begann vor weit über 2,5 Millionen Jahren – neben der Sprache – auch die Entwicklung des Gehirns mit Veränderungen

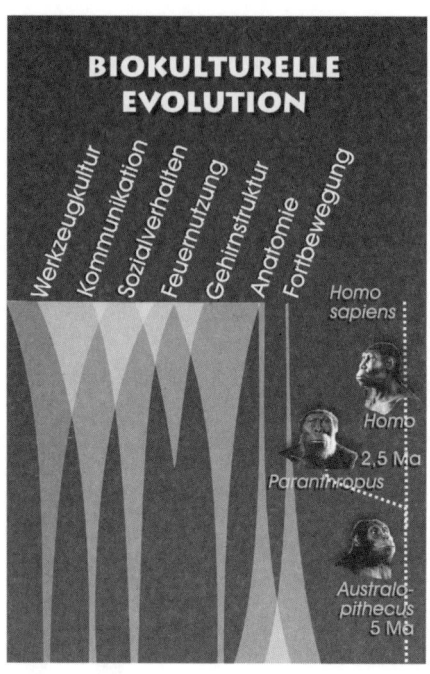

Abb. 105: Unterschiedliche Faktoren der Menschwerdung reichen sehr weit zurück im Primatenstammbaum und sind nicht Produkt, sondern Grundlage der Menschwerdung. Während die Auswirkungen der biologischen Evolution abnehmen, verstärken sich die der kulturellen Evolution. Erst die Überlagerung und gegenseitige Beeinflussung und Verstärkung der Wirkungen der Faktoren führten vor rund 200 000 Jahren zur Entstehung des modernen *Homo sapiens*.

in Größe und Struktur. Die mit Hilfe von scharfen Steinsplittern mögliche Zerlegung und bessere Ausnutzung von Kadavern führt zu einer Zunahme fleischlicher Nahrungsbestandteile. Erst die dadurch verfügbare bessere, fetthaltigere und gleichmäßigere Nährstoffzufuhr ermöglichte den Hominiden die Entwicklung und Versorgung eines größeren Gehirns.

Für spezialisierte Pflanzenfresser wie die robusten Australopithecinen hätte der Einsatz von Steinwerkzeugen keinen unmittelbaren Vorteil gebracht. Solange beide Ernährungsstrategien erfolgreich waren, also immerhin mehr als 1 Million Jahre lang, existierten verschiedene Hominidengattungen und -arten nebeneinander. *Paranthropus boisei* und *Homo rudolfensis* blieben also während dieser Zeit in den tropischen Breitengraden heimisch. Für die ostafrikanische tropische Tiergemeinde gab es keinen Anreiz, in die relativ nahrungsarmen Gebiete südlich des Riftvalleys abzuwandern, da ihre angestammte Domäne viele nutzbare Alternativen bot.

Homo habilis. Der Rückgang der Waldgebiete und die gleichzeitige Ausdehnung des offenen Graslandes riefen nicht nur evolutive Veränderungen als Anpassung an das Leben in den Savannen des tropischen Ostafrika hervor, sondern hatten auch eine nordwärts gerichtete Ausbreitungstendenz von Faunen (Lebewesen) des südlichen Afrika zur Folge. Viele Tiere folgten den sich vor circa 2,5 Millionen Jahren äquatorwärts ausbreitenden Grasland- und Wald-Lebensräumen. Auch einige Hominiden-populationen des südlichen Afrika, die von *Australopithecus africanus* abstammten, konnten durch Migration (Wanderung) – eine Strategie, die den nördlichen Verwandten nicht zur Verfügung stand – ihr spezifisches Habitat, die bewaldeten Gebiete, als Lebensraum beibehalten und verbreiteten sich entlang der Uferzonen nach Norden. Im Verlauf dieser Ausbreitungswelle in Richtung des ostafrikanischen tropischen Bereiches war das Überleben der Arten an verstärkte Flexibilität des Verhaltens und an die Vielfalt nicht vegetarischer Nahrung gekoppelt, die in dem neuen Lebensrahmen zur Verfügung stand. Die hierbei entstehende Art des *Homo habilis* etablierte sich rasch als eindeutiger Allesfresser, der sich durch die Entwicklung einer Werkzeugkultur nicht nur gezielt Vorteile bei der Nahrungsbeschaffung sichern, sondern auch vor Umweltveränderungen schützen konnte.

Homo habilis

Ausbreitung von Homo habilis und Paranthropus in das südliche Afrika. Vor ungefähr 2 Millionen Jahren begann in Afrika eine Umkehrentwicklung: Es war nicht mehr kühl und trocken, sondern es wurde wärmer und feuchter. Lebensräume weiteten sich aus und ermöglichten so Wanderungsbewegungen vom Äquator weg, die fast eine Million Jahre der Beschränkung der meisten Hominiden auf den tropischen Lebensraum beendeten. *Paranthropus boisei* breitete sich entlang der Flußuferzonen in das südliche Afrika aus. Unter dem Einfluß des gemäßigteren Klimas begann er sich zu verändern – die neue Art *Paranthropus robustus* entstand. *Homo habilis* expandierte gleichfalls in die gemäßigte

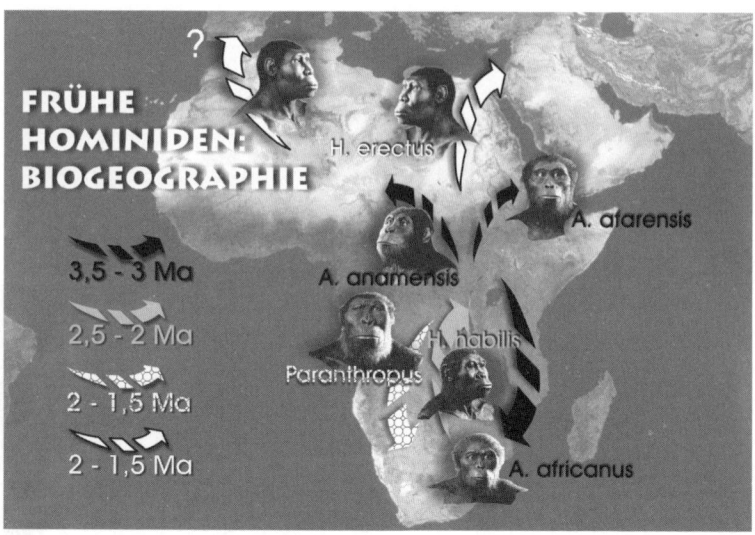

Abb. 106: Die Verschiebung der Lebensräume aufgrund von Klimaveränderungen führte zu Wanderungsbewegungen der Vor- und Frühmenschen. Die Stammgruppe der Australopithecinen breitete sich vor mehr als 3 Millionen Jahren in ganz Afrika aus; *Homo habilis*, ein Abkömmling des *Australopithecus africanus* des südlichen Afrika, entstand während der Wanderung Richtung Äquator aufgrund von Klimaverschlechterungen vor circa 2,5 Millionen Jahren. Erst mit den Klimaverbesserungen vor circa 2 Millionen Jahren erfolgte die Besiedlung des südlichen Afrika durch *Homo habilis* und den robusten Australopithecinen und ebenso die erste Auswanderung aus Afrika mit dem Frühmenschen *Homo erectus* oder vielleicht schon seinem Vorläufer *Homo rudolfensis* und *Homo ergaster*; diese Auswanderung erfolgte vermutlich nicht nur über den Nahen Osten, sondern auch über Gibraltar.

Zone des südlichen Afrika, behielt jedoch einen ökologisch wesentlich umfassenderen Lebensraum bei und vergrößerte sein Verbreitungsgebiet, wobei aber lediglich geographische Varianten entstanden. *Homo rudolfensis* blieb im östlichen tropischen Afrika heimisch, wobei dies zumindest teilweise auf eine Konkurrenz zu *Homo habilis* zurückzuführen sein dürfte.

Homo erectus. Vor circa 2 Millionen Jahren begann in Afrika auch die Entwicklung zu Hominidentypen mit kräftigerem und größerem Skelett und massivem Schädelknochenbau, den typischen Merkmalen von *Homo erectus* (der *aufgerichtete Mensch*).

Diese Frühmenschen breiteten sich von Afrika bis nach Asien und Europa aus. Der Vater von *Homo erectus* war wahrscheinlich *Homo rudolfensis*, ein relativ robuster Typus, der – wie bereits erwähnt – eine halbe Million Jahre zuvor im östlichen Afrika entstanden war. Die Abstammung von *Homo habilis* ist fraglich, da jene Form zeitgleich erst aus dem *Australopithecus africanus* des südlichen Afrika hervorging. Gegenüber *Homo rudolfensis* zeigen sich bei *Homo erectus* Körpermerkmale, die eine progressive Entwicklung andeuten. Hierzu gehören vor allem die Vergrößerung des Hirnschädelvolumens, die Veränderung der Proportionen des Hirn- und Gesichtsschädels, die Verstärkung der Schädelbasisknickung, die tiefere Lage der Öffnung der Schädelunterseite, wo das Rückgrat ansetzt und das Rückenmark austritt, und die rundlichere Zahnbogenform. Kennzeichnend sind ebenso eine recht niedrige Stirn und die Ausbildung von kräftigen Augenüberwülsten, über deren Funktion man bis heute rätselt. Klar dagegen ist die Interpretation seines recht massiven Knochenbaus: Er läßt darauf schließen, daß *Homo erectus* hohe Kraft und Ausdauer beim Tragen von Material und Nahrung zu seinen Wohnplätzen

Homo erectus

aufbringen konnte. Bei *Homo erectus* ist eine Zunahme des Gehirnvolumens feststellbar: Es beträgt bei den ältesten Schädeln (knapp 2 Millionen Jahre alt) circa 800–900 ccm. Vor einer Million Jahren wurden Werte von circa 900–1000 ccm erreicht und vor 0,5 Millionen Jahren Werte von über 1100–1200 ccm.

Out of Africa I. Spätestens vor 2 Millionen Jahren verließ der frühe *Homo erectus* (der sogenannte *Werkzeugmacher Homo ergaster*) oder ein später *Homo rudolfensis* zum ersten Mal den afrikanischen Kontinent. Sowohl die Fähigkeit, das Feuer zu nutzen – ein technisches und soziales Problem, das sicher vor mehr als 1,5 Millionen Jahren und wahrscheinlich schon vor 2 Millionen Jahren gelöst war –, als auch entwickelte Jagdtechniken waren wichtige Voraussetzungen für diesen Schritt. Möglicherweise war die Jagd eine wichtige Triebkraft, um in entfernteren Gebieten nach Beute zu suchen und den Lebensbereich langsam auszudehnen. Noch in den achtziger Jahren galt als ziemlich sicher, daß *Homo erectus* als erster Afrika verließ. Jedoch sind die 1,9 Millionen Jahre alten Vorbackenzähne von *Pithecanthropus dubius* aus Java zweiwurzelig, während *Homo erectus* solche Zähne nur in einwurzeliger Form aufweist. Mit den afrikanischen Urmenschen der Art *Homo rudolfensis*, die in Afrika vor etwa 2,5 Millionen Jahren entstanden und die ebenso wie die ältesten Hominiden aus Java zweiwurzelige Vorbackenzähne besaßen, scheint nun in der Tat ein geradezu perfekter Kandidat für die erste Auswanderung bereitzustehen.

Zwar verhinderten die klimatischen Bedingungen der Eiszeiten in Europa eine frühe Besiedlung des gesamten Kontinents, jedoch wurde Südeuropa schon von den ersten Auswanderungen aus Afrika erreicht. Sicher nachgewiesen ist bislang nur die Ausbreitungsroute über den Nahen Osten. Jedoch liegt die Vermutung nahe, daß auch eine Verbreitung über Gibraltar schon zu einem sehr frühen Zeitpunkt stattfand. Da von Nordafrika aus das gegenüberliegende Ufer sichtbar ist, dürfte die Passage wohl auch für *Homo erectus* relativ leicht zu bewerkstelligen gewesen sein. Eine solche Nordwestafrika-Westeuropa-Route ist jedoch bislang nur eine Hypothese, die noch durch zukünftige Geländearbeit untermauert werden muß. Möglicherweise ließen sich

Homo
neanderthalensis

dann auch in Nordwest-Afrika die Wurzeln der europäischen Variante des *Homo erectus* finden, der vor fast 700 000 Jahren als *Homo heidelbergensis* in Mitteleuropa auftrat. Vor spätestens circa 500 000 Jahren war *Homo erectus* außer in Afrika auch in Ostasien, Südostasien sowie in Mittel- und Südeuropa weit verbreitet.

Homo neanderthalensis. Vor einer halben Million Jahren begann in eiszeitlichen Europa die Entstehung kräftiger Menschen, die mit den Lebensbedingungen der Eiszeit gut zurecht kamen – die Neandertaler. Neandertaler organisierten ihre Gesellschaft, jagten

Mammute und Wollnashörner, verteidigten sich gegen Höhlenbären und Höhlenhyänen, beherrschten das Feuer vollkommen und verfügten über eine gut entwickelte Sprache. Sie waren fähig, Erfahrungen weiterzugeben, sie sorgten für Alte und Gebrechliche. Neandertaler bestatteten ihre Toten, gaben ihnen Grabbeigaben mit. Zum ersten Mal in der langen Geschichte der Menschheitsentwicklung nahm man sich der Verstorbenen an. Durch molekulargenetische Studien an den circa 60 000 Jahre alten Originalknochen des ersten Neandertalerfundes konnte ein kleiner, aber klarer genetischer Unterschied zwischen Neandertalern (*Homo neanderthalensis*) und modernen Menschen (*Homo sapiens*) belegt und das geologische Alter ihres letzten gemeinsamen Vorfahren auf circa 800 000 Jahre bestimmt werden.

Homo sapiens: Out of Africa II. Zeitlich parallel zu den Neandertalern, also seit circa 500 000 Jahren, entwickelten sich in Afrika bereits die archaischen modernen Menschen. Dieser afrikanische Ursprung des heute weltweit verbreiteten *Homo sapiens* wurde in den letzten Jahren durch genetische und linguistische Vergleichsforschungen an heutigen Menschengruppen sehr wahrscheinlich gemacht. Spätestens vor 200 000 Jahren war der biologisch moderne Mensch in Afrika entstanden. Eine erste Auswanderung erfolgte über die Arabische Halbinsel nach Indien vor circa 120 000 Jahren, danach in den Bereich des Nahen Ostens. In dem bereits von modernen Menschen „besetzten“ Lebensraum Levante trafen vor knapp 80 000 Jahren die Neandertaler, von Norden kommend, ein. Beide Gruppen existieren dort dann fast 50 000 Jahre lang neben- und miteinander. Die aus Afrika stammenden modernen Menschen waren den Neandertalern nicht nur in der Werkzeugtechnik überlegen, sie konnten vor allem die Ressourcen der Umwelt besser nutzen, ihre Form der sozialen Organisation war höher, und sie entwickelten und tradierten Sitten und Gebräuche; insgesamt lebten sie weniger gefahrvoll, erreichten ein höheres Alter und waren fruchtbarer. Kein Wunder also, daß sich die modernen Menschen viel stärker vermehrten als die Neandertaler, die in ungünstigere Lebensräume abgedrängt wurden oder

Abb. 107: Gestatten, Hominide ist unser Familienname. In der oberen Ah-
nengalerie befinden sich von links nach rechts *Australopithecus afarensis*,
Paranthropus boisei, *Homo habilis* und *Homo neanderthalensis*. In der un-
teren Reihe befinden sich ebenfalls von links nach rechts *Australopithecus
africanus*, *Homo erectus*, *Australopithecus anamensis* und – last but not
least – *Homo rudolfensis*.

sich dorthin zurückzogen. Diesem zunehmenden Druck waren die
Neandertaler auf Dauer nicht gewachsen, sie starben langsam aus.
Während sich der moderne Mensch weltweit durchsetzte, ist der
europäische Neandertaler seit knapp 30 000 Jahren anatomisch
nicht mehr nachweisbar. Es gibt aber auch Hinweise auf eine Ver-
mischung von *Homo erectus* und modernen Menschen in China,
auf eine Mischform oder eine Ursprungsgruppe von Neandertalern und modernen Menschen in Spanien (*Homo antecessor* – der
Mensch, der vorausgeht), Hinweise also für einen kulturellen Austausch zwischen beiden Gruppen in Europa.

Nach all den Hypothesen, die wir Ihnen gerade in aller Kürze
vorgestellt haben, befinden wir uns mit der nächsten Annahme
auf weitaus sichererem Terrain. Kann doch mit Fug und Recht
nicht nur unser Forschungsteam behaupten, daß der eigentliche
kulturelle Quantensprung in der Evolution des modernen Men-

Abb. 108: Uraha-Impressionen –
zur Abwechslung einmal mit ebenso
netten wie lebendigen Vertretern
der Familie *Homo*, hier sogar *Homo
sapiens*: Frau mit Kind beim Straßen-
verkauf von Kassava.

schen erst vor wenigen tausend Jahren eingeleitet wurde. Damals
nämlich „wuchsen" neben dem Gehirn dem Menschen erstmals
neue, diesmal externe Informationsspeicher: Tontafeln, Papyrus
und später Papier wurden beschrieben, und neuerdings werden
Magnetbänder bespielt und CD-Roms gebrannt. Der nichtgene-
tische Informationstransfer ist beim Menschen heute sehr viel
schneller, umfangreicher und bedeutender als der genetische. Da
die Auswirkungen beider Evolutionstrends sich gegenseitig über-
lagern und beeinflussen, nimmt man heute beim Menschen eine
„biokulturelle" Evolution an, die die Entstehung typisch menschlicher Qualitäten des *Homo sapiens* erst ermöglicht. Zu diesen
menschlichen Qualitäten gehören seit eben mehr als wenigen
tausend Jahren Kunst, Kultur und die Vermittlung von Bildung.
Und daher möchten wir Sie nun – zumindest lesend – wieder
nach Karonga entführen, denn mit unserem dortigen *Cultural*   207

Museum Centre scheint uns das zu gelingen, was wir mit keinem Buch und keinem weiteren Szenario zur Menschwerdung leisten können – die Vermittlung der Menschheitsgeschichte zum Anfassen.

7. Ein Haus für Adams Eltern – Menschheitsgeschichte zum Anfassen

Unsere Fossiliensammlung war inzwischen komplett: Hominiden, Schweine, Giraffen, Antilopen, Krokodile und Fische hatten wir gefunden und jahrelang in mühevoller Kleinarbeit präpariert. Ganze Studentengenerationen verfaßten Seminar-, Diplom- oder Doktorarbeiten über die Knochen- und Zahnfunde aus dem Norden Malawis. Der wissenschaftlichen Wiedergeburt eines Fossils folgt jedoch meist spätestens nach erfolgreicher Interpretation desselben eine rasch einsetzende traurige Agonie. So verschwanden nach ihrem mehr als zwei Millionen Jahre andauernden Dornröschenschlaf und ihrer Entdeckung auch unsere fossilen Schätze in den Schubladen des *Antiquities Departments* in Lilongwe, der Hauptstadt Malawis. Dort fristeten sie fortan ein eher unbeachtetes Schattendasein. Selbst unserem Hominiden ging es nicht besser. Zwar lagerte er in einer weitaus nobleren Herberge, doch auch der Safe der *Reserve Bank* Malawis war für die Öffentlichkeit unzugänglich. Dies empfanden wir als einen ebenso unbefriedigenden wie unhaltbaren Zustand. Fossilien sind weder heilige Reliquien noch gefährliche Tiere, die man einsperren muß. Als Teil der Geschichte Malawis und des gesamten afrikanischen Kontinents – und letztlich natürlich der gesamten Menschheit – mußten die Fossilien den Menschen gezeigt werden, die ihre rechtmäßigen Eigentümer waren. Die Idee, ein Museum für afrikanische Vor- und Frühgeschichte zu bauen, war damit geboren. Und es sollte in Karonga gebaut werden, in unserer zweiten Heimat.

Karongas Geschichte beginnt vielleicht für uns Paläoanthropologen mit dem Erscheinen der Dinosaurier und Hominiden; nicht weniger interessant ist jedoch – auch für uns und die potentiellen Museumsbesucher – der Blick zurück in die etwas jüngere Geschichte des kleinen Städtchens. Als Drehscheibe nach

Abb. 109: Bunte Vielfalt auf dem Dorf und in der Stadt: Selbst in Karonga hat das Werbewesen Einzug gehalten und macht farbenfroh auf Marktinnovationen wie beispielsweise *Cafemol*-Hustenpastillen für die besonders kalte Jahreszeit aufmerksam.

Abb. 110: Am 9.9.1914 starben Max Stein und mindestens fünf andere Deutsche. Der Wahnsinn des Ersten Weltkrieges machte auch vor Afrika nicht halt. Die Engländer hatten in dem riesigen Baobab-Baum, der neben dem District-Commisioners-Gebäude steht, eine Schnellfeuerwaffe auf die aus Tanganyika kommenden Deutschen gerichtet und getroffen. Der riesige Affenbrotbaum ist der letzte ‚überlebende Zeuge‘ dieses traurigen Ereignisses.

Abb. 111: Das sind sie, die *famous defenders of Karonga*. So ganz klar ist es nicht, ob sie Karonga vor dem Einfall des Sklavenhändlers Mlozi verteidigten oder aber im Ersten Weltkrieg gegen die Deutschen kämpften – der Kleidung nach zu urteilen vermuten wir eher das erstere. Die Kanone zumindest existiert noch und wird wohl – sobald wir sie instand gesetzt haben – unser Museum mit einem zünftigen Donnerschlag eröffnen und somit zum ersten Mal seit ihrem Bestehen einer sinnvollen Verwendung zugeführt werden.

Abb. 112: Oliver Mwenifumbo – langjähriger Freund, Unterstützer und heimlicher Fan unserer Arbeit in den Chiwondo-Beds – hat als Bauunternehmer maßgeblichen Anteil an der Gestaltung seines Museums, des *Cultural & Museum Centre* in Karonga. Wenn er nicht gerade Bawo spielt oder als Präsident des *Lions Club* Karongas Projekte besucht, dann ist er mit hundertprozentiger Wahrscheinlichkeit auf der Baustelle anzutreffen – oder, wie hier rechts im Bild, mit Lawrence Mwamlima, Andrew Charman oder Architekt Kevin Davies mitten in einer Diskussion um sein Museum.

Tansania und Sambia ist es noch heute von nicht geringer politischer Bedeutung; immerhin verläuft der Haupthandelsweg für alle möglichen Warentransporte gen Süden durch den etwa 8 000 Einwohner zählenden Ort. Ein Nadelöhr war Karonga bereits schon vor 150 Jahren – damals allerdings für die Ware Mensch. Es war der berüchtigte Sklavenhändler Mlozi, der Karonga seine ersten Einträge in weiße Geschichtsbücher verschaffte. Er war es auch, der die frühesten Bewohner Karongas, die Ngonde, unterwarf und versklavte. Die Ngonde kamen wohl – so die Überlieferung – aus dem Gebiet Chali im heutigen Kongo. Bereits in kürzester Zeit gründeten sie ein beachtlich großes Königreich, das weit über die heutigen Grenzen Tansanias hinausreichte. König Kyungu war bekannt für seine Gastfreundschaft, und deshalb war es auch nicht weiter verwunderlich, daß sich die ersten europäischen Händler und Missionare im Norden Malawis schnell wohl fühlten. Die bis in die späte Kolonialzeit bekannte *African Lakes Company* ließ sich bereits im Jahre 1884 an den Ufern des Malawisees in Karonga nieder. Mit der Ansiedlung weiterer kleiner Industrien erstaunt es nicht weiter, daß Swahili-Araber, die mit Elfenbein und allerlei anderen Gütern handelten, Gefallen an dem kleinen Ort Karonga fanden. Einer von ihnen war Mlozi. Zusammen mit den ebenfalls in Karonga ansässigen Stämmen der Henga und Tumbuka unterwarf er die Ngonde, erklärte sich selbst zum Sultan und alle seine Feinde zu Sklaven. Es waren die Engländer, denen es dann letztendlich – zusammen mit den verbleibenden Ngonde – gelang, Mlozi in Gefangenschaft zu nehmen und ihn aufzuhängen. Als Dank für die Befreiung vom Joch Mlozis unterstützten die Ngonde fortan die Aktivitäten der Briten im Land. Sie besuchten die Missionarsschulen – eine berühmte solche Schule ist die bereits beschriebene *Livingstonia Mission* –, und sie stellten die Hilfstruppen im einzigen Landgefecht in Malawi während des Ersten Weltkriegs, das ebenfalls in unserem verschlafenen Karonga stattgefunden hat. Die noch nicht fossilisierten Überreste dieses Kampfes – eine Kanone, ein mehr als tausend Jahre alter Baobab-Baum, in dem die Engländer ihre Waffen versteckten, und vierzehn Gräber – können noch heute von Besuchern wie uns bestaunt werden. Museale Pionierarbeit in Karonga leistete bereits Desmond Clark. Er hatte Ende der 60er Jahre in der *Chaminade Secondary School* in Karonga eine Schausammlung eingerichtet. Als Tim und ich das erste Mal davon hörten, sahen wir uns umgehend das Schulmuseum an. Gelinde gesagt, waren wir etwas enttäuscht, denn außer zwei Vitrinen mit 15 fossilen Exponaten war inzwischen nichts mehr zu sehen. So hatten wir uns ein Museum nicht vorgestellt. Wir krempelten die Ärmel hoch und ordneten die 15 fossilen Fragmente neu, ergänzten sie durch einige unserer Funde und eröffneten die alte Schausammlung aufs neue. Unter den ersten Besuchern der neugestalteten Räume war Oliver Mwenifumbo, Besitzer eines kleinen Hotels und Bauunternehmer. Seine eigentliche Leidenschaft galt zwar dem Sammeln von antiken Gegenständen, aber als Raritäten in seiner Antikensammlung fand er durchaus Gefallen an den ihm noch fehlenden Fossilien. Da er wußte, daß die Fossilien Malawis Eigentum des Staates waren, bot er uns an, in seinem Resthouse ein kleines Museum zu eröffnen. Was daraus wurde? Das kleine Holzregal kann noch heute neben der Rezeption von Olivers „Safari Lodge" in Karonga bewundert werden. Das Glas für die Vitrine wurde leider nie geliefert, und so mußten Tim, Oliver und ich unsere ambitionierten Pläne erst einmal wieder begraben. Dennoch – mit Oliver hatten wir einen engagierten Bürger Karongas gefunden, der die Idee eines Museums für Karonga auf seine Weise zu fördern wußte. Natürlich hatten wir die Pläne, ein Museum für Vor- und Frühgeschichte im Norden Malawis zu eröffnen, nicht ganz verworfen. Dieses Projekt zu realisieren sollte nicht zuletzt auch Ausdruck unseres Dankes für die eindrucksvolle Gastfreundschaft und die nicht zu ersetzende Hilfe der malawischen Bevölkerung sein, und so kitzelte das Vorhaben ganz besonders unseren Ehrgeiz. Niemals zuvor hatte ein paläontologisches Grabungsteam ein Museum am Ort seiner Ausgrabungen erbaut. Uns sollte es – wenn auch mit einigen Schwierigkeiten – gelingen!

Ein Projekt geht stiften

Als ausländische Wissenschaftler fühlten wir uns von Anfang an unserem Gastgeberland Malawi verbunden. Die Beziehungen zur malawischen Regierung wurden von Jahr zu Jahr enger, die freundschaftlichen Bindungen mit unseren Nachbarn in Karonga intensiver. Jedes Wiedersehen wurde gefeiert und jeder Abschied bedauert. Kurzum, Malawi war für uns die schon erwähnte zweite Heimat geworden. Vielleicht sogar noch etwas mehr – hatten doch sowohl Tim als auch ich bereits am ersten Tag in Malawi irgendwie das Gefühl, endlich angekommen zu sein. Nicht in dem Sinne, wie man als Reisender in einem fremden Land ankommt und es langsam für sich entdeckt. Nein, es war vielmehr ein Gefühl, daß man etwas lange Gesuchtes endlich gefunden hat. Die Malawier machten uns das Einleben sehr einfach. Ohne Komplikationen, ohne lange Verhandlungen waren sie zu einer Kooperation in Sachen Fossiliensuche bereit. Ihr Entgegenkommen war niemals an Forderungen gebunden, und das wußten wir – gerade angesichts unserer lange Zeit mit sehr knappen Mittel ausgestatteten Arbeit – unendlich zu schätzen. Wir wollten uns also revanchieren – somehow, somewhere.

Uns gefiel dieses Leben in zwei Welten, also warum sollten unsere malawischen Kollegen nicht auch mal in den Genuß des Reisens kommen? Gesagt, getan. Schon zwei Jahre nach unserem ersten Grabungsaufenthalt hatten wir für den angehenden Präparator Harrison Simfukwe eine Art *Scholarship*, ein Stipendium der Carl-Duisberg-Gesellschaft am Hessischen Landesmuseum in Darmstadt und an der Universität in Münster, aufgetan. Ihm gefiel es so gut in Westfalen, daß aus dem einen geplanten Jahr ein weiteres wurde. Inzwischen ist Harrison am *Antiquities Department* in Lilongwe beschäftigt und hat neben seinem Job als Präparator auch die Funktion eines Dolmetschers inne. Seinen damaligen Chef, Yusuf Juwayeyi, konnten wir Ende der achtziger Jahre in New York zu einem Auftritt verhelfen: Am *Hunter College* gab er Vorlesungen für Archäologie und afrikanische Vor- und Frühgeschichte. Es war nicht immer einfach, einen Aufenthalt für die malawischen Kollegen zu organisieren. Alle wissenschaftlichen Austauschaktionen waren auf den Goodwill deutscher oder amerikanischer Organisationen angewiesen, und die Organisation bedurfte hohen diplomatischen Geschicks. Nicht, daß uns der Arbeitsaufwand zu groß gewesen wäre, aber irgendwann kam uns die Idee, selbst eine Art Stiftung zu gründen, die afrikanische Wissenschaftler mit Interesse für Paläoanthropologie unterstützen sollte. Der Name für die Uraha-Stiftung war schnell gefunden, doch nach den Stiftern mußten wir noch eine ganze Weile suchen. Beinahe fünf Jahre und mindestens 300 Vorträge lang hat es gedauert, bis die *Uraha Foundation Germany* am 2. Mai 2000 im Vereinsregister des Amtsgerichts Darmstadt eingetragen wurde und ihre Arbeit aufnehmen konnte. Mit rund 50 Mitgliedern haben wir es uns zur Aufgabe gemacht, Menschheitsgeschichte dort zu vermitteln, wo sie entstanden ist – in Afrika.

Wo man die Geschichte der Menschheit am besten vermitteln konnte, stand schnell fest. Die Realisierung des langgehegten Wunsches nach einem Museum schien erstmals greifbar nah. Natürlich reichte unser Startkapital bei weitem nicht aus, um ein solches Projekt verwirklichen zu können. Abgesehen von dem Bau eines Gebäudes, der Ausstattung der Schauräume und der Anwerbung von geeignetem Personal mußte jedoch zuallererst einmal eine Lokalität für das zukünftige Museum gefunden werden. Die Idee, ein eigenes Museum zu errichten, hatte so sehr von uns Besitz ergriffen, daß die Geldfrage zunächst ganz außer acht blieb – denn wenn man immer nur an die Probleme denkt, die ein Plan mit sich bringt, wird man nie etwas bewegen.

Während unserer nächsten Geländekampagne in Malawi suchte ich das Gespräch mit mehreren Regierungsvertretern. Wie konnten sie ein solches Unternehmen unterstützen – und vor allem, wie standen sie dazu? Es war offensichtlich, daß Malawi einen beachtlichen Reichtum an fossilen Bodenschätzen vorzuweisen hatte. Neben unseren Funden waren es vor allem Dinosaurierfragmente, die weltweit Interesse an dem kleinen Staat im Südosten Afrikas erregt hatten. 100 Millionen Jahre Erdgeschichte mußten doch genügen, um ausreichend Exponate in einem Museum präsentieren zu können! Dieser Ansicht war auch die Regierung Malawis. Selbst Präsident Bakili Muluzi zeigte sich bei einer Audienz angetan von der Idee, ein malawisches Museum zur Menschheitsgeschichte auf die Beine zu stellen. Trotz vieler Versprechungen und guter Wünsche waren es gerade aber die politischen Verhältnisse in dem kleinen Land, die uns bei der Verwirklichung dieses Projekts Schwierigkeiten bereiten sollten.

Malawi ist, wie jedes andere afrikanische Land auch, durch seine Kolonialzeit geprägt. Neben positiven Errungenschaften wie der Abschaffung der Sklaverei in Malawi hatte die europäische Kolonialpolitik erhebliche negative Auswirkungen, zum Beispiel was die Entwicklung einer eigenen nationalen Identität anbelangt. Die englischen Eroberer widmeten ihr ganzes Interesse ausschließlich dem Süden des Landes, der dem damaligen Südrhodesien – heute Simbabwe – nahe benachbart war. Das grüne Blantyre und das bergige Zomba waren die Zentren der englischen Machthaber. Der Norden blieb unterentwickelt und fand erst Beachtung, als kurz vor dem Ersten Weltkrieg Deutsche aus dem angrenzenden Tanganyika in das englische Protektorat eindrangen. Ich bin kein Historiker und möchte es deshalb an dieser Stelle mit der Kolonialgeschichte Malawis bewenden lassen. Tatsache ist jedoch, daß durch diese Mißachtung und Vernachlässigung des Nordens Malawis eine Verschiebung der Kräfteverhältnisse zwischen der Bevölkerung in den verschiedenen Landesteilen ihren Anfang nahm. Bedingt durch die geographisch langgestreckte Form Malawis, war das Land aufgeteilt in eine südliche, eine zentrale und eine nördliche Region. Kolonialer Regierungssitz war der Süden des Landes. Hier wurden sowohl ein Straßen- und Eisenbahnnetz entwickelt als auch Städte und Dörfer ausgebaut. Es gab ein Museum, mehrere Krankenhäuser, Kirchen, adrette kleine Marktplätze und viele Restaurants. Nach erfolgreichem Aufstand der Bevölkerung und dem Zusammenbruch des Kolonialsystems wurde die Kolonie Nyasaland am 6. Juli 1964 unabhängig. Zwei Jahre später trat das junge Malawi in den Commonwealth ein. Erster Staatspräsident der Republik Malawi war Dr. Kamuzu Banda. Despotisch und mit eiserner Hand regierte er das Land.

Pressefreiheit war für ihn ein Fremdwort, Kritiker gab es offiziell keine, dafür aber verschwanden jährlich 2000 Menschen spurlos. Entwicklungsgelder wurden fehlgeleitet. Prestigeobjekte wie den Bau der neuen Hauptstadt Lilongwe in der *Central Region* zog er wichtigen Bereichen wie dem Gesundheits- und Bildungswesen vor. Auch Banda versäumte es, den Norden in seine Politik einzubinden. Das Ungleichgewicht zwischen dem traditionell geförderten Süden und der unter Banda einsetzenden Förderung der *Central Region* verschob sich immer weiter zuungunsten des Nordens. Der Widerstand gegen die ungerechte Verteilung von Fördergeldern regte sich schon früh, doch erst mit dem Ende der Diktatur Bandas und der Wahl eines ersten frei gewählten Staatsoberhaupt Malawis, Bakili Muluzi, bekam der Norden „eine Stimme". Die *Alliance for Democracy*, kurz AFORD, unter Chakufwa Chihana setzt sich seitdem mehr oder weniger erfolgreich für die Belange der Nord-Malawier ein.

Vielleicht verstehen Sie jetzt, warum der Plan, ein Museum im Norden des Landes zu bauen, einem Affront gegen die staatliche Politik gleichkam. Noch nicht mal die Hauptstadt Lilongwe hatte es zu einem Nationalmuseum gebracht, warum sollte dann eine kleine Provinzstadt wie Karonga, die noch dazu im Norden Malawis liegt, ein Museum bekommen? Zugegebenermaßen verstand ich die Argumente, die mir entgegengehalten wurden. Selbst Präsident Muluzi fragte mich, ob solche Fossilien nicht auch in Blantyre, am Sitz seiner Residenz im Süden Malawis, gefunden werden könnten. Ich hielt daran fest, daß ein Museum, das Fossilien aus dem Norden präsentiert und die es nur in dem nördlichsten Distrikt Malawis gibt, auch im Norden aufgebaut werden müsse. Mein Dickkopf sprengt nicht nur fossile Verkrustungen, sondern auch postkoloniale Verkrustungen in den Köpfen der Menschen; also setzten wir uns letztendlich durch. Mit Hilfe der Finanzspritzen seitens der Europäischen Union, der Gesellschaft für Technische Zusammenarbeit (GTZ) und unserer Uraha-Stiftung konnte das Unternehmen „Museum Karonga" in das neue Jahrtausend starten. Am 1. Januar 2001 erfolgte der erste Spatenstich. Das Grundstück hatten wir dem Engagement unseres stillen Förderers

Abb. 113: Einen Hominiden in unserem CMCK-Logo wiederzufinden hätte mir zwar persönlich besser gefallen, doch gibt die Darstellung des 100 Millionen Jahre alten *Malawisaurus*, der quasi direkt neben UR 501 von Louis Jacobs gefunden wurde, einfach optisch mehr her als ein Unterkiefer. Die Entscheidung pro Dino hat sich inzwischen gelohnt – „unser" Saurier findet mittlerweile im täglichen Leben Karongas vielfältige Verwendung: auf Bastmatten, als Tonsaurier oder auf dem T-Shirt; Dinos sind in Karonga „in".

Oliver Mwenifumbo zu verdanken. Mit seinem Altherrenclub – dem *Karonga Development Trust* – setzte er sich dafür ein, daß wir das Filetstück in Karongas Mitte bekamen. Direkt am Markt gelegen, erregt bereits das Bauschild einiges an Aufsehen. Und genau das ist auch unser Plan. Wir wollen Aufsehen erregen, weniger mit den Funden als mit der reichen Kultur, die der Norden zu bieten hat. So wird es neben den Ausstellungsräumen zur Geschichte der Menschheit und der Geschichte Malawis auch ein reichhaltiges Unterhaltungsprogramm geben, ein Novum in der Geschichte der *Northern Region*. Der Name ist eben Programm: Mit dem *Cultural & Museum Centre Karonga* (Kultur- und Museumszentrum Karonga) wollen wir dem ganzen Land zeigen, wie bunt und vielseitig dieser vernachlässigte Streifen Malawis ist. Ein monatlich wechselndes Kulturprogramm mit Tanzworkshops oder Musikwettbewerben und ein umfangreiches Angebot für Lehrer und Schüler rund um die Geschichte ihres Landes sollen von insgesamt fünf Regierungsangestellten auf die Beine gestellt werden.

Kontakte, Kontakte und nochmals Kontakte

Alle Ereignisse, die ich hier auf den letzten Seiten dieses Kapitels versucht habe darzustellen, sind das Ergebnis von unendlich vielen Kontakten, die Tim und ich während der letzten zehn Jahre geknüpft haben. Gute Kontakte knüpft man zumeist dann, wenn man unbeschwert durch das Leben geht. Das tue ich eigentlich immer, aber was ich mit dieser Bemerkung meine, ist, daß man ohne Absicht eindeutig die besten Kontakte knüpft. Ob Botschafter, Entwicklungshelfer oder Pfarrer, jeder auch noch so kleine zwischenmenschliche Kontakt hat uns geholfen, unbewußt das zu verwirklichen, was wir uns, als wir vor fast zwanzig Jahren hier zu arbeiten anfingen, in unseren kühnsten Träumen nicht vorgestellt hatten: die Finanzierung des Baus eines Museums in Karonga. Die Geschichte unserer engagierten Helfer und Unterstützer in der ganzen Welt würde die Seiten eines weiteren Buches füllen. Jeder einzelne Mensch, dem wir von unserer Idee erzählt haben, hat auf seine ganz eigene Weise dazu beigetragen, daß es in Karonga, einem Städtchen, das nur wenige Menschen kennen, ein Museum geben wird. Eigentlich unglaublich, denn es gibt wenig Leute, die Geld für eine Sache spenden, von der sie nie selbst unmittelbar profitieren werden. Wir hatten und haben das Glück, Menschen zu kennen, die völlig uneigennützig geholfen haben. Ihnen allen sei an dieser Stelle ganz herzlich gedankt. Unter ihnen gibt es natürlich Menschen, denen unser ganz besonderer Dank gilt: Dr. Jürgen Hellner ist einer davon. Als ehemaliger deutscher Botschafter in Malawi hat er sich mehr als vier Jahre lang für das Museumsprojekt im entfernten Norden des Landes eingesetzt. Rührig wie er ist, hat er es geschafft, Mitstreiter zu finden, die nicht nur materiell, sondern auch finanziell helfen konnten, unsere Idee in die Tat umzusetzen. Er organisierte Vorträge, Empfänge und *Fundraising-Events* – auf deutsch: Bettelveranstaltungen –, die neben Kontakten zu einflußreichen Meinungsbildnern das Geld einbrachten, was wir für den Bau eines Kultur- und Museumszentrums brauchten. Wie er das schaffte? Ganz einfach – Hellner ist das, was man sich gemeinhin unter einem Botschafter in einem fremden Land vorstellt: kontaktfreudig, aufgeschlossen und begeisterungsfähig, wobei all diese netten Eigenschaften über eine Körperlänge von fast zwei Metern verteilt sind. Vor allen Dingen aber ist Hellner der geborene Diplomat. Ohne Hellner hätte es keine GTZ-Kontakte und ohne ihn auch keine Kontakte zu unserem größten Sponsor, der Europäischen Union, gegeben. Doch dazu später.

Erst einmal möchte ich die Geschichte einer Bekanntschaft erzählen, die mir gegenwärtig eine der schönsten Zeiten in Karonga ermöglicht. Nie im Leben hätten Tim und ich ohne Hellner Dr. Ulrich Weyl kennengelernt. Uli ist das, was wir beide nun mal eher weniger sind: energisch – laut und manchmal kompromißlos. Durch seine Leibesfülle beeindruckt er nicht nur die zumeist kleinen Malawier, nein auch Professoren wie meine Wenigkeit sind eingeschüchtert, wenn sie ihn sehen: Dr. Weyl. Den deutschen Entwicklungshelfer hatte es schon nach erfolgreich abgeschlossenem Studium nach Afrika verschlagen. Seit mehr als 25 Jahren beseitigt Weyl die mörderischen Minen aus der Bürgerkriegszeit in Mozambique, baut Toiletten in Malawi und Sambia und leitet nebenbei noch ein regionales Hauptquartier der GTZ im Norden Malawis. Vielleicht wären wir uns sogar einmal über den Weg gelaufen, hier in Malawi. Ich bezweifele jedoch stark, daß dieser Kontakt nachhaltig – übrigens eines seiner Lieblingswörter – gewesen wäre.

Hellner brachte Uli mit nach Karonga. Einfach so, ganz überraschend standen die beiden damals in unserem Camp an der Ipyana-School. Ich glaube, es war im Oktober 1998. Hellner hatte sich zwar angekündigt, denn für ihn gab es nichts Schöneres, als mal aus dem Alltag eines Botschafters auszusteigen und Afrika pur zu erleben, aber daß er einen Gast mitbringen würde, davon hatte er nichts erzählt. Anyway, ich holte Hellner vom kleinen karonganischen Flugplatz ab, und vor dem Zweimetermann aus Deutschlands Norden kam Uli Weyl aus der kleinen Cessna herausgekrochen und stapfte mit großen Schritten und entgegengestreckter Hand auf mich zu. „Aha, Sie sind also der Professor", sagte er zu mir und klopfte mir auf die Schulter, „tolle Arbeit, die Sie da mit Ihren Studenten leisten", und schon verschwand er in meinem Landrover. Hellner sah, daß ich etwas verdutzt war, und fing die Situation mit den Worten auf: „Weyl ist ein Macher, lassen Sie ihn mal." Der Botschafter, der Macher und ich fuhren schnurstracks ins Camp, wo schon alle ganz gespannt auf *His Excellency*, den deutschen Botschafter, warteten: Die Mango- und Cashewnußbäume waren mit Blüten geschmückt worden, die Campküche hatte kleine Snacks vorbereitet, und die lange Tafel in der Mitte unseres kleinen Zeltdorfes war mit Paraffinlampen und Kerzen für das Nachtmahl vorbereitet. Weyl trank reichlich *Green*, das lokale Bier, und ließ es sich schmecken. Keine Rede von Arbeit, keine Erzählungen aus dem deutschen Bürokratenalltag, dem wir alle mehr oder weniger erfolgreich zu entrinnen versuchen, einfach entspannter Small talk. Es war wunderbar. Nach drei Wochen im Feld freut man sich über jeden auch noch so unangekündigten Besuch. Die Stimmung war prächtig, und so wurde aus der kurzen Stippvisite in Ipyana alsbald eine ernstzunehmende berufliche Verbindung.

Weyl war interessiert an dem, was wir im Norden machten. Nicht unbedingt aus rein wissenschaftlichem Interesse verfolgte er wohl schon seit Jahren unsere Grabungen im Karonga-Distrikt. Ihn faszinierte, daß wir uns ausgerechnet im und für den Norden engagierten, also jenen Teil von Malawi, der per se benachteiligt war. Und wenn Uli Weyl etwas nicht erträgt, dann ist es die ungerechtfertigte Benachteiligung von Menschen oder, wie hier, einer ganzen Region. Natürlich hatte er durch Hellner von unserer Idee, den Norden mit einem Museum zu „beglücken", gehört. Nach unserem ersten Zusammentreffen suchte er Mittel und Wege, wie er und „seine Firma", die GTZ, das Projekt unterstützen konnten. Ein nicht ganz so einfaches Unterfangen, bedenkt man, daß die GTZ als staatliche Entwicklungshilfeorganisation

Abb. 114: Seine Exzellenz, der deutsche Botschafter in Malawi, Dr. Jürgen Hellner, bewegte sich nicht nur auf diplomatischem Parkett perfekt, sondern auch auf malawischem Sandboden. Hier versucht sich der Botschafter par excellence im Tanzen von Ndolo.

an gewisse Regeln gebunden ist. Diese Regeln besagen, daß Projekte nur dann förderungswürdig sind, wenn es sich um eine Zusammenarbeit handelt, bei der der inländische Partner zusammen mit dem ausländischen Assistenten ein Projekt so gestaltet, daß es am Ende einen nachhaltigen Einfluß auf die Lebensumstände im jeweiligen Land hat. Diese Art von technischer Zusammenarbeit soll also durch Beratung, Know-how-Vermittlung oder -Mobilisierung die Leistungsfähigkeit von Menschen oder Organisationen in einem Entwicklungsland erhöhen. Das hört sich alles sehr theoretisch an, ist es aber in der Praxis überhaupt nicht und schon gar nicht, wenn einem in der Umsetzung ein Uli Weyl zur Seite steht.

Abb. 115: Imposant ist sein Auftreten, laut seine Stimme und pointiert seine Aussagen: Uli Weyl (links). Seit mehr als dreißig Jahren ist der promovierte Geograph – links im Bild – für die GTZ in Afrika unterwegs. Malawi, Sambia, Simbabwe und Mozambique kennt er – wie auch unseren Bauplatz und die Macken unseres Architekten Kevin Davies (rechts) – wie seine Westentasche, und im Akquirieren von Geldern nimmt er – gemeinsam mit Hellner – die Spitzenposition ein.

Natürlich paßten wir mit unserem Museum nicht in das übliche Konzept von GTZ-Projekten und schon gar nicht von Projekten auf dem afrikanischen Kontinent. Aber gerade das war der Anreiz für Uli Weyl, seine langjährigen Insiderkenntnisse in der Beschaffung von Mitteln für unsere Idee einzusetzen. Mit Erfolg: Nach einigen gegenseitigen Besuchen in Deutschland und Malawi vermittelte er uns den Kontakt zu Horst Hertel. Hertel war damals in der GTZ-Zentrale in Eschborn bei Frankfurt für das kleine Land Malawi zuständig. Hertel war fasziniert von der Idee, mal etwas anderes unterstützen zu können als Schulen oder Familienplanungseinrichtungen. Allerdings war, wie gesagt, unser Projekt für GTZ-Regularien so anders, daß es als nicht förderungsfähig *223* schien, zumindest nicht als GTZ-Maßnahme – denn Kultur und Fossilien gehören nun mal nicht zum entwicklungspolitischen Auftrag der GTZ. Ich möchte hier nicht mit bürokratischen Einzelheiten langweilen, aber für mich als Wissenschaftler war es mehr als interessant mitzuerleben, mit welchen Mitteln man an Mittel herankommt. Die Finanzierung einer „Eigenmaßnahme" der GTZ war die Lösung unseres Problems. Mit solchen Eigenmaßnahmen finanziert die GTZ Projekte, die ansonsten außerhalb ihrer Förderungskapazität liegen. Das Geld für eine solche Maßnahme kommt aus dem eigenen Topf der GTZ. Mit dem erwirtschafteten Geld eines Haushaltsjahres kann die GTZ nach Bewilligung des Bundesministeriums für wirtschaftliche Zusammenarbeit und Entwicklung selbst entscheiden, wofür sie eine Summe von höchstens 200 000 Mark ausgeben will, und glücklicherweise hat sie sich im Haushaltsjahr 2000 für die Förderung unseres *Cultural & Museum Centre* entschieden. So bekam das Haus für Adams Eltern einen satten Zuschuß von 150 000,– DM. Damit unterstützt die GTZ zum großen Teil die Ausstattung die für den Aufbau eines solchen Kulturzentrums nötig ist: Computer, Telefon und vor allen Dingen bezahlt sie Spezialisten, die bereits während der Bauphase ein Kulturprogramm auf die Beine stellen können.

Für manche meiner Kolleginnen und Kollegen schien es schlicht unverständlich, daß ich als Paläontologe ein solches Projekt überhaupt in Angriff nahm. Zuviel Input (sprich: Arbeit) und zuwenig Output (Fossilien, Ruhm und Ehre), meinten viele. Tim und ich sind jedoch mehr als überglücklich, diesen Schritt gemacht zu haben, auch wenn es von der ersten Idee bis zur Realisierung mehr als zehn Jahre gedauert hat, bis es endlich, im Januar 2001, losgehen konnte.

Baukomplikationen

Die Geburt eines Kindes beginnt mit Wehen – so auch die Geburt des Museums in Karonga. Der Bau der aus drei Gebäudekomplexen bestehenden Anlage kostete neben einer Stange Geld vor allem die Bauherren jede Menge Nerven: Nach der erfolgreichen Akquirierung von insgesamt mehr als 600 000 Mark durch die legendären Bettel- und Promotionaktionen von Jürgen Hellner und dank seiner Kontakte zur Europäischen Union konnte der Bau des *Cultural & Museum Centres* im Januar 2001 in Angriff genommen werden. Bis ein einheitliches und vor allen Dingen auf afrikanische Verhältnisse zugeschnittenes Design gefunden war, war zuvor jedoch fast ein Jahr vergangen. Mehr als eine Handvoll Architekten aus dem In- und Ausland hatten sich mit ihren Überlegungen verkünstelt, wie ein Museum und ein Amphitheater für die Kulturveranstaltungen auf malawische Verhältnisse zugeschnitten werden könnten. Dennoch war der Architekt nach einigen Anläufen gefunden. Kevin Davies, ein Engländer, der seit mehr als vier Jahren auf der ehemals ersten Mission David Livingstones in Malawi wohnte, war der Auserwählte. Ein Glücksgriff, denn Kevin verstand sich von Anfang an darauf, perfekt zwischen den beiden Kulturen zu vermitteln, und so stand am Ende das Ergebnis, das sich die Beteiligten erhofft hatten: Es entstand eine Anlage, die sowohl dem Selbstverständnis der malawischen Partner als auch unseren europäischen Erkenntnissen entsprach, wie man Wissen vermittelte. Leider stolperte in diesen europäisch-afrikanischen Doppelpaß unser chinesischer Partner, der die Ausführungen der Bauarbeiten übernahm. „Wah Kong" hieß die Baufirma, die wir mit der Durchführung der Konstruktion beauftragt hatten und deren Aktivitäten zunächst jedoch eher an solche von King Kong erinnerten. Immerhin aber waren sie diejenigen, die zumindest einmal bei den Ausschreibungen zum Bauvorhaben keine für uns erkennbaren Fehler machten, ganz im Gegensatz zu manch malawischem Mitstreiter. Daß bei deren Berechnungen etwas nicht stimmen konnte, verstand man sogar als mathematisch minderbemittelter Paläontologe auf Anhieb. Kevin

Abb. 116: Unser Bauunternehmer – Mr. Shue von Wah Kong – baut neben Reis eben auch unser Museum (an und auf). Zu sehen gab es zwar zum Zeitpunkt der Aufnahme nicht sehr viel, aber der Grundstein ist gelegt, das Fundament steht, und die Backsteine werden mit Hochdruck produziert. Ein gutes Zeichen, oder?

Abb. 117: Die Chinesen haben den Reisanbau erfolgreich in Malawi einge-führt. Seit mehr als dreißig Jahren werden – mit Ausnahme des Reisfelds unseres Bauunternehmers Wah Kong – Reisfelder zumeist in unmittelbarer Nähe des Sees angebaut.

Abb. 118: So soll es einmal aussehen, das *Cultural & Museum Centre Karonga*. Der dreiteilige Gebäudekomplex – bestehend aus Büro- und Forschungsgebäuden, Amphitheater und Museum – soll ab 2002 Besucher aus Malawi und dem Ausland empfangen.

und Oliver Mwenifumbo, unser Baubeauftragter im Museumsteam, kamen jedenfalls nach der ersten Auswertung der Bewerbungen zu einem eindeutigen Ergebnis, das auf Wah Kong lautete. Als diese Entscheidung fiel, befand ich mich gerade in Deutschland, Tim war in Amerika, und wir beide waren glücklich zu hören, daß damit endlich die Voraussetzungen für den Baubeginn geschaffen waren. Aber die einstimmige Entscheidung für den chinesischen Bauunternehmer wurde schon nach der Vertragsunterzeichnung im wahrsten Sinne des Wortes mehrstimmig. Miss Mu, die chinesische Übersetzerin des *General Manager*, machte sofort nach der Unterzeichnung deutlich, daß jene vertragliche Vereinbarung, die einen permanent anwesenden Übersetzer vorschrieb, zumindest in den ersten drei Wochen des Baus nicht gewährleistet werden könne. Einer der Übersetzer mußte wohl aus familiären Gründen für einen Monat zurück ins ferne China. Wir verfügten dank reichlicher Erlebnisse mit Beerdigungen, Hochzeiten, Geburten und kranken Familienangehörigen in Malawi über genug Erfahrung, um zu wissen, daß es wohl mit drei Wochen nicht getan ist. Wir rechneten mit sechs Wochen, und aus den sechs wurden dann acht. Diese von uns zugestandenen acht Wochen ohne Übersetzer auf dem 150 Hektar großen Baugrundstück waren einerseits ein schöner Beweis unseres Edelmuts, andererseits aber auch unserer mangelnden Professionalität: Bereits bei der ersten Besichtigung der Baustelle gemeinsam mit Architekten, Bauingenieur, Baufirma und allen anderen mehr oder weniger beteiligten Baubeauftragten sprangen uns die Folgen des ersten sprachlichen Mißverständnisses ins Auge. Der chinesische Vorarbeiter hatte die Anweisung des Architekten, die Skizze für das Amphitheater sei noch nicht als endgültiger Entwurf anzusehen, so verstanden, daß es überhaupt kein Amphitheater geben sollte. Gedacht, getan – und schon stand auf dem für das Amphitheater vorgesehenen Platz ein Baubüro samt Vorrats- und Rumpelkammer für Wah Kong. Wir entdeckten den Lapsus leider erst, als es schon zu spät war. Jede Intervention hätte einen multikulturellen Disput verursacht; also einigten wir uns darauf, das Häuschen so lange stehenzulassen, bis das Amphitheater tatsächlich gebaut würde. Danach konnte Wah Kong in die dann fertiggestellten Büroräume ziehen. So einfach war das. Diese elegante Lösung fand sich übrigens bei einem wundervollen Gastmahl. Wah Kong hatte seinen Fehler selbst erkannt und entschied, das Ganze bei einem chinesischen Versöhnungsmahl zu klären. Mit Chop Suey unter afrikanischen Palmen war ein Konsens bald gefunden und der funkensprühende Architekt rasch beruhigt.

Natürlich hatten wir zu diesem Zeitpunkt noch immer keine Lösung für unser babylonisches Sprachgewirr gefunden, doch hatte man sich auf dem Bauplatz an das Chinesisch-Tumbuka-Englisch gewöhnt, und die Zusammenarbeit zwischen den Einheimischen und den Asiaten begann immer besser zu funktionieren. Binnen drei Wochen war der Bauplatz freigemacht, die ersten Erdaushubarbeiten getätigt und das Problem Baubüro längst vergeben und vergessen. Es schien voranzugehen. Bis zu dem Tag, an

dem alle Bauarbeiten dank starker Regenfälle buchstäblich ins

Wasser fielen. *Rien ne va plus* – nichts ging mehr auf dem Museumsgelände. Wir wurden uns natürlich rasch der Tatsache bewußt, daß wir mit dem Baubeginn im Monat Januar nicht gerade den optimalen Termin gefunden hatten, um unser Projekt zu starten: Die viermonatige Regenzeit legte das ganze Land von einem auf den anderen Tag lahm. Der Transport von Baumaterialien blieb auf der 700 Kilometer langen Strecke zwischen der Hauptstadt und unserer kleinen nördlichen Provinzstadt mehr als einmal im Matsch stecken – Bauverzögerungen waren programmiert. Die Bauarbeiter verwandelten sich in Klabautermänner: Ohne Gummistiefel und Regenjacke ging keiner mehr vor die Tür. Der einzige, der sich bei den täglichen Güssen wohl fühlte, war Herr Shu, unser chinesischer Polier. Er nutzte das viele Naß, um Reis zu pflanzen. Wir staunten nicht schlecht, als er uns nach drei Wochen Regenzeit die ersten grünen Reispflänzchen präsentierte. Wenigstens einer, der die Zeit positiv zu nutzen wußte... Die Arbeit mußte für mehrere Wochen ruhen, was dem eher gemütlichen malawischen Naturell sehr entgegenkam.

Tim und ich nutzten die Zeit, um uns Gedanken zu machen, wie es weitergehen sollte. Weniger mit dem Bau als vielmehr mit dem Betrieb des Museums. In nur neun Monaten sollte „unser Baby" da sein, und was dann? Genaue Pläne zur Innenausstattung gab es noch keine. Die ersten Ergebnisse unserer Befragungen in den Dörfern im hundert Quadratkilometer großen Karonga-Distrikt hatten uns unwissenden Weißhäutigen allerhand Überraschungen beschert, so daß unser ursprüngliches Museumskonzept dahin wanderte, wohin es gehörte – in den Papierkorb.

Malawische Museumsansichten

Wer kennt sie nicht? Lange, regnerische Herbstsonntage, an denen man mit den Eltern ins Museum marschierte, um gemeinsam das zu tun, was man wochentags auch schon in der Schule tat – sich weiterbilden. Zumeist verbrachte man in den Hallen dieser Einrichtungen den gesamten Nachmittag: Die Eltern kaffeetrinkend in der Cafeteria, die Kinder zwischen Schaukästen und Museums-

Abb. 119: Öffentlichkeitsarbeit auf malawisch: Man nehme eine Theatergruppe namens Chikolopa, unterrichte sie über die Absichten und Inhalte unseres *Cultural & Museum Centre*, und schon steht die insgesamt zehnköpfige Mannschaft um Fwasani Silungwe mit einem Theaterstück über Fossilien, Museen und Dinosaurier auf der Bühne und begeistert die Bevölkerung.

Abb. 120: Malipenga ist ein Überbleibsel aus kolonialen Zeiten. Die *Kings African Rifle Army* tanzte zum Glück eben mehr, als daß sie Kriege führen mußte. Der Tanz blieb erhalten, das laute Tröten und das wilde Wedeln mit Tüchern, ja sogar manche Uniform scheint aus den goldenen Tagen des British Empire zu stammen.

Abb. 121: Wanderprediger auf Tour. Mit Hilfe von Mega- oder Mikrofon informiere ich, wenn ich im Lande bin, ‚meine Fans' (wie ich mir immer wieder zu schmeicheln versuche) über ihre Vorfahren, deren Lebensgewohnheiten und Flora und Fauna im Karonga-Distrikt vor 2,5 Millionen Jahren.

Abb. 122: Leben wie Tanja Blixen auf ihrer Farm in den Ngong-Bergen Kenias: Einen Hauch von Kolonialleben bietet unser Projekthaus in Karonga allemal. Das zweistöckige ehemalige Haus des *District Health Officers* wurde 1929 erbaut und zeigt allen Komfort eines englischen Hauses in Afrika – hohe Decken, zweigeschossige Veranden und einen wundervoll knarrenden alten Holzdielenboden. Was will man mehr.

personal umherrennend, und der Hund mußte leider draußen bleiben. Als Kind hatte ich keine Ahnung von all den Ideen, die sich
Kustoden und Museumspädagogen machen mußten, um uns und
unseren Eltern Natur-, Kunst- oder politische Geschichte näherzu-
bringen. Ich nahm die Tatsache, daß in einem Museum alte
Gegenstände ausgestellt und erklärt werden, als gegeben hin. An
Glasvitrinen und gerahmten Bildern gab es einfach nichts zu rütteln. Schon gar nicht als Kind. An den zumeist verstaubten Schau-
tafeln und Vitrinen konnte ich erst anfangen zu rütteln, als ich
selbst damit betraut wurde, eine Ausstellung neu zu gestalten, und
das war erstmals nach meiner Promotion im Hessischen Landesmuseum in Darmstadt. Nun aber war alles anders. Ich war in
Afrika und wollte hier ein Museum konzipieren – und wie anders
alles war, sollten Tim und ich bald lernen.

Wir waren nach zehn Jahren Berufspraxis an Museen und Universitäten in Deutschland und den USA darin geübt, „unser"
Thema, die Evolution des Menschen und alles, was dazugehört,
so darzustellen, daß die Öffentlichkeit sich ein Bild von dem Leben machen konnte, das unsere Vorfahren 2,5 Millionen Jahre zuvor geführt hatten. Das erfolgreich in der westlichen Welt er-
probte Ausstellungskonzept nach Afrika zu übertragen war nun
die große Herausforderung für uns. Natürlich wußten wir, daß
wir in Malawi von einem anderen Kenntnisstand ausgehen mußten – daß dieser jedoch so anders sein würde, daß wir unser ganzes Museumskonzept neu überdenken mußten, hatten wir nicht
erwartet. Beim Entwurf des ersten Fragebogens, der zeitgleich mit
dem Baubeginn des Museums in den Dörfern verteilt werden
sollte, war ich noch guten Mutes. „Was stellst Du Dir unter einem
Museum vor?" lautete die erste Frage, die ich zunächst lauthals
lachend als die dümmste Frage des Jahrhunderts zurückgewiesen
hatte. Meine beiden Ratgeber hatten mich jedoch schnell von der
Wichtigkeit und Berechtigung dieser Frage überzeugt. In einem
Vortest hatten sie bereits auf der Straße 100 Menschen befragt, ob
sie wüßten, was ein Museum sei. Die ernüchternde Antwort war
schlichtweg „nein". Beinahe noch schockierender als dieses Ergebnis war für mich die Tatsache, daß viele annahmen, ein Mu-

seum sei eine Moschee. Nicht zu wissen, was ein Museum war, kam mich daher genauso hart an, wie ein Museum für eine Art Kirche zu halten. Natürlich wußten meine Grabungshelfer, was ein Fossil ist und wo Fossilien normalerweise ausgestellt werden – in einem Museum. Daß aber die ganz überwiegende Mehrheit der Karonganer noch nicht einmal das Wort Museum kannte, traf mich insgeheim doch tief. Tim nahm es wie immer auf die lockere amerikanische Art. „Was hast Du erwartet?" fragte er mich. Ich wußte es ehrlich gesagt nicht. Vielleicht hatte ich erwartet, daß wenigstens einige wußten, was ein Museum ist. Nein, nicht, daß sie schon mal eines besucht haben müßten, aber wenigstens die Kenntnis…? Vielleicht war ich aber auch mehr noch schockiert über mich selbst. Nach 15 Jahren Grabungsarbeit in einem Land, das für mich zur zweiten Heimat geworden war, verwechselten die Leute ein Museum mit einer Moschee. Mit welcher Naivität war ich dieses Projekt angegangen? Wie hatte ich davon ausgehen können, daß das Wesen eines solchen Musentempels – denn nichts anderes bedeutet ja letztlich das aus dem Griechischen stammende Wort – aus einem völlig anderen Kulturkreis den Menschen hier im Herzen Afrikas bekannt sein müßte, die durchaus andere Sorgen plagten als die Bewahrung eines einzigartigen Menschheitserbes? Offensichtlich hatte ich mich in der Vergangenheit doch mehr für die toten Überreste der malawischen Urahnen als für ihre lebenden Nachkommen interessiert. Aber das sollte ab jetzt anders werden. Die erste Kontaktaufnahme mit unseren Gastgebern wegen des Museums wurde komplett umgestellt. Keine Fragebögen mehr! Vielmehr sollten Volontäre in die Dörfer gehen, um für Klarheit zu sorgen. Zuvor hatten wir in mehreren Treffen die vier traditionellen Oberhäupter – Chiefs – des Karonga-Distrikts über unser Vorhaben informiert; ihre Unterstützung war uns gewiß. Bereits bei diesen Treffen zeigte sich, daß es eine gute Idee war, die Befragungen mündlich vorzunehmen. Die Hälfte der Chiefs, also zwei von vieren, konnten die von uns so gewissenhaft vorbereiteten Informationsblätter weder in Tumbuka noch in Englisch lesen. Chief Kyungu, der Dorfälteste in Karonga, drehte und wendete das Blatt in seinen Händen, während wir mit ihm vor seiner Hütte saßen, mindestens zehnmal hin und her. Der Anteil der Bevölkerung, der nicht lesen und schreiben kann, ist erschreckend hoch. Selbst unter unseren 16 HCRP-Grabungshelfern, die, ganz und gar „zweckentfremdet", als Volontäre durch die Dörfer zogen, gab es einige Spezialisten, die nicht schreiben konnten. Das stellte sich jedoch erst nach der Auswertung ihrer „Mitschriften" aus den Diskussionen im Dorf heraus. Rund die Hälfte unserer Fossilienjäger hatte, wie in der Schule, einfach abgeschrieben beziehungsweise abschreiben lassen. Auch wenn die Ergebnisse der ersten Befragung dadurch für eine genaue Auswertung unbrauchbar waren, brachte die Befragungsaktion zumindest für uns Ausstellungsmacher einiges an neuen Ideen. Weder Tim noch ich wären auf die Idee gekommen, dem Thema Hauswirtschaft eine halbe geschweige denn eine ganze Tafel zu widmen. Aber die Nachfrage war da, und wir legten unsere Borniertheit ab und machten uns daran, irgendwie auf die Wünsche unserer zukünftigen Kunden einzugehen. Die Grobauswertung der brauchbaren Daten brachte uns auch insofern weiter, als es die Eintrittspreise betraf: Schulkinder sollten freien Eintritt haben, die allgemeine Öffentlichkeit sollte zwischen 10 und 30 Kwacha – also den Gegenwert eines Eis oder eines Brotes – berappen, und Touristen sollten mit 200 bis 1000 Kwacha pro Besuch das ganze Unternehmen finanzieren. Mit diesen Beträgen konnten wir leben. Ja, wir waren den Menschen in Karonga aus tiefstem Herzen dankbar, als wir feststellten, daß sie ein Museum – diesen interkulturellen Fremdkörper – nicht nur annahmen, sondern trotz ihrer Armut dafür sogar einen Eintritt zu zahlen bereit waren. Nach unserer anfänglichen Fehleinschätzung der Selbstverständlichkeit unseres Vorhabens fiel uns ein Stein vom Herzen.

Was aber sollten wir mit unserem Ausstellungskonzept zur Geschichte der Menschwerdung anfangen? Die Befragung hatte nämlich außerdem ergeben, daß kaum jemand wußte, was ein Hominide ist. Das Resümee der Auswertung war unter diesem Gesichtspunkt vernichtend: Unser Plan, etwas Unbekanntes – Hominiden – in einem Gebäude zu zeigen, dessen Funktion ebenfalls den meisten Malawiern unbekannt war, mußte scheitern. Es ist kein Wunder, daß uns dieses Ergebnis einige schlaflose Nächte eintrug. Tim und ich saßen oft bis spät in der Nacht zusammen, um Lösungen für unser Problem zu finden. Der einzige Weg, der gangbar schien, war der einer großangelegten Aufklärungskampagne. Diese Kampagne sollte alle Unklarheiten über Hominiden, Museen und den Inhalt unseres Vorhabens im öffentlichen Bewußtsein beseitigen. Innerhalb von zwei Tagen arbeiteten wir eine Strategie aus, um auch den letzten Einwohner des 200 000 Menschen zählenden Distrikts zu erreichen. Uns kam Jakob Nakambule zur Hilfe. Als Radiojournalist für die *Malawi Broadcasting Corporation* (MBC) konnte er zumindest die Menschen erreichen, die ein Radio hatten und nicht lesen konnten. Mit Jakob, MBC und unseren Volontären machten wir dann innerhalb von zwei Wochen das Unmögliche möglich. Wir hatten – zumindest auf dem Papier – alle Menschen des Karonga-Distrikts erreicht. Die Resonanz war umwerfend. Nicht nur, daß nach der Aktion mehr als 40 Bewerbungen pro Tag in unseren Postkasten flatterten, nein, auch den Stellenwert, den das Projekt jetzt in den Dorfgemeinschaften erreichte, war beachtlich. Die Söhne der Dorfältesten assistierten im Auffinden der besten lokalen Tanzgruppen. Die Schulen halfen mit beim Aufbau eines Theaterprogramms, die Dorfversammlung stellte uns kostenlos ein Büro zur Verfügung, und jeden Tag informierten sich mehr als 30 Leute direkt bei uns im Haus oder im Büro über das Projekt. – Adams Eltern waren von ihren Urenkeln adoptiert worden, und das Haus von Adams Eltern wurde eine von den Einwohnern Karongas begeistert angenommene Attraktion. Tim und ich waren mindestens so glücklich wie damals, als wir unseren ersten Hominiden fanden, hatten wir doch jetzt erst selbst wirklich den Weg zu seinen legitimen Erben gefunden. Es mag wie ein äußeres Zeichen wirken, daß wir nun auch selbst ein Haus in Karonga bezogen. Die Menschen dort hatten „Ja" gesagt zu unserer Arbeit, auch wenn wir lange gebraucht hatten, sie zu verstehen. Und so sagten wir dankbar „Ja" zu einer neuen Herausforderung, die aus 15 Jahren Geländearbeit und Forschung erwachsen war.

8. Ausblick: Der Traum vom großen Ganzen

Museum, Grabung, Biologie, Geologie, Paläontologie: Wir denken interdisziplinär, und doch bleiben uns trotz aller Erfolge mehr Fragen als je zuvor. Wir haben die Vision, ein weiteres Kapitel in der Paläoanthropologie aufzuschlagen, ein Kapitel, in dem man lesen kann, wie alles miteinander verbunden ist. Damit wollen wir die Basis der Zusammenarbeit unter uns wenigen Paläoanthropologen erweitern, unser Wissen austauschen und als Ratgeber in der Beantwortung schwieriger wissenschaftlicher Fragen um das Rätsel der Menschwerdung mithelfen. Das klingt pathetisch, ist aber genau so gemeint, denn nur mit einem regelmäßigen Wissensaustausch kann es uns gelingen, alle Ergebnisse zusammenzutragen und ein Gesamtbild vom Ursprung der Menschheit zu schaffen. Und wir wollen ein neues Forschungskapitel aufschlagen, in dem es um das Zusammenwirken ganz unterschiedlicher Wissenschaftsgebiete geht – in den Worten der Wissenschaft: um die interdisziplinäre Konvergenz.

Von Vielfalt und Verbindungen

Unsere Forschungsperspektive war von Anfang an sehr langfristig angelegt, das große Bild – *the big picture*, wie Tim zu sagen pflegt – zu entwerfen war das Ziel. Das *Hominid Corridor Research Project* sucht hauptsächlich nach der Verbindung zwischen den Prozessen in der Entwicklung von Umwelt und Organismen. Im Hominidenkorridor nahmen wir deshalb die vielfältigen Bewegungen innerhalb eines Kontinents genauer unter die Lupe.

Für uns heißt, „eine Sache genauer unter die Lupe zu nehmen", auch den Blick über die Kontinente hinweg gleiten zu lassen, ja ihn nicht nur auf die Erde zu unseren Füßen zu richten, wo wir unsere Fossilien finden. So sollte unser Augenmerk – zumindest jenes von Tim – einige Jahre nicht auf die Erde, sondern vielmehr in die Weiten des Weltalls gerichtet sein. Warum? Ganz einfach: Die Umlaufbahn der Erde um die Sonne ist nicht konstant. Die Lage der Erdachse (Präzision) ändert sich periodisch alle 25 000 Jahre. Die Ebene der Umlaufbahn (Obliquität) variiert in Abständen von 41 000 Jahren. Und die Form der Umlaufbahn selbst (Exzentrität) von mehr rund zu mehr oval ändert sich alle 100 000 Jahre. All diese rhythmischen Veränderungen beeinflussen die Nähe der Erdoberfläche zur Sonne und damit die Intensität der Sonneneinstrahlung und führen zu globalen Klimaveränderungen in zyklischen Abfolgen (Milankovitch-Zyklen). Natürlich verändern sich infolge dessen die Lebensbedingungen auf der Erde und wirken sich auf die Tier- und Pflanzenwelt aus. Nicht anders verhält es sich mit der Erdoberfläche selbst, die ihrerseits stetiger, zyklischer Veränderung durch Bewegungen tief im Erdinneren unterliegt, die zu tektonischen Bewegungen der Erdkruste führen. Kontinente verschieben sich, teilen sich und treffen aufeinander. Dadurch kollidierten – im geologischen Sinne – beispielsweise Süd- und Nordamerika, wodurch die Verbindung von atlantischer und pazifischer Meeresströmung unterbrochen wurde und dadurch seither eine kalte Strömung aus dem antarktischen Raum bis in den Nordatlantik gelangt. Gemeinsam lösten die Milankovitch-Zyklen und die tektonischen Zyklen durch veränderte Wolkenzirkulation, Regenzyklen, Geomorphologie und Vegetationsmuster einen spürbaren weltweiten Klimawechsel am Ende des Pliozäns aus. Größere Knochen und Zähne, die die damals in Afrika heimische Tierwelt entwickelte, resultierten aus zellulären Veränderungen in der Knochen- und Zahnentwicklung. Tempo und Form der Knochenbildung durch knochenbildende Zellen (Osteoblasten), Zellen des Knochenabbaus (Osteoklasten) und Zellen der Zahnbildung (Ameloblasten) unterliegen dem Selektionsprozeß, den die jeweiligen Organismen durchlaufen, wenn sie sich als Art auf der Erde erhalten wollen. Und dies galt natürlich auch für die Vor- und Frühmenschen; auch sie waren also unmittelbar den kosmischen Veränderungen ausgesetzt. So war und ist es für ihre Erforschung sinnvoll und notwendig, viele verschiedene wissenschaftliche Disziplinen zusammenwirken zu lassen.

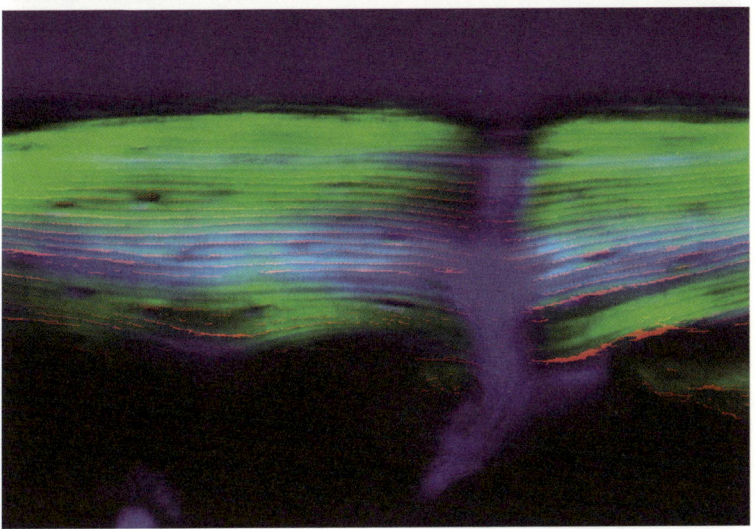

Abb. 123 u. 124: Ratten im Weltall und Fische unterm Mikroskop: Sowohl die Fischschuppen (oben) als auch die Knochen (unten), ob von Ratte, Mensch oder Elefant, weisen Spuren auf, die durch periodisches Wachstum entstehen. Wie und unter welchen Umwelteinflüssen ein Knochen wächst, ist die Frage, die uns als HCRP-Team nun in die afrikanischen Wildparks verschlägt.

Die von uns propagierte interdisziplinäre Konvergenz wird durch dieses Beispiel sehr schön illustriert. So ist nämlich beispielsweise das Verhalten individueller zahnschmelzbildender Zellen ganz direkt verbunden mit dem astronomischen Verhalten der Umlaufbahn der Erde um die Sonne! Diese Ereignisse finden durch evolutionäre und geologische Zeiträume hindurch statt und wirken durch das Medium des Klimawechsels auf die Organismen. Es gibt zwar kein offensichtliches Design, keine offensichtliche Struktur, doch was es gibt, ist die Verbundenheit aller historischen Prozesse als Grundlage für den von uns am Fossil, aber auch an modernen Lebewesen beobachteten evolutionären Wandel.

Das perfekte Doppel: Moderne Techniken und alte Knochen

Die Mikrostruktur fossiler Knochen ist eines der letzten Geheimnisse unserer Wissenschaft. Wie in einem Buch kann man darin lesen und aus ihr Informationen über die Lebensumstände früherer Menschen und Tiere erhalten. Welchen Einfluß hatte das Klima oder die Länge der Jahreszeiten auf den Knochenbau, wie wirkten sich Ernährungsumstellung oder Wechsel des Habitats auf das Lebewesen aus? Daher begannen wir ein Untersuchungsprogramm, das erste seiner Art, um Habitatabhängigkeiten des Hartgewebes auf mikroskopischer Ebene zu erfassen. Unentbehrlich für die Idee, die hinter unserem ganzen Untersuchungsansatz steht, sind die Forschungsergebnisse von Tim. Die in seinem Labor am *Hunter College New York* durchgeführten Arbeiten erstrecken sich auf die Beziehungen der Knochenfeinstruktur zu biomechanischen Faktoren und Umweltfaktoren. Auf dem Gebiet mineralisierter Gewebe gelang ihm als erstem der Nachweis von rhythmischem Wachstum des Knochengewebes, das zur hochauflösenden Darstellung von Wachstumsänderungen aufgrund von Umwelteinflüssen genutzt werden kann. Durch seine Studien mit Ratten im Weltall konnten wir sichergehen, daß es wirklich einen Zusammenhang gibt zwischen dem Aufbau von Knochen und den Lebensumständen.

Abb.125: Echte Knochen und eine echte Säge – ein Eldorado ‚echter Männlichkeit': North-Luangwa-Park-manager Hugo van Wester-huizen nimmt unter unserer Anleitung Knochenproben eines Büffels, der kurz zuvor in die ewigen Jagdgründe eingegangen war. Eine ruhige Hand, ein Zentimetermaß, Messer und Bleistift zur Dokumentation sind das einzige Feldequipment, das Ranger wie Hugo in den Nationalparks von Pilansburg bis hinauf nach Koobi Fora benötigen, um uns für die Untersuchungen zur Knochenbiologie die Arbeitsgrundlage zu liefern.

Doch wie kamen die Mäuse ins Weltall? Dank einer Kooperation mit der NASA konnte Tim seine Mäuse per Space Shuttle ins Weltall schicken. Auf der Raumstation erhielten die Jungtiere alle zwei Tage eine Dosis Tetrazyklin. Mittels dieses Antibiotikums konnte man die Knochen der Mäuse regelrecht markieren, denn das Medikament färbt sein Wirkungsfeld zumeist gelb ein. Wieder auf der Erde angekommen, wurden die Knochen der Mäuse untersucht. Die Ergebnisse waren verblüffend: Selbst bei absoluter Schwerelosigkeit bauen die Knochen der Kleinsäuger innerhalb von zwei Tagen zwei neue Lagen auf – das heißt, eine neue Knochenschicht pro Tag. Eine solche Untersuchung kann man allerdings nur bei jungen Mäusen durchführen. Bei allen sich im Wachstum befindlichen Lebewesen ändert sich die Knochenstruktur natürlich schneller als bei älteren, ausgewachsenen Lebewesen. Das bedeutet jedoch nicht, daß das *Knochenremodelling*, also die ständige Veränderung eines Knochens, nicht auch im Alter stattfinden kann. Knochensubstanz ist kein, wie oftmals angenommen wird, festes, unveränderliches Material. Knochen verhält sich eher wie ein plastisches Gewebe, das sich dem Umfeld, in dem es existiert und das darauf Einfluß nimmt, anpaßt.

Bei den Weltraumratten und -mäusen war die Mikroschwerkraft ein Modell, um Umwelteinflüsse auf Knochenwachstum zu untersuchen. Nun wollen wir dieses Modell auf weitere natürliche Faktoren sowohl im Bereich moderner Tiere als auch im Fossilbereich anwenden. Pilotstudien an Knochen verschiedener Wirbeltiere wie Schafen und Affen, die Tim zwischenzeitlich durchgeführt hat, belegen, daß definierbare Wachstumsrhythmen im Knochengewebe bei vielen Organismen vorkommen. Es ist beabsichtigt, in gemeinsamen Projekten derartige Umweltsignaturen in modernen Säugetieren in hoher Auflösung auszumessen, um die wirksamen Umweltfaktoren für ihre jeweiligen fossilen Vorfahren zu rekonstruieren.

Das können wir nun dank moderner Mikroskop- und Digitaltechnik und natürlich dank der Zusammenarbeit mit den Wildhütern großer afrikanischer Nationalparks auch tun. Die Idee, die Mikrostruktur unserer Fossilfunde mit Knochenproben gerade verstorbener Tiere zu vergleichen, lag auf der Hand. Allein durch die Untersuchung moderner Knochen können wir Rückschlüsse auf die Struktur fossiler Knochen ziehen. Doch wie kommt man an Knochen gerade verstorbener Tiere? Ein nicht ganz so einfach zu lösendes Problem für Fossiljäger. Innerhalb von drei Jahren hatten Tim und ich in langen Gesprächen mit Wildhütern der Tierparks nahe bekannter Fossilausgrabungstellen gesprochen und unser Anliegen vorgetragen. Und bald stand den Kooperationen zwischen unserem *Hominid Corridor Research Project* und dem Pilansberg-Nationalpark in Südafrika, dem Nord-Luwangwa-Nationalpark in Sambia, dem Liwonde-Nationalpark in Malawi, dem Serengeti-Nationalpark in Tansania und dem Koobi-Fora-Nationalpark in Kenia nichts mehr im Wege.

Inzwischen werden überall dort Knochenproben verstorbener Tiere für uns entnommen, registriert und aufbewahrt. Innerhalb eines Zeitraumes von zehn Jahren wollen wir so einen Überblick bekommen, welche Faktoren sich in welcher Weise auf den Aufbau eines Knochens auswirken. Um diese Information zu bekommen, ist natürlich nicht nur die Auswertung der Feinstruktur eines Knochenfragmentes wichtig. Wie und warum ein Knochen so gebaut und gewachsen ist, wie er nun einmal gebaut und gewachsen ist, kann viele Ursachen haben. Deshalb sind äußere Informationen wie die genaue Beschreibung des Habitats, der Nahrung und des Klimas, in dem das Tier gelebt hat, für uns ebenso von Bedeutung wie die entnommene Knochenprobe.

Die eigentliche Datenbasis für unsere Untersuchungen an Knochen von „modernen" Tieren wird jedoch in einem Langzeitprojekt fernab der Weiten Afrikas erarbeitet. Im hessischen Odenwald wollen wir die Prinzipien äußerer Einflüsse auf den Knochenaufbau bei Rehen genauer unter die Lupe nehmen. In dieser Großstudie messen wir alle nur erdenkbaren Außeneinwirkungen, denen die Tiere ausgesetzt sind. Dazu gehören unter anderem Niederschlag, Temperatur, Zusammensetzung des Bodens oder Streßfaktoren wie Krankheiten. Die einzelnen Meßergebnisse vergleichen wir dann mit den Knochenproben der verstorbenen Tiere. Als Untersuchungsmaterial stehen uns ausschließlich die Überreste von weiblichen Tieren zur Verfügung. Bei Rehen es sind es die Weibchen, die standorttreuer sind als die Böcke, und das macht sie für unsere Studie unentbehrlich.

Von Cape Town bis Kairo

Unser interdisziplinäres Engagement beschränkt sich also nicht nur auf den afrikanischen Kontinent. Neben dem hessischen Odenwald haben wir auf dem türkischen Teil Zyperns ein weiteres Zentrum gefunden, das uns erlaubt, die Entwicklungen der Lebensgeschichte im kleinen nachzuvollziehen. Was hier nahe des kleinen Dörfchens Akdeniz zutage tritt, gleicht einem einzigen zusammenhängenden Friedhof von mehreren hundert Zwergflußpferden: Unterkiefer, Zähne, Wirbel und Langknochen liegen dicht gedrängt an- und durcheinander. Erstmals in Nord-Zypern können wir hier die Überreste der im Mittelmeerraum einzigar-

 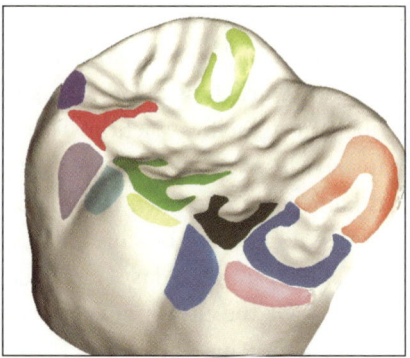

Abb. 126: Moderne Techniken – alte Knochen und ein Orang-Utan-Zahn: Die Kaufacetten eines Zahnes sind einfach so winzig, daß wir sie nur mit modernen, hochauflösenden digitalen Techniken untersuchen können. Warum wir überhaupt an diesen mikroskopisch kleinen Abschliffflächen interessiert sind? Ganz einfach: Wir wollen ganz genau wissen, wie unsere Vorfahren gekaut haben, was sie gegessen haben, wie der Abrieb auf den Zähnen war, und das alles können wir uns nach einer vollständigen Digitalisierung auf dem Computerbildschirm anschauen, drehen und wenden, bis es uns langweilig wird und wir es im günstigsten Fall begriffen haben.

Abb. 127: Zeitweiliges Nomadenleben wie die Massai: Unsere Camps in Tansania entsprechen gemeinhin den Vorstellungen von Camp-Life in Afrika – Akazienbäume, weites Land, spektakuläre Sonnenuntergänge und das Rot der traditionellen Stoffe entschädigen für die logistischen Unzulänglichkeiten, mit denen wir immer wieder einmal ringen müssen.

Abb. 128 u. 129: Hütten und High-Tech – das perfekte Doppel, wenn es um die Campeinrichtung in der traditionsreichen Forschungsstation Koobi Fora geht. Richard Leakey hatte das Camp 1972 in Betrieb genommen, zehn Jahre geforscht und dann seinem Schicksal überlassen. Es ist ‚seinen' engagierten Frauen – seiner Tochter Louise und seiner Frau Meave – zu verdanken, daß es jetzt wieder mit Mitteln der Volkswagenstiftung, die ich erfolgreich für dieses Projekt akquirieren konnte, neu aufgebaut wird. Mit dazu gehört, die alte Solaranlage wieder instand zu setzen und die Trinkwasserversorgung sicherzustellen.

tigen Zwerghippos und Zwergelefanten bergen und wissenschaftlich bearbeiten. Was für uns dabei wiederum besonders wichtig
ist, ist die Erforschung und Darstellung von Ereignissen der und
Fragen an die Evolution: Woher, warum und wie kamen die
Zwerghippos und Elefanten nach Zypern, warum waren sie klein-
wüchsig, und was sind die Gründe für ihr plötzliches Aussterben
vor etwa 10 000 Jahren? Die Verteilung der Arten, ihre Ausbreitung, ihre Entwicklung, all das wollen wir verstehen. Und Zypern
ist dafür das ideale Modell – sozusagen ein Afrika im kleinen, mit
afrikanischen Tieren wie eben beispielsweise Hippos und Elefanten, die wir ja auch in unseren Fundstellen in Malawi antreffen.
Oft wird auch Afrika als Insel bezeichnet, unser Modell für die Insel Afrika ist die Insel Zypern.

Das Ergebnis unserer weltweiten Kontaktpflege in Sachen Geländearbeit kann sich, nicht nur in Zypern und Malawi, sehen lassen: Die freundschaftlichen und wissenschaftlichen Verbindungen
des *Hominid Corridor Research Projects* reichen nun quer über
den afrikanischen Kontinent – von Kapstadt bis Kairo und weiter
übers Mittelmeer nach Akdeniz.

Diese einmalige Vernetzung ist es, die unser Projekt von anderen paläoanthropologischen Forschungsvorhaben unterscheidet.
Doch nicht nur auf der wissenschaftlichen Ebene unterscheidet
sich unser Konzept von anderen. Ein Grund für unsere langjährige
gute Zusammenarbeit sind die vielen Freundschaften, die wir geschlossen haben. Nach unserem ersten Zusammentreffen im Büro
von Judy Maguire war klar, daß wir irgendwie zusammengehör-
ten. Das Ergebnis dieses Treffens ist ein Team, das jetzt länger besteht als jedes andere zuvor. Daß damit alle unsere Wünsche in Er-
füllung gegangen sind, können wir jedoch nicht behaupten. Wir
sind noch lange nicht wunschlos glücklich.

Die Nummer eins auf unserer Wunschliste ist es, alle techni-
schen Gerätschaften, die uns helfen, das Rätsel Menschwerdung
zu lösen, auch zu besitzen. Denn neben den Geländearbeiten haben wir im *Hominid Corridor Research Project* auch auf einem
anderen Gebiet Neuland betreten. Das Kribbeln im Bauch, weitere Fossilien zu finden, ist es, was uns immer wieder auf den

großen schwarzen Kontinent, unsere zweite Heimat, treibt. Dennoch liegt uns die Einführung neuer Techniken in der Beschreibung und Auswertung von Fossilien natürlich besonders am Herzen. Wir wollen Sie nicht mit dem Lobgesang auf technische Neuentwicklungen langweilen, die unsere Forschungsarbeiten schon heute enorm erleichtern könnten, wenn wir sie zur Verfügung hätten.

Ein ganz und gar high-tech-freier Wunsch von uns aber ist es, per Heißluftballon nachts über ein Grabungsgebiet zu fliegen und mit ultraviolettem Licht und einer Kamera Bilder von der Erdoberfläche zu machen – denn das wäre die einfachste Methode, Fossilien zu finden. Zumindest Zahnfossilien, denn Zähne enthalten, selbst nach mehr als drei Millionen Jahren unter der Erde, Fluor, das bei ultravioletter Bestrahlung leuchtet. Sie werden jetzt denken, das sind große Jungen, die gerne träumen und mit der Technik spielen wollen. Nein, darum geht es nicht; austoben können wir uns im Feld. Es gibt nichts Schöneres, als morgens um fünf Uhr der afrikanischen Sonne entgegenzufahren und dann im hellen Morgenlicht nach Überresten aus der Urzeit zu suchen. Um was es geht, ist – wenn Sie so wollen – die Erweiterung unserer Spielwiese. Mit der Spielwiese meinen wir vor allem die an Malawi angrenzenden Hominidengrabungsstellen.

Obwohl wir keine der angeblich „modernen" Wissenschaften betreiben, bieten sich innovative Ansätze für Lehrinhalte und Arbeitsmöglichkeiten für Studenten, Diplomanden und Doktoranden sowie für Kooperationen und Vernetzungen. In zwei afrikanischen Ländern, in Kenia und Malawi, errichten wir mit Hilfe von außeruniversitären Forschungsmitteln Geländestationen. Neben der Geländeschule des *Cultural & Museum Centre* in Karonga ist es das kenianische Koobi Fora, dem wir unsere Aufmerksamkeit schenken. Das dort bereits bestehende Camp ist zwar nicht mehr in bester Verfassung, aber dafür in besten Händen: Zusammen mit Louise Leakey, der Tochter von Meave und Richard, rehabilitieren wir die in den 70er Jahren errichtete Geländestation mit dem Ziel, dort wieder regelmäßige Geländearbeit durchführen zu können. Hier wie dort sollen die vor Ort gewonnenen Daten mit

Hilfe modernster Technik in unsere Labors übermittelt und nach der Aufbereitung wieder im Gelände zur Verfügung gestellt werden. Spinnerei? Nein, eher revolutionäre Arbeitserleichterung im Paläontologenalltag.

Der zeit- und kostenintensive Spagat zwischen Geländearbeit in fernen Welten, der Interpretation und Auswertung der Funde in der Heimat würde damit überflüssig. Die neugewonnenen freien Mittel könnten wir gut gebrauchen, denn immerhin liegen noch mindestens zehn unentdeckte Hominiden in den Chiwondo-Beds Malawis und warten auf ihre Entdeckung.

Abb. 130: Sundowner über dem sambischen Luangwa-Valley. Hier sagen sich nicht Fuchs und Igel gute Nacht, sondern Löwen, Antilopen, Hippos, Giraffen und Menschen – das schon seit mehr als 2,5 Millionen Jahren.

Literatur

Übersichtswerke

Bromage, T. G. & Schrenk, F. 1999. African Biogeography, Climate Change and Early Hominid Evolution. Oxford University Press, New York (Klima und Menschheitsgeschichte).

Campbell B. G. 1988. Humankind emerging. Little, Brown and Company, Boston, Ed. 5 (Anschauliche Darstellung der Evolution des Menschen).

Falk, D. 1994. Braindance. Basel (Birkhäuser) [Originalausgabe bei Henry Holt] (Evolution des Gehirns).

Foley, R. 2000. Menschen vor Homo sapiens – Wie und warum unsere Art sich durchsetzte. (Thorbecke Species, Bd. 5). Thorbecke.

Henke, W. & Rothe, H. 1994. Paläoanthropologie. Berlin, Heidelberg, Springer Verlag (Standardwerk).

Henke, W.; Rothe, H. 1999. Stammesgeschichte des Menschen – Eine Einführung, Springer (hervorragendes Lehrbuch).

Klein R. G. 1989. The human career: human biological and cultural origins, Chicago: University of Chicago Press.

Leakey, R. 1999. Die ersten Spuren – Über den Ursprung des Menschen. (Science Masters). Goldmann.

Leakey, R. & Lewin, R. 1998. Der Ursprung des Menschen – Auf der Suche nach den Spuren des Humanen. Fischer Taschenbuch Verlag.

Reader J. 1981. Missing links: the hunt for earliest man, Boston, MA: Little, Brown (Geschichte der Paläoanthropologie mit vielen exzellenten Fotos).

Schrenk, F. 2001. Die Frühzeit des Menschen – Der Weg zum Homo sapiens. C. H. Beck Wissen, München.

Streit, B. (Hrsg.) 1995. Evolution des Menschen. Heidelberg (Spektrum Akademischer Verlag). (Gute Zusammenstellung von Beiträgen aus Spekturm der Wissenschaft).

Tattersall I. 1995. The fossil trail: how we know what we think we know about human evolution, Oxford, NY: Oxford University Press. (Geschichte und Erfolge der Paläoanthropologie) Deutsche Ausgabe: Puzzle Menschwerdung, Heidelberg, Spektrum Akademischer Verlag.

Wood B. A. 1991. Koobi Fora research project, volume 4: hominid cranial remains, Oxford: Clarendon, Press (Katalog aller Hominiden von Koobi Fora).

Ursprung der Hominiden

Coppens, Y. 1994. Geotektonik. Klima und der Ursprung des Menschen. – Spektrum der Wissenschaft Dezember 1994: 64–71.

Pilbeam, D. 1984. Die Abstammung von Hominoiden und Hominiden. – Spektrum der Wissenschaft Mai 1984.

Australopithecinen

Broom R. 1938. The pleistocene anthropoid apes of South Africa. Nature 142: 377–379 (Entdeckung des Paranthropus robustus).

Brunet, M., Beauvilian, A., Coppens, Y., Heintz, E., Moutaye, A. H. E. & Pilbeam, D. 1996. Australopithecus bahrelgazali, une nouvelle espèce d'Hominidé ancien de la région de Koro Toro (Tchad). – C. R. Acad. Sci. Paris, t. 322, série IIa: 907–913 (Entdeckung des Tschad-Australopithecinen).

Coppens, Yves. 2002. Lucys Knie – Die prähistorische Schöne und die Geschichte der Paläntologie. DTV

Literatur

Dart R.A.1925. Australopithecus africanus: the man-ape of South Africa. – Nature 115: 195–199 (Entdeckung des Taung-Babys).

Johanson D. C. & Edey M. A. 1981. Lucy: the beginnings of humankind, New York: Simon and Schuster (Entdeckung und Interpretation von Australopithecus afarensis).

Johanson D. C. & Taieb M. 1976. Plio-pleistocene hominid discoveries in Hadar, Ethiopia. Nature 260: 293–297 (Entdeckung von Lucy).

Leakey L. S. B. 1959. A new fossil skull from Olduvai. Nature 184: 491–493 (Entdeckun des „Zinjanthropus", Australopithecus boisei).

Leakey, M. D. & Hay, R. L. 1979. Pliocene footprints in the Laetoli Beds, northern Tanzania. – Nature 278: 317–323 (Entdeckung der Fußabdrücke von Laetoli).

Leakey M. G., Feibel C. S., McDougall I. & Walker A. C. 1995. New four-million-year old hominid species from Kanapoi and Allia bay, Kenya. Nature 376: 565–571 (Entdeckun von Australopithecus anamensis).

Leakey, M. G., F. Spoor, F. H. Brown, P. N. Gathogo, C. Kiarie, L. N. Leakey, I. McDougall. 2001. New hominin genus from eastern Africa shows diverse middle Pliocene lineages. Nature 410: 433–440 (Entdeckung von Kenyanthropus).

White T. D., Suwa G. and Asfaw B. 1994. Australopithecus ramidus, a new species of early hominid from Aramis, Ethiopia. Nature 371: 306–312 (Entdeckung des Ardipithecus ramidus).

Ursprung der Gattung Homo

Johanson, D. & Shreeve, J. 1989. Lucys Kind. München, Zürich [Originaltitel: Lucy's Child. New York (William Morrow)] (Entdeckung von OH 62).

Leakey L. S. B., Tobias P. V. & Napier J. R.1964. A new species of the genus Homo from Olduvai gorge. Nature 202: 7–10 (erste Beschreibung von Homo habilis).

Leakey R. E. 1973. Evidence for an advanced plio-pleistocene hominid from east rudolf, Kenya. Nature 242: 447–450, (Entdeckung des Schädels KNM-ER 1470).

Schrenk F., Bromage T. G., Betzler C. G., Ring U. and Juwayeyi Y. M. 1993. Oldest Homo and pliocene biogeography of the Malawi rift. Nature 365: 833–836 (Entdeckung des Malawi-Unterkiefers).

Tobias P. V. 1991. Olduvai Gorge volume 4: the skulls, endocasts and teeth of Homo habilis, Cambridge: Cambridge University Press (vollständige Monographie über Homo habilis).

Wood B. A. 1992. Origin and evolution of the genus Homo. Nature 355: 783–790 (Übersichtsartikel zu Homo habilis/Homo rudolfensis).

Homo erectus

Brown F., Harris J., Leakey R. E. & Walker A. C. 1985. Early Homo erectus skeleton from west lake Turkana, Kenya. Nature 316: 788–792 (Entdeckung des Turkana-Boys).

Dubois, E. 1894. Pithecanthropus erectus. Eine menschliche Üebergangsform aus Java. – 40 S. Batavia (Landesdruckerei) (Entdeckung des Pithecanthopus von Java).

Jia L. & Huang W. 1990. The story of Peking man, Beijing: Foreign Languages Press.

Teilhard de Chardin P. 1930. Sinanthropus pekinensis: an important discovery in human palaeontology. Revue des Questions Scientific July 20 (Entdeckung des Peking-Menschen).

Neandertaler

Fuhlrott, C. 1859. Menschliche Überreste aus einer Felsgrotte des Düsselthals. Ein Beitrag zur Frage über die Existenz fossiler Menschen. – Verh. Nat.hist. Ver. preuss. Rheinl. u. Westf. 16: (n. F. 6): 131–153 (Entdeckung des Neandertalers).

Matejovski, D., Kamper, D. & Weniger, G.-C. 2001. Mythos Neanderthal – Ursprung und Zeitenwende, Campus.

Schmitz, R. & Thissen, J. 2000. Neandertal – Die Geschichte geht weiter, Spektrum Akademischer Verlag, Heidelberg.

Shreeve J. 1995. The neandertal enigma: solving the mystery of human origins, New York: William Morrow.

Trinkaus, E. & Shipman, P. 1993. Die Neanderthaler – Spiegel der Menschheit. München (Bertelsmann) [Originaltitel: The Neanderthals – changing the image of mankind (Alfred Knopf) 1993].

Tattersall, Ian, 1999. Neandertaler – Der Streit um unsere Ahnen, Birkhäuser (Springer).

Homo sapiens

Cavalli-Sforza, L. L. 1992. Stammbäume von Völkern und Sprachen. – Spektrum der Wissenschaft Januar 1992.

Stringer, C. B. 1991. Die Herkunft des anatomisch modernen Menschen. – Spektrum der Wissenschaft Februar 1991.

Trinkaus, E. (Hrsg.) 1989. The Emergence of Modern Humans. Cambridge (University Press).

White, R. 1994. Bildhaftes Denken in der Eiszeit. – Spektrum der Wissenschaft März 1994.

Wilson, A. C. & Cann, R. L. 1992. Afrikanischer Ursprung des modernen Menschen. – Spektrum der Wissenschaft Juni 1992.

Thorne, A. & Wolpoff, M. H. 1992. Multiregionaler Ursprung des modernen Menschen. – Spektrum der Wissenschaft Juni 1992.

Abbildungsnachweis

Rainer Abel: 78
Johannes Bertsch (webexpedition.org): 33, 58, 69, 108, 121
Christian Betzler: 75
Marisa Blume: Hominiden-Zeichnungen in Abb. 102
Timothy Bromage: 18, 52, 73, 90, 92, 123, 124
Robert Campbell: 49, 50, 51
Kerstin Engel: 126
Thomas Ernsting (Bilderberg): 1, 7, 21, 22, 23, 24, 26, 28, 34, 35, 36, 59, 64, 76, 82, 85, 86, 89
Jens Franzen: 4, 46
Rob Foley: Diagramme in Abb. 97, 103
Albrecht Gorthner: 62
Hermann Götz: 94
Christine Hemm: 9, 41, 42, 54, 101, Schattenrisse in Kapitel 6
Ottmar Kullmer: 30, 68
Judy Maguire: 5, 44
Stephanie Müller: 8, 11, 12, 13, 15, 16, 19, 20, 29, 31, 32, 37, 38, 56, 70, 71, 81, 84, 109, 110, 111, 114, 117, 119, 120, 125
Elke Pantak-Wein: 6, 39, 43, 54
Mike Raath: 3
Uwe Ring: 77
Carl W. Röhrig: 91
Oliver Sandrock: 79, 83, 130
Claudia Schnubel: 40
Friedemann Schrenk: 2, 10, 14, 17, 25, 45, 47, 48, 53, 57, 60, 61, 63, 65, 66, 67, 72, 80, 87, 88, 95, 96, 97, 98, 99, 100, 102, 103, 104, 105, 106, 112, 113, 115, 116, 118, 122, 127, 128, 129
Harrison Simfukwe: 74
Elizabeth Vrba: Diagramm in Abb. 96
WildLife Art (Wolfgang Schnaubelt & Nina Kieser): Hominidenrekonstruktionen in Abb. 88, 93, 99, 100, 105, 106, 107

Register

CULTURAL & MUSEUM CENTRE KARONGA

Die Frage, warum wir gerade im malawischen Karonga ein Kultur- & Museums-Zentrum errichten, müssen Sie sich, als Leser dieses Buches, nicht mehr stellen.

Falls Sie sich aber fragen, wie Sie die Forschungs- und Kulturarbeit des CMCK-Teams unterstützen können, hier unser Vorschlag: Nutzen Sie das Spendenkonto der Uraha Foundation Germany e.V. Jeder auch noch so geringe Betrag trägt zum Aufbau und Erhalt des Cultural & Museum Centre Karonga bei.

Als kleines Dankeschön halten wir Sie mit unserem Uraha-Newsletter über den Fortschritt des CMCK auf dem Laufenden.

FOUNDATION

URAHA

Uraha Foundation (Germany) e.V.
Friedensplatz 1, 64283 Darmstadt
Telefon: 06151 - 16 5725, Fax: - 16 5798
E-mail: uraha@malawi.net
Internet: www.palaeo.net

Dresdner Bank Darmstadt
BLZ: 508 800 50, Konto-Nr.: 02 180 480 00
Vermerk: CMCK